세상은 바꾸고 역사는 기록하라

일러두기

1 본문 내 모든 각주와 괄호주는 엮은이가 작성했다.
2 본문 내 '최은희여기자상'은 제일 처음에만 작은따옴표를 표기하고 이후부터는 편의상 따옴표를 생략했다.
3 「다시 싣고 싶은 나의 기사」는 각 신문사 자체의 맞춤법에 의거했다.

세상은 바꾸고
역사는 기록하라

끈질기고 당차게 오늘을 달리는 여기자들의 기록

신동식 외 20인 지음 · 최원석 엮음

푸르메

♣ 서문
그들은 뼛속부터 기자였다!

우리나라에서 여자로 산다는 것은 참 힘든 일이다. 요즘 한국에서는 남자로 사는 것도 힘든데 여자로서는 오죽하겠나. 게다가 한국에서 여기자로 산다는 것은 사실 '죽고 못살' 일이다. 여자이기 이전에 기자여야 하고, 기자임과 동시에 엄마, 아내, 며느리, 딸, 직장 선배이자 후배여야 하기 때문이다. 더욱이 여기자는 남자보다 몇 배 더 일해야 인정받는 사회적 조건 위에 서있다. 여기에 바로 위에서 언급한 일곱 가지 역할까지 하려니 '죽고 못살' 수밖에 없는 것이다. 아니면 원더우먼 혹은 슈퍼우먼이 되거나.

이 책을 쓰는 데 동참한 여기자들의 육성을 들어보면 여기자들은 모두 원더우먼, 슈퍼우먼이었다. 프로페셔널로서의 삶을 살아가는 사람들은 능히 몇 가지 일을 동시에 처리할 수 있는 능력을 갖게 된다는 사실을 보여준 것이다. 그들은 처음부터 기자로 태어난 사람들이었을 것이라는 추정도 가능했다. 그렇지 않고서야 대한민국의 간판 여기자이면서 동시에 가사 문제 등 주변의 산적한 일들을 소화해낼 리가 없지 않은가. 그게 아니라면 최소한 기자로 성장하는 과정에서 그런 능력을 겸비하게 됐을 것이다. 둘 중 어느 쪽이든 사람의 능력, 그것도 대한민국에서 여기자의 능력은 무한대라는 것만은 부인할 수 없다는, 일종의 '명제'를 발견할 수 있었다. 그런데도 여기자들은 처음 글을 요청했을 때 모두 손사래를 쳤다. '잘난 척하는 것 같다, 내세울 만한 게 없다, 자기 자랑은 체질에 맞지 않는다……' 등등의 이유를 들어서 말이다. 이 말을 들으면서 자기를 철저히 배제하고 오로지 객관적 사실에 천착穿鑿해야 하는 일종의 '직업병'이 몸을 사리게 만든다 싶었다. 어쩌랴, 뼛속부터 천상 기자인 사람들인 것을.

이 책을 통해 1인 6역, 1인 7역을 해야 하는 대한민국 여기자들의 삶을 되돌아보면 전문 직업인으로서의 여성이 눈에 들어온다. 또 전문직으로 살아가려면 어떤 자세를 가져야 하는지도 엿볼 수 있다. 그만큼 여기자들의 치열한 삶이 생생한 글 속에 녹아 있다.

이 책의 기획 의도는 우리나라 최초의 민간 여성기자였던 추계 최은희 선생(전 조선일보 기자)의 뜻을 기리기 위해 만들어진 '최은희 여기자상' 수상자들을 통해 여기자들의 삶을 되짚어보는 데 있다. 1984년 출범한 이 상의 수상자들은 이미 은퇴한 분들부터 현직 기자로 뛰고 있는 사람들까지 연령과 생각의 폭이 넓다. 글을 읽다 보면 1960년대부터 현재에 이르기까지 여기자들의 삶이 어떻게 변해왔는지도 알 수 있다. 기자들이 직접 경험한 이야기를 쏟아낸

만큼 공식적인 문서나 발표회에서는 들을 수 없는 '날것' 같은 생생함이 묻어난다. 당장 후배들에게 큰 도움이 될 내용들이다. 또 현재 기자가 아니라도 간접적으로 직업체험을 하는 느낌을 가질 수 있다.

그런 생각으로 책을 엮는 과정에서 문득 욕심이 한 가지 생겼다. 우리나라에서 내로라하는 간판급 여기자들이 쓰는 책인데, 여기에 그들이 써서 세상을 흔들어놨던 기사를 함께 넣으면 어떨까 하고 말이다. 당대의 난다 긴다 하는 '글쟁이' 기자들로부터 개인 경험담을 듣는 것만으로는 갈증이 가시지 않았다.

엮은이의 요청에 필자들이 보내온 글들은 세상을 이렇게 저렇게 한바퀴씩 돌려놓았던 기사들이다. 정국政局과 수사방향을 바꾸게 한 기사가 있는가 하면, 예리한 분석력으로 사회의 흐름을 잡아내 제도를 바꾸게 만든 기사도 있었다. 남들이 갈 수 없는 곳이라고 포기하던 곳을 온갖 수를 써서 다녀온 뒤 현장을 기사화해서 독자들의 지적 영역을 크게 확대한 기사도 있다. 이 모든 기사들이 어떻게 작성되었는지 살짝 맛보는 것만으로도 사회를 바꾸는 힘으로서의 언론에 한 걸음 다가서는 것이라고 할 수 있다.

특히 이런 기사를 유형별로 볼 수 있는 것 자체로 훌륭한 글공부가 될 것이라는 생각도 들었다. 칼럼 혹은 스트레이트 기사, 시리즈 기사 등을 보면서 기자들의 작법을 연구할 수 있고, 기사 아이디어를 얻는 방법까지 볼 수 있기 때문이다.

아쉬운 점은 이번 기획에 최은희여기자상 수상자 32명 가운데

21명만 참여했다는 점이다. 연락이 닿지 않거나 사회활동이 활발해서 도저히 시간을 낼 수 없었던 분들을 모두 이 책에 모시지 못한 것은 오로지 엮은이의 능력부재 탓이다.

또한 이 자리를 빌려 올해 30주년을 맞은 최은희여기자상을 위해 아낌없는 지원을 해준 〈한국언론진흥재단〉에도 감사의 뜻을 표한다. 이 책은 재단의 지원이 없었다면 처음부터 기획할 엄두도, 기획을 진행할 힘도 내지 못했을 것이다.

도서출판 〈푸르메〉의 노고도 빠뜨릴 수 없다. 김이금 대표의 책을 꾸미는 감각과 적절한 조언이 있어서 이렇게 매끈하고 예쁜 책이 나올 수 있었다. 엮은이는 책을 만드는 데 '손방'이어서, 그 거친 솜씨로는 도저히 물건을 내놓을 수 없을 것이기 때문이다.

2013년 5월 광화문
엮은이 **최원석**
조선일보 총무부장

차 례

서문 · 004

1부 | 여기자 고군분투기

여성 특유의 '감感'을 키우자 · 015
조수진 동아일보 정치부 차장
정상곤 국세청 국장—H건설사 사주…정윤재 前 비서관이 만남 주선 의혹 · 023

슈퍼우먼은 없다. 무모한 엄마 기자가 있을 뿐 · 025
강승아 부산일보 국제부장
[학교급식 무엇이 문제인가 · 상] "네 가난을 증명해봐" 가혹한 대가 요구하는 '공짜밥' · 032

여기자에서 전문기자로 · 035
이은정 KBS 과학전문기자
[방송 스크립트 1] "아라온호 남극 제2후보지 탐사" · 042
[방송 스크립트 2] "나로호 발사 성공 세 차례 도전 끝에 성공" · 043

이라크전 취재, 평생 읽을 고전 한 권을 마음에 담다 · 045
강인선 조선일보 국제부장
선택할 수 있어서 너무 괴롭다 · 052

이제는 말할 수 있다 · 055
박선이 영상물등급위원회 위원장. 전 조선일보 문화부장
[전문기자 칼럼] 프로의 아름다움 · 065

여기자, 온기를 지닌 삶 · 067
최현수 국민일보 군사전문기자
[전문기자 칼럼] 내일을 열며 '괴상한 동반자' · 076

내 인생의 전환점 · 079
박미현 강원도민일보 기획국장
[특집] 춘천 '단수소동' 왜 일어났나 · 085

전문성을 가져라 · 089
이연섭 경기일보 논설위원
[한반도의 보고 한탄강·1] 한탄강 대탐사를 시작하다 · 095
[한반도의 보고 한탄강·4] 분단의 벽을 넘어 흐르다 · 098

기자는 한 사회의 퍼블릭 마인드다 · 103
이미숙 문화일보 국제부장
미, 여기자 북한 軍에 억류 · 113
[데스크시각] DJ가 '해야할 일' · 114

여기자, 변하는 또는 변하지 않는 · 117
김순덕 동아일보 논설위원
[김순덕 칼럼] '형님보이' MB는 언제 자립하나 · 123

어느 여기자의 박제된 추억 · 127
유인화 경향신문 논설위원
장금도 "살풀이춤은 격식이 없어야 해" · 133

정치부 여기자 모임을 결성하다 · 141
임도경 한국영상자료원 부원장, 전 중앙일보 뉴스위크 한국판 편집장

특종의 지름길 · 149
최성자 문화재청 문화재위원, 전 한국일보 논설위원
[메아리] 팍스 아메리카나 · 167

2부 | 성차별을 넘어 전문기자로

사람을 만나는 직업, '세계의 여성' 취재기 · 173
윤호미 호미초이스닷컴 대표, 전 조선일보 부국장
[데스크 칼럼] 두 올림픽 건축가를 생각하며 · 183

꿈과 비전을 주는 사람 · 187
류현순 KBS 정책기획본부장
농어촌 쓰레기 대책 시급 · 194

신문기자로 살기 30년 · 197
박금옥 국제존타서울클럽 회장, 전 중앙일보 생활부장, 부국장대우
"멋진 여성 파트너를 빌려드립니다…" · 209

만약 내가 다시 방송기자가 된다면 · 213
남승자 전 KBS 이사
[해설기사] 서울지하철 파업 철회해야 · 220

현장에서의 분노, 일에 쫓겨 삭일 수밖에 없었다 · 223
신동식 한국여성언론인연합 대표, 전 서울신문 논설위원
1. 韓·越(한월)의료원 '사이공'서 開院(개원) · 231
2. 戰後(전후)의 상처 보살필 따이한 仁術(인술) · 233

닮고 싶은 사람이 있다는 것 · 237
박성희 세명대 초빙교수, 전 한국경제신문 수석논설위원
똥주가 완득이를 불렀을 때 · 246

한번 기자면 영원한 기자다 · 249
이정희 해외문화홍보원 전문위원, 전 연합뉴스 외신국장
민주화 1년 새 질서 모색하는 중·동구 폭정 대신 자유, 예속 대신 독립 추구 · 254

퇴직이 새로운 시작이었네요 · 259
김영신 가천대 언론영상학과 초빙교수, 전 연합뉴스 출판국장
[정책대안8] 언론정국, 어디로 가야 하나? · 267

추계 최은희의 인생과 어록 · 272

최은희여기자상 역대 수상자 · 276

제1부

여기자 고군분투기

여성 특유의 '감感'을 키우자

동아일보 정치부 차장 조수진

1995년 고려대 불어불문학과를 졸업했다. 1996년 국민일보에 입사해 사회부, 정치부에서 일하다 2004년 동아일보로 옮겼다. 현재 정치부 차장으로 일하고 있다. 한국기자협회 이달의 기자상(1996년·2000년·2005년·2007년·20008년), 제18회 최은희여기자상(2001년), 엠네스티인권상(2005년), 올해의 여기자상(2008년)을 수상했다.

1996년 1월 신문기자가 돼 올해로 18년차가 됐다. 사회부 기자로 일한 7년 7개월을 제외하고 내리 정치부에 있었으니, 이른바 '스트레이트 부서*'에 스트레이트로 18년째를 보내고 있는 셈이다. 현장을 떠나 데스크**로 들어앉은 이상 '전공'을 바꾸기도

---

*기사는 스트레이트Straight 기사, 피처Feature 기사, 에디토리얼Editorial 기사 등으로 구분한다. 스트레이트 기사는 사건·사고 등 뉴스를 사실적, 객관적으로 기술하는 형태로 사실 전달을 목적으로 하는 기사이다. 피처 기사는 스트레이트에 나와 있는 사실관계를 보충 설명하는 기사이거나 사건·사고의 내막이나 배경 등을 상세히 전달하는 해설 기사, 현장스케치 기사, 미담 등 읽을 거리 기사 등을 말한다. 에디토리얼 기사는 사설이나 칼럼과 같이 특정 사안 혹은 쟁점에 대해 견해나 주장 등을 담은 기사이다.
스트레이트 부서라는 말은 스트레이트 기사를 주로 다루는 부서, 즉 사건·사고를 추적해 보도하는 일이 많은 정치부, 사회부, 경제부 등의 부서를 일컫는다.

**데스크는 '에디터editor'를 의미하는, 콩글리시에 해당하는 신문사의 은어이다. 기자직군은 일반 현장취재 기자와 차장급 기자 이상의 관리직 기자로 나뉜다. 관리직 기자라고 해서 취재를 하지 않는 것은 아니지만, 현장 취재보다는 내근을 하며 각 부서에서 처리해야 할 기사의 방향과 편집방침을 정하는 역할을 한다. 또한 현장 기자들이 보내온 기사를 다듬거나 보완하게끔 지시하는 일을 한다. 이를 동사처럼 쓰는 일도 흔하다. '기사 데스크를 본다', 혹은 '데스킹을 거친 기사' 등의 표현을 듣거나 본다면 신문기사 원고에 대해 에디팅의 과정을 거친 것으로 이해하면 된다.

쉽지 않다. 대학에서 불문학을 전공했고, 사회부, 정치부에 '말뚝'을 박겠다고 한 적도 없지만 앞으로도 스트레이트 부서에서의 생활은 피하기가 어려워졌다.

스트레이트 부서는 고단하다. 일요일 한 번 마음 편하게 쉬기가 어렵고, 거의 매일 자정이 돼야 퇴근을 한다. 가족과 함께 미리미리 계획을 짜 여름휴가를 가본 적도 없다. 나이가 들고 아이가 클수록 '무슨 부귀영화를 누리겠다고 이렇게 사나?'란 생각이 자주 머리를 스치지만, 이럴 때마다 '운명이다'란 체념과 함께 신동식 선배(한국여성언론인연합 공동대표)의 말씀을 되새겨본다.

2001년 5월 사회부 사건기자로 최은희여기자상을 수상할 때다. 어머니뻘인 신 선배는 이런 말씀을 하셨다. "열심히 해서 스트레이트 부서에 계속 남아봐. 나는 대학에서 정치외교학을 전공했고, 정치부 기자를 희망했는데도 내가 기자 생활을 할 때는 벽이 정말 높고 많았어."

신 선배의 말씀이 있고 나서 얼마 되지 않아 전혀 희망도 하지 않은 정치부 정당팀에 배치됐다. 아줌마 신분으로 여당 말진*이 돼 아침 6시 15분에 출근해 당정회의나 각종 회의를 챙기고 새벽 1

---

*중요 출입처일수록 회사는 기자들을 한 명이 아닌 여러 명을 내보내 해당 출입처에서 나오는 뉴스를 취재하게 한다. 그런 출입처 중 대표적인 곳이 정당, 법원·검찰 등 법조 분야이다. 예컨대 여당인 새누리당에 네 명의 기자가 출입하고 대검, 서울지검 등을 출입하는 법조기자가 역시 네 명쯤 되는 것이다. 한 출입처를 네 명의 기자가 커버할 경우 고참 기자로부터 신참 기자까지 경력이 다양하게 분포하게 되고, 서열상 최고참 기자를 1진, 이후 2진, 3진, 4진으로 부르게 된다. 4진 기자는 막내이므로 말진 기자로 불리기도 한다.

시에 퇴근하는 강행군을 했다. 대선자금 수사가 한창이었던 2004년에는 검찰청에 배치가 돼 만 2년을 '죽다 살아났다'. 2006년 결혼하고 만 5년 만에 아이를 가졌을 때에는 열린우리당에 출입하고 있었다. 매일 아침부터 자정까지 의원들이 당을 깨네 마네, 탈당을 하네 마네 하는 통에 하루종일 머리를 굴리고 전화를 돌리면서 출산 예정일 바로 전날까지 이리 뛰고 저리 뛰고 했다. 이렇게 18년을 살다 보니 회사 내에서나, 회사 밖에서나 여자 후배들에게 "술을 잘 마셔야 하나요?" "어쩌다 쉬는 일요일이나 유일한 휴일인 토요일에도 취재를 위해 골프를 치세요?" "여기자라서 취재원 관리에 더 힘든 것은 없나요?" 같은 질문을 곧잘 받는다. 이럴 때마다 나는 이런 답을 내놓는다. "술? 골프? 두 가지로 특종했다는 기자는 거의 못 봤다. 들이는 품을 최대한 줄이고, 거꾸로 여자 특유의 감을 키우려 한다"고. 몇 가지 취재 현장에서 있었던 일을 소개해본다.

'묘한 태도'에 '감'이 왔다

한화그룹의 대한생명 인수 로비 의혹 수사가 진행 중이던 2004년 11월 24일 오전 대검찰청 중앙수사부장실. 박상길 중수부장(검사장)이 기자들과 일문일답을 하고 있었다. 검찰의 수사 브리핑은 늘 선禪문답식이다. 피의사실 공표를 피하기 위한 것이다. 더구나 박 중수부장은 워낙 입이 무거웠다.

A일보의 기자 입에서 "오늘 아침 김승연 한화그룹 회장이 서울

고법 공판에 출석했던데……"란 얘기가 나왔다. 김 회장은 2002년 대선 때 서청원 한나라당 전 의원에게 불법 정치자금 10억 원을 제공한 혐의로 불구속 기소돼 재판이 진행 중이었다. 순간 박 검사장의 눈이 안경 속에서 번쩍 빛났다. "출석했어?" 기자들이 "출석했던데요"라고 하자 박 부장은 혼잣말처럼 중얼거렸다. "출석했다, 이거지……."

간담회는 여느 때처럼 '영양가 없이' 끝났다. 하지만 박 부장의 '묘한' 태도가 마음에 걸렸다. 오후 3시까지 수수께끼를 푸느라 끙끙댔다. 한화그룹의 대한생명 인수 로비 의혹은 내사에서 수사 단계로 넘어온 지 얼마 되지 않았던 때였다. 혹시 출국금지를 검토하고 있는 것 아닌가 하는 생각이 스쳐지나갔다.

오후 5시 초판 마감 때까지 검찰 간부들 몇몇에게 전화를 돌렸다. "김승연 회장 출국금지 했죠?" 한참 돌리던 끝에 한 간부로부터 "어떻게 알았어?"란 답이 돌아왔다. 다음날인 11월 25일자 동아일보 1면 사이드톱은 '김승연 한화 회장 출국금지……大生 인수 과정 로비 의혹 본격 수사'였다.

분명 뭔가가 있다

열린우리당에 출입하면서 민주당을 함께 맡고 있던 2006년 8월 8일. 이낙연 의원이 아침 일찍 국회 기자실을 찾았다. 이 의원은 권노갑 전 민주당 최고위원을 면회하고 왔다며 권 전 최고위원과 나눈 대화를 자신의 홈페이지에 띄웠다고 했다. 권 전 최고위원은 현대 비자금 사건으로 의정부 교도소에 수감 중이었다. 그런데 이 의원이 홈페이지에 띄운 글 내용이 매우 흥미로웠다. 권 전 최고위원이 "여기서 나가면 영어 동시통역사 자격시험을 보고 싶다. 실제로 통역을 하겠다는 것이 아니라 내가 여전히 뭔가를 할 수 있다는 것을 확인하고 싶다"고 말했다는 것이다. 권 전 최고위원은 당시 77세였고, 현대 비자금 사건으로 2004년 10월 대법원에서 징역 5년에 추징금 200억 원의 확정판결을 받아 3년째 수감 중이었다.

권 전 최고위원이 형기의 절반을 넘긴 상태에서 출소 이후의 계획을 자세히 말했다면 분명 뭔가가 있었다. '혹시 광복절 특사를 염두에 둔 것 아닐까…….' '특별사면이 단행된다면 특별사면의 성격상 노무현 대통령은 분명 측근 구하기에 나설 것이다.'

이런저런 생각을 갖고 접근해보니 대상자가 압축됐다. 노 대통령의 386 최측근인 안희정 씨와 2002년 대선 때 후보단일화를 성사시켜 대통령 만들기에 '일등공신' 역할을 했지만 대부업체 굿머니 불법자금 수수로 의원직을 상실한 신계륜 전 열린우리당 의원. 안 씨를 특별사면하기 위해서는 분명히 한나라당측 불법대선자금 관련자도 포함이 될 가능성이 높았고, 그렇다면 서청원 전 한나라당 대표를 알아봐야 할 것 같았다. 집권여당의 당 3역(사무총장, 원내대표, 정책위의장)과 사안을 알 만한 모든 취재원들에게 전화를 걸어대며 확인 작업에 매달렸다.

이낙연 의원이 권 전 최고위원을 면회하고 왔다며 면회내용을 공개한 다음날인 8월 9일. 동아일보 1면 톱기사 제목은 '안희정, 신계륜 광복절 사면될 듯…… 서청원 사면, 권노갑 감형'이었다.

끊임없이 의심하라

2007년 8월 10일 오후 3시 반. 남북정상회담 개최 사실 발표 이틀 뒤인 이날 청와대 기자실인 춘추관엔 A4용지 한 장짜리 보도자료가 배포됐다. 정윤재 대통령 의전비서관이 교체된다는 내용이었다. 문득 의심이 들었다. 남북정상회담을 앞두고 대통령의 외교 일정과 의전을 전담하는 의전비서관이 교체될 수 있을까…….

천호선 대변인은 "정 비서관이 부산 신라대 객원교수로 가게 됐다"고 설명했지만, 쉽게 납득이 되질 않았다. 신라대에 전화를 걸어봤다. 정 비서관의 월급은 30만 원. 아무리 정 전 비서관의 내년 4월 총선 부산 출마가 기정사실화된 터였지만, 한 해 전 8월 중순에, 그것도 남북정상회담을 앞두고 사의표명을 하는 것은 참으로 이상했다.

며칠 동안의 '퍼즐 맞추기' 작업 끝에 정 전 비서관이, 구속된 정상곤 전 부산국세청장이 부산 지역 건설업자로부터 1억 원을 받는 문제의 자리에 동석했던 사실을 알게 됐다. 특히 정 전 청장에게 건설업자를 소개시켜준 사람은 정 전 비서관이었다.

기사를 검색해보니 정 전 청장은 공교롭게도 정 전 비서관이 사표를 내기 딱 하루 전인 8월 9일 구속됐고, 1억 원의 사용처에 대해서는 "무덤까지 갖고 갈 일"이라며 침묵하고 있었다. 정 전 비서관의 연루 사실은 전혀 알려지지 않았던 터여서 순간적으로 큰 것을 낚았다는 생각이 스쳤다. 8월 28일자 동아일보 1면 사이드 톱은 '정상곤 국세청 국장 – H건설사 사주 정윤재 前 비서관이 만남 주선 의혹'이었다. '퍼즐 맞추기' 작업의 결과는 검찰의 재수사, 노무현 대통령의 대국민 사과 약속, 국세청장 구속 등의 사건으로까지 이어졌다.

40대 중반의 '아줌마 기자'가 됐다. 아무리 의욕이 넘쳐나도 이제는 물리적으로 남성 기자들과 '똑같이' 일하겠다는 생각은 실천에 옮길 수가 없다. 새벽까지 팔팔한 젊은 후배들과 똑같이 폭탄주를 마시는 게 가능하지도 않다. 그래서 나이가 들수록 여성 특유의 감과 호기심을 갈고 닦는 일에 치중하려 한다. 출입처에서 만난 인생의 스승 중 한 분인 송광수 전 검찰총장은 이런 당부를 한 적이 있다.

"기자와 검사는 공통점이 참으로 많습니다. 그중 하나가 모든 사물을 의심하고, 뒤집어봐야 한다는 겁니다. 심지어 TV 뉴스도 그냥 봐서는 안 됩니다. 늘 삐딱한 자세로 보면서 '저 놈, 참 나쁜 놈인데……' '뭔가가 있는 것 같은데……' 하고 끊임없이 의심하고 뒤집어봐야 합니다."

다시 싣고 싶은 나의 기사

정상곤 국세청 국장 – H건설사 사주
…정윤재 前 비서관이 만남 주선 의혹

노무현 대통령의 '386' 측근 중 한 명인 정윤재(43) 전 대통령 의전비서관이 부산지역 건설업체로부터 세무조사 무마 청탁과 함께 1억 원을 받은 혐의(뇌물수수)로 구속된 정상곤 국세청 부동산납세관리국장을 건설업체 사주에게 소개해줬다는 의혹을 받고 있다.

청와대는 10일 정 전 비서관이 개인적인 사유로 사의를 표명했다며 정 전 비서관 후임을 발표했다. 공교롭게도 정 국장은 같은 날 검찰에 구속됐다.

특히 의전비서관은 대통령의 의전을 책임지는 자리라는 점에서 남북정상회담을 앞두고 정 전 비서관의 사표가 수리된 것은 정 국장의 구속과 관련이 있는 것 아니냐는 지적이 나오고 있다.

검찰에 따르면 정 국장은 부산국세청장으로 재직하던 지난해 8월 정 전 비서관의 소개로 부산지역 재개발사업 시행업체인 H사 사주 김모 씨와 만나 식사를 함께 했다. 김 씨는 이날 정 국장과 헤어지면서 택시 뒷좌석에 1억 원이 든 가방을 밀어 넣었고 정 국장은 이를 돌려주지 않은 것으로 알려졌다.

검찰은 이번 사건 수사 과정에서 김 씨와 친분이 있는 정 전 비서관이 정 국장과 김 씨의 만남을 주선했다는 진술을 확보한 것으로 알려졌다.

그러나 검찰은 정 전 비서관에 대한 별도의 수사는 하지 않을 방침이다.

검찰 관계자는 "돈을 받은 정 국장이 수뢰 사건에 대한 사실관계를 100% 시인했다"며 "정 전 비서관에 대한 별도의 수사는 필요하지 않다고 본다"고 말했다.

정 전 비서관은 본보와의 통화에서 "정 국장은 알지만 정 국장, 건설업체 사장과 자리를 함께한 적이 없다. 당혹스럽다"며 "내가 부산 사람이고, 정 국장이 구속됐기 때문에 그런 얘기는 나올 만하다"고 말했다.

천호선 청와대 대변인은 "공교롭게도 후임자를 발표한 날과 정 국장이 구속된 날이 같지만 정 전 비서관은 부산 지역 대학 강단에 서기 위해 7월 사의를 표명했다"고 말했다.

동아일보, 2007년 8월 28일

노무현 정부 시절에 청와대를 출입하면서 썼던 기사다. 당시 노 정권은 조선일보, 동아일보를 일종의 눈에 가시로 생각했다. 두 신문사의 청와대 출입기자가 청와대 비서관 등 소위 '노무현 코드' 인사들로부터 어떤 대접을 받았을지 물어보나마나다. 매일 뉴스 브리핑 시간에 천호선 대변인과 공방전이 벌어졌고, 거의 하루종일 비서관이나 보좌관들의 집단 린치에 가까운 언어폭력이 이어졌다. 그 와중에 '특종'을 건졌다는 것은 사실상 불가능한 일을 이뤄낸 것이나 다름없었다. 정권이 수단과 방법을 가리지 않고 언론을 따돌려도 진실은 감출 수 없다는 것을 보여주는 사례가 될 수 있다. 조수진 차장은 이 점을 감안해 이 기사를 선택했다고 한다.

슈퍼우먼은 없다.
무모한 엄마 기자가 있을 뿐

부산일보 국제부장 강승아

1992년 연세대학교 불문학과를 졸업했다. 1992년 부산일보에 입사해 생활과학부, 국제부, 문화부, 사회부, 경제부 기자, 교육팀 팀장을 거쳤다. 현재 국제부장으로 일하고 있다. 한국기자협회 이달의 기자상(2001년·2005년·2010년)을 세 차례 받았고 제19회 최은희여기자상(2002년)을 수상했다. 2007년 한국기자협회 SK펠로 해외기자연수 지원을 받아 1년간 러시아 블라디보스토크 극동국립대학 객원연구원을 지냈다. 저서로『극동러시아리포트』(2009년)가 있다.

지난해 연말 편집국 인사를 앞두고 한 후배 기자가 고민 상담을 해왔다. 그는 유치원 다니는 아이가 아직 엄마 손이 많이 필요한데 사회부 경찰 기자로 지원해도 될지 고민 중이었다. "일을 배워야 한다면 차라리 아이가 어릴 때가 낫다"고 조언해줬다. 어차피 그가 듣고 싶었던 말도 용기를 더할 '응원의 메시지'인 듯싶었다.

돌이켜보면 그 망설임 없는 조언엔 이제는 대학생이 된 큰 아이에 대한 안쓰러움이 스며있다.

나는 신문사 입사 10년 차 되던 해 느닷없이 사회부 발령을 받았다. 후배 기자처럼 고민할 틈도 없이 사회부 기자 명단에서 내 이름을 발견한 날 오후 덜컥 사회부 일원이 됐다. 큰아이는 초등학교에, 작은아이는 유치원에 막 입학 시킨 때였다.

자녀교육에 올인하는 엄마들은 아이의 초등학교 입학에 맞춰

하던 일을 줄이거나 일을 그만 두기도 한다지만 나는 늘 시간을 다투는 일에 쫓기며 아이가 학교를 어떻게 다니는지도 모르는 엄마가 돼버렸다.

어느 날 오후 큰아이의 담임선생님이 입학 후 얼굴 한 번 비치지 않는 엄마한테 전화를 했다. 선생님은 아이가 하교하는 봉고차를 놓치고 발을 동동거리다 다시 교실로 돌아왔는데 어떻게 하면 좋겠냐고 물었다. 시청에서 한달음에 학교로 달려갔더니 아이는 울어서 꼬질꼬질해진 얼굴을 하고 텅 빈 교실에 혼자 앉아 있었다. 아이한테 미안한 마음과 왠지 모를 서러움이 한꺼번에 솟구쳤다. 울어서 아이처럼 꼬질해진 얼굴을 하고 담임선생님과 첫 인사를 했다.

대학 시절 내 꿈은 프랑스 특파원이었다. 야심찬 꿈을 이루기 위해 재학시절 1년 간 프랑스 연수도 다녀왔다. 그러나 1992년 어렵사리 입사한 신문사에서 내가 쓴 첫 기명 기사는 '빨래하는 법'이었다.

남자 동기들이 사회부에서 혹독한 훈련을 받는 동안 나는 생활과학부에서 '뭘 먹고, 뭘 입어야 할지, 집을 어떻게 꾸며야 할지'를 주로 취재하고 써야 했다.

하지만 내 이름을 달고 나가는 기사는 그게 어떤 내용이든 제대로 잘 쓰고 싶었다. 그렇게 생활과학부와 문화부에서 근 10년의 세월을 보냈다. 10년 세월동안 쌓은 나름의 내공을 낯선 부서에서 흐지부지 날릴 순 없었다. 사회부를 자발적으로 선택하진 않았지

2011년 미국 국무부 초청 기자연수 당시 아이오와주 드모인 시의회에서

만 더 힘차게 전진하는 것 말고 선택할 수 있는 길도 없었다. 마음을 다잡아야 했다.

잠을 줄여가며 기사를 썼고, 온 가족이 두 달 전부터 예약해 두었던 제주도 여름휴가까지 반납하고 노르웨이 오슬로로 7박8일 출장도 다녀왔다. 미국, 프랑스, 벨기에, 네덜란드……. 한국 전쟁 이후 미국과 유럽 각지로 입양됐던 한국 입양인들이 한 자리에 모이는 행사가 오슬로에서 열렸기 때문이다. 20여 명이나 되는 국적이 다른 입양인들을 쉴새없이 인터뷰했다. '한때 한국인이었던' 그들은 세월이 흘러 각 나라의 전문직 직장인으로 성장했고, 가정을 이루기도 했지만 '나는 누구인가'라는 오래된 화두 하나를 공통적으로 안고 있었다.

오슬로에서 사흘째 되던 밤, 제주도 여행에서 돌아온 유치원생 작은 아이가 수화기 저편에서 "제주도에서 엄마 주려고 테디 베어

인형을 사왔는데 아직도 엄마가 집에 없다"며 울먹였다.

엄마가 며칠 없어도 아이는 이렇게 서러운데 그 엄마가 누군지도 모르거나, 어느 날 갑자기 사라져버린 그들의 사연이 절절히 사무쳤다.

해외 입양에 대한 우리 사회의 대책을 모색하는 〈한국인 아닌 한국인, 해외 입양인〉 기획 시리즈를 집중 보도했다. 이 기획 시리즈로 기자협회 이달의 기자상(기획 취재 부문)을 받았고, 다음해 최은희여기자상을 수상했다.

'아줌마 기자'들은 일을 소홀히 한다?

돌이켜보면 기자는 취재원과 저녁자리를 자주 한다고 해서 막역한 사이가 되는 건 아닌 것 같다. 내가 어떤 기자인지는 내 기사가 다 보여준다. 그래서 기자는 말을 잘 할 필요는 없지만 기사는 잘 써야만 한다.

특종에는 운이 따라야 한다. 그러나 그 운도 난데없이 오진 않는다. 식사를 겸한 기자 간담회에서 취재원의 이야기를 다른 기자들과 다 같이 들어도 의미심장한 한마디를 놓치지 않는 감각이 특종의 행운을 부른다. 경제부 항만 담당 기자 시절 무소불위 권력이었던 부산 항운노조의 고질적인 채용 비리를 추적보도할 수 있었던 것도 한 취재원이 기자 간담회 자리에서 무심한 듯 던진 한마디를 놓치지 않은 덕분이었다.

'아줌마 기자'들은 때로 아이 때문에, 집안 일 때문에 정작 기자

일은 소홀히 할지 모른다는 의심의 눈초리를 받기도 한다. 하지만 그들은 엄마이고, 아줌마이기 때문에 세상을 보는 눈이 오히려 예사롭지 않을 수 있다. 육아 때문에 동동거려봤기 때문에 맞벌이 부부의 척박한 육아 현실을 누구보다 잘 알고, 학부모여서 이 땅의 대입제도와 교육정책이 얼마나 문제 많은지도 속속들이 알고 있다. 학교 급식비를 지원받는 저소득층 자녀들이 '가난을 증명해야 하는' 급식 지원 시스템 때문에 새 학기마다 되풀이해 상처를 받는다는 것도 이런 일상 속에서 알게 됐다. 한 중학교 교사의 점심 단식 사연을 통해 '눈칫밥' 학교 급식비 지원 시스템의 문제점을 심층 보도한 기획 기사들은 2011년 전국 초·중·고교 저소득층 급식비와 교육비 지원 시스템을 획기적으로 바꾸는 계기가 됐다.

일단 도전하라

어느덧 만 20년이 흘렀다. 나는 늘 '콩 튀듯, 팥 튀듯' 바빴다. 내가 세 명 쯤 되면 참 좋겠다 싶은 날도 많았다. 한 명은 취재하고 기사를 쓰게 하고, 한 명은 아이들 학교로 보내고, 진짜 나는 쉬고 싶었다. 하지만 현실 속 나는 점심시간 애들 학교로 날아가 급식을 퍼주고 번개같이 출입처로 돌아오기도 하고, 운동회 날 맨 마지막에 달려가 간신히 아이한테 눈도장만 찍기도 하며 허둥대고 살았다.

그 사이 프랑스 특파원의 꿈은 그냥 물 건너갔다. 대신 지금껏 우리나라 기자 누구도 기자 연수지로 선택하지 않았던 러시아 블라디보스토크에서 혹독한 한 해를 보냈다. 자원 부국 '러시아의 미래' 극동 러시아의 현재를 눈으로 확인하고 싶었기 때문이다.

러시아 기자 연수를 염두에 두고 마흔 즈음에 느닷없이 배우기 시작한 러시아어는 정말 어려웠다. '영어 불어를 할 수 있으니 러시아어쯤이야…….' 가벼운 마음으로 시작했던 러시아어는 넘어야 할 산이 끝없이 버티고 있는 언어였다. 그 산을 하나하나 넘기 위해 고3처럼 공부를 해댔다.

아이들까지 다 데리고 그 '험한 땅'에 뛰어들었으니 돌이켜보면 무식해서 용감했던 한 가족을 보게 된다. 하지만 일년의 절반이 겨울인 그 삭막한 도시에서 보낸 힘겨웠던 한 해로 인해 나는 또 새로운 꿈을 꾸게 됐다.

이제는 혹시라도 새로운 선택을 망설이는 후배가 있다면 '일단 도전하라'고 말해줄 수 있을 것 같다. 무모하게 부딪히는 동안 어떻게든 길은 생기고, 힘든 만큼 예전엔 미처 몰랐던 것들을 얻을 수도 있으니까.

다시 싣고 싶은 나의 기사

[학교급식 무엇이 문제인가·상]
"네 가난을 증명해봐" 가혹한 대가 요구하는 '공짜밥'

전문계 A고 3년 이모 군은 1학년 내내 반에서 가장 늦게 점심을 먹었다. 반 아이들의 배식 당번인 '급식도우미'였기 때문이다. 친구들의 밥을 다 퍼주고 나면 반찬 그릇이 휑하니 비는 날도 있었다. '적절한 배식에 실패'한 날엔 반찬 없는 밥을 먹기도 했다. "고생이 많다~"고 비꼬는 아이가 있는가 하면 식욕 왕성한 친구들은 "반찬을 더 주지 않는다"고 투덜댔다. '밥을 먹는 대가'는 생각보다 가혹했다.

A고는 각 반 1~2명씩 급식도우미 신청을 한 학생들에게 급식비를 면제해주고 있다. 가정형편이 어려운 이 군도 이렇게 해서 급식비를 면제받았다. 자신의 딱한 처지를 공개해가며 밥을 퍼주고 그 '대가'로 맨 마지막에 먹는 밥은 처연했

지만 이 군은 급식도우미로 두 학기를 버텨냈다.

B여고에도 급식비를 면제받는 '급식도우미'들이 있다. 인문계고교는 야간 자율학습 때문에 학교에서 점심, 저녁 두끼 급식을 해야 하지만 급식비 지원은 초·중·고교 모두 중식에 한정돼 있다. 담임교사들은 저녁 급식비 지원이 필요한 학생들을 점심, 저녁 도우미 명단에 올려 급식비를 면제받게 하고 있는 것이다.

공개적으로 가려 '시혜' 베푸는 현 관행
학생 인권·마음의 상처는 늘 뒷전 밀려
'불쌍한 아이' 추천 떠안은 담임도 곤혹
"시혜 아닌 복지차원 접근하는 시각 필요"

현행 학교 급식비 지원 시스템은 이처럼 대상자를 '공개적으로' 가려 '시혜'를 베푸는 형태다. 이 과

정에서 대상 학생들이 받는 마음의 상처는 늘 뒷전이다.

급식비 지원 대상자로 '선별'돼 '시혜'를 받는 과정도 간단치 않다. 학교 급식비 지원 대상은 기초생활수급자, 한 부모 가정, 차상위계층 자녀들이다. 기초생활수급자는 주민센터에서 대상자를 확인해주지만 차상위계층은 건강보험료 납부금액이 적은 순으로 지원 대상자를 선정해왔다. 건강보험료 납부액이 기준을 초과하더라도 실질적인 빈곤층일 때는 담임이 추천할 수도 있다.

해마다 3월, 반 아이들 얼굴도 제대로 익히지 못한 상황에서 담임이 대상자를 '가려내는' 일은 쉽지 않다. 급식비 지원 대상자는 모두 신청서를 제출해야 하고 기준에 따라 추가서류도 내야 한다. C중학교 1학년 담임교사는 "이 과정에서 다른 학생들에게 공개되지 않도록 '선생님한테 줄 거 있는 사람 다 내라'는 식으로 얘기하지만 결국 알 만한 학생들은 다 알게 된다"고 말했다. 담임이 급식비 지원 대상자로 추천하기 위해서는 대상 학생을 '최대한 불쌍한 아이'로 만들어 추천서를 써야 한다. 그는 "추천서를 쓰려면 가정형편을 소상하게 물어볼 수밖에 없어 아이에겐 가난을 새삼 확인하는 과정이 되고 질문하는 담임도 곤혹스러울 수밖에 없다"고 했다.

'공짜밥'의 절차는 이게 다가 아니다. 담임교사들은 지원 대상 학생들이 방학 때는 어떻게 밥을 먹길 원하는지도 매번 확인해야 한다. 부식을 구입할 쿠폰으로 받을지, 인근 식당에서 먹을지 등 몇 가지 방식 중 하나를 선택하게 하는 것이다. B여고 교사는 "학년마다 연계가 안 돼 해마다 급식비 지원 신청 과정을 되풀이해야 하는 건 물론이고 여름방학을 앞두고 한 조사를 겨울방학 전에 또 해야 하는 등 같은 조사를 하고 또 하는 실정"이라며 "급식비 지원을 수월하게 해주지 않고 절차도 복잡한 게 문제"라고 지적했다.

지난해 부산지역에서 학교 급식비를 내지 못한 초·중·고생은 총 3천1명. 급식비 미납액은 3억 951

만 1천 원(2월 말 현재)에 달한다. 특히 급식비 미납 학생 중에는 하루 두끼를 학교 급식으로 해결해야 하는 고교생이 2천27명으로 3분의 2를 차지했다.

아직 급식 직영 전환을 하지 않은 학교들은 급식비 미납으로 인한 결손액을 주로 위탁업체들에게 떠넘겨왔다. 다음 해에도 급식을 납품해야 하는 업체는 '울며 겨자 먹기'로 손실을 떠안았고 이 손실은 결국 '급식의 질 저하'로 이어질 수밖에 없었다.

안전한 학교급식을 위한 부산시민운동본부 김정숙 공동대표는 "'부자급식' 논란이 있지만 학교 현장을 제대로 들여다 보면 왜 무상급식 확대가 필요한지 알 수 있다"며 "무상급식 전면 실시가 어렵다면 급식비 지원을 원하는 학생은 다 지원해주는 형태로 가야 현행 지원 시스템의 문제점을 개선할 수 있을 것"이라고 말했다.

신라대 초의수 교수(사회복지학과)는 "각 나라의 복지제도는 그 나라의 특수성에 맞게 만들어질 수밖에 없다"며 "급식 문제 역시 '시혜'가 아닌 '복지'의 차원에서 접근해야 한다"고 말했다.

부산일보, 2010년 4월 30일

여기자에서 전문기자로

KBS 과학전문기자 이은정

서울대 미생물학과 학부와 대학원을 졸업했다. 1995년 경향신문에 입사했으며 2007년부터 KBS 과학전문기자로 활동 중이다. 기자생활 중에 박사과정에 진학, 2005년에 서울대 의대에서 생명윤리를 주제로 박사학위를 취득했다. 과학기술단체총연합회 편집위원, 여성과학기술단체총연합회 홍보이사 등을 맡고 있다. 올해의 과학기자상(2004년), 대한민국 과학문화상(2006년), 올해의 여기자상(2009년), 제27회 최은희여기자상(2010년), 정문술 과학저널리즘상(2011년) 등을 수상했다. 저서로는『알쏭달쏭 과학기사 교과서로 읽기 상·하』『도전 나도 우주인』이 있다.

나는 이공계를 전공한 여기자로 입사 때부터 특이한 존재였다. 1995년 경향신문사에 입사할 당시, 그러니까 18년 전에는 언론사마다 한 해에 여기자를 한 명 정도 뽑는 것이 관례였다. 이 때문에 여기자가 입사하면 사내에서뿐 아니라 다른 언론사에서도 '어느 신문에 누가 들어왔다'며 아는 체를 했다. 특히 내가 미생물학과를 졸업했다는 사실이 알려지자 많은 선배, 동료들이 "과학을 전공했는데 왜 기자를 하느냐"며 궁금해했다.

남들은 한 번씩 던지는 질문이었지만 여러 번 듣는 나는 상당한 스트레스를 받았다. 과학자가 내 미래가 아니라고 생각해 힘들게 기자시험을 통과해 언론사에 들어왔는데 여기서는 이공계 출신이라는 이유로, 또 여성이라는 이유로 주류 멤버로 인정받지 못하는 느낌이었다고 할까? 하지만 이런 부담감이 아마도 오늘날의 나를 만든 원동력이 아닐까 싶다.

기자라면 누구나 겪어야 하는 수습기간. 새벽부터 밤까지 경찰서를 돌면서 한 시간도 쉬지 못하는 고된 생활인데도 살인 사건 현장이나 삼풍백화점 붕괴사고 같은 것을 취재하니 너무나 짜릿하고 즐거웠다.

수습시절 나는 우리 동기 중에 처음으로 특종을 했는데 지금도 또렷이 기억하는 '구강청정제 음주단속 사건'이었다. 그날도 여느 때처럼 한밤중에 경찰서 야간 취재를 돌고 있는데, 30대의 한 남자가 "절대 술을 먹지 않았고 구강청정제로 입을 헹궜을 뿐인데 음주단속에 걸렸다"며 경찰과 싸우고 있었다. 다른 기자들은 그 광경을 보고도 별 관심이 없었으나 나는 구강청정제 병을 돌려 뒷면의 성분을 봤다. 그랬더니 '에틸 알코올'이 적혀 있는 것이 아닌가. 알코올 성분이 입 안에 남아있어 술을 마시지 않아도 음주측정에 걸렸을 거라는 생각에 후속취재를 통해 우리 회사만 특종보도를 할 수 있었다.

수습이 한 조그만 단독 보도였지만 이 기사 덕분에 나는 자신감을 얻어 순조롭게 기자 생활을 할 수 있었다. 이전에 내가 이공계 출신이라고 의아하게 보던 눈길, 여자라서 경찰서 취재를 제대로 할 수 있을까 생각하던 사람들에게 나는 잘할 수 있다는 것을 증명한 것 같아 내심 뿌듯했다. 특히 여기자의 경우 주위에서 지켜보는 눈이 많기 때문에 초반에 강력한 인상을 남기는 것이 중요하다.

저널리스트에서 스페셜리스트로

사회부에서 3년, 또 경제부에서 3년을 지내면서 신문사에서 어느 정도 자리를 잡았다. 하지만 주변의 여자 선배들을 보면 장래가 불투명해 보였다. 부장 직함을 단 여기자 선배는 없었고 일부 선배들은 IMF 금융위기 사태 때 별 이유 없이(아마도 여자라는 이유 때문에) 퇴직을 당하기도 했다. 이러한 조직에서 살아남으려면 역시 실력이 중요하겠다는 생각을 했다. 당시 '금녀禁女'의 구역이었던 정치부에 도전해서 기자로서 위상을 높일 것인지, 내 전문성을 살려 과학취재를 할 것인지 고민을 했다. 생각해보니 정치부는 나 외에도 할 만한 기자가 많지만 과학 분야는 내가 아니면 못할 거라는 생각에 과학전문기자로 내 진로를 잡았다.

회사를 다니면서 대학원 시험을 준비해 2002년 서울대 의대 박사과정에 입학했다. 그리고 2005년 2월「생명복제를 둘러싼 국내의 생명윤리논쟁에 관한 연구」라는 제목으로 박사논문을 쓰고 학위를 받았다. 이때쯤 신문사에서도 과학전문기자로 발령을 내줬다. 입사한 지 10년 만에 나는 박사학위를 가진 전문기자로 내 꿈을 이룬 셈이다.

과학전문기자로서의 삶은 즐거웠다. 일단 과학이라는 전문 영역이 생기니까 내가 취재한 내용에 대해 별다른 마찰 없이 지면을 구성할 수 있었다. 우리나라 과학자들의 연구 성과나 해외 우수 연구현장 방문, 아리랑 위성 발사 등 다양한 과학 영역을 지면에 소개할 수 있었다. 가끔은 타 언론사에서 취재하지 못한 과학

뉴스를 1면 톱으로 단독 보도했다. 돌이켜보면 이 시기가 과학기자로서 가장 열정적으로, 가장 다양한 기사를 생산한 때가 아닌가 싶다.

신문기자에서 방송기자로

2007년 나는 또 한 번 변화를 택했다. 12년간 일하던 신문사를 떠나 KBS 과학전문기자로 자리를 옮겼다. 새로운 과학지식을 취재하고 기사화하는 것은 같았지만 일을 하는 방식은 많이 달랐다. 신문기자는 취재원의 설명을 듣고 마감시간 안에 원고를 전송하면 그날의 일이 끝난다. 취재원의 사진이 필요할 경우 사진기자가 동행하기도 하지만 별도 스케줄로 움직이는 게 대부분이다. 반면 방송기자는 팀으로 움직인다. 촬영기자와 함께 현장에 나가서 영상촬영과 취재를 함께하고, 회사에 들어와 원고를 쓰고 촬영한 화면을 골라 편집을 해야 일이 끝난다.

 신문사와 다른 언론환경에 적응하느라 회사를 옮긴 첫해에는 모든 일이 정신없었다. 다행히 첫해인 2007년에 '수능시험 물리 2 오답 소동'을 특종보도하면서 방송기자로서도 자신감을 얻었다. 이 기사로 '이달의 기자상'과 '올해의 여기자상'을 수상하면서 방송에서도 과학기사로 주목을 끌 수 있다는 것을 알 수 있었다.

 방송기자는, 또 신문기자는 가기 힘든 현장을 직접 취재할 수 있는 강점이 있다. 2010년 1월 우리나라 최초의 쇄빙선 '아라온호'를 타고 40일간 남극을 취재했던 일은 개인적으로 너무나 값진 경험이다. 또 2009년부터 세 번에 걸친 도전 끝에 우리 땅에서 성공적으로 올라간 '나로호 발사'는 가장 기억에 남는다. 방송중계, 그래픽, 특보 등을 준비하며 기자의 영역을 넘어 방송기술, 컴퓨터 그래픽, 프로그램 운영 등 다양한 영역을 맛볼 수 있었다.

여기자의 전문기자 영역으로

기자 생활을 시작한 지 벌써 18년. 앞으로 2년만 있으면 20년이다. 처음 입사했을 때는 20년이나 기자를 할 수 있을까 생각했는데 지금은 무척 짧게만 느껴진다. 돌이켜보면 그동안 언론사 안팎의 환경도 많이 변했다. 과거에 존재 자체만으로 희귀했던 '여기자'는 사라지고 시경캡*, 경제부장, 정치부장 등 중요한 자리를 여자 선배들이 당당하게 자리잡고 있다.

나는 과학전문기자로서 언론사 안팎에서 크고 작은 상을 많이 받았다. 내가 좋은 기사를 쓰기 위해 노력했기 때문이기도 하지만, 그보다는 과학분야를 취재한 기자가 적어서, 또 여기자이기 때문에 더 주목을 받아서 영광을 안을 수 있었다고 생각한다. 기

---

*언론사에는 일반 기업에서는 찾아보기 힘든 직책들이 많다. 대표적인 것이 시경캡이다. 일종의 은어隱語인데, 사건팀장을 일컫는다. 시경은 옛 서울시경(현재의 서울지방경찰청)의 시경을 뜻하고, 캡은 캡틴captain의 약칭이다. 그러니까 경찰서를 출입하는 기자들의 우두머리라는 뜻이다. 종합일간지와 방송사에 입사하면 제일 먼저 기자들은 경찰서를 출입하며 사건, 사고를 취재하게 된다. 여기서 육하원칙에 따른 취재의 기초를 배우고 취재력을 검증받는 것이다. 그들을 총괄 지휘하는 역할을 하는 사람이 시경캡이다. 요즘은 시경이란 말을 쓰지 않기 때문에 대신 '기동팀장' '사건팀장'으로 부른다.

2010년 쇄빙선 '아라온호'를 타고 남극 대륙 취재에 나선 이은정 기자

자를 시작할 당시 핸디캡이라고 생각했던 특징이 오히려 강점으로 돌아온 것이다.

요즘은 이공계를 전공한 기자들이 많이 들어오는데 과학기자를 꿈꾸는 여자 후배들도 꽤 눈에 띤다. 이들에게 좀더 좋은 선배로 역할을 다 하는 것이 앞으로 남은 나의 숙제라고 생각한다.

[방송 스크립트 1]
"아라온호 남극 제2후보지 탐사"

▶〈앵커 멘트〉
남극 대륙기지 조사단이 제2후보지인 테라노바 베이에서 두 번째 탐사 활동을 벌이고 있습니다. 눈보라가 불어 한때 탐사가 중단되기도 하는 등 어려움을 겪고 있습니다. 남극에서 이은정 과학전문기자가 취재했습니다.

▶〈리포트〉
남극 동쪽 테라노바 베이의 해안가에 넓게 펼쳐진 얼음산! 남극 기지 제2후보지입니다. 해발 85미터의 산 중턱에서, 남극의 매 스쿠아와 호수가 눈에 들어옵니다. 보트를 띄워 측정한 결과 수심이 5~6미터에 달해 식수로 충분히 사용할 만합니다.

▶〈인터뷰〉이주한/극지연구소 선임연구원
크기가 보시다시피 100미터 정도의 큰 호수이기 때문에 담수를 확보하는 데큰 도움이 될 것으로 생각합니다.

해안가에는 조사단의 임시본부가 설치됐습니다. 지난 7일부터 테라노바 베이의 기온과 풍향, 풍속, 지질과 대기 환경 등에 대한 조사를 벌였습니다. 초속 20미터가 넘는 강풍에 눈보라가 몰아쳐 한때 탐사가 중단되기도 했습니다. 100년 전 영국의 남극 탐험대가 상륙했던 테라노바 베이는 바다표범과 스쿠아 등 다양한 생물들이 공존하는 것이 특징입니다.

▶〈인터뷰〉김예동/대륙기지 후보지 정밀조사단장
대륙기지를 짓고 과학적인 활동을 강화해야지만 다음 세대에 얻을 수 있는 이익을 극대화시킬 수 있습니다.

아라온호는 내일까지 탐사 일정을 마치고 귀환길에 올라 오는 20일쯤 뉴질랜드 크라이스트 처치에 도착할 예정입니다.
〈ON〉대륙기지조사단의 이번 탐사결과를 바탕으로 빠르면 다음달 안에 대륙기지 건설지가 최종 확정됩니다. 남극 테라노바 베이에서 KBS 뉴스 이은정입니다.〈/ON〉

KBS, 2010년 2월 9일 9시 뉴스

[방송 스크립트 2]
"나로호 발사 성공 세 차례 도전 끝에 성공"

▶〈앵커 멘트〉
현재까지 자국 땅에서 위성을 쏘아올린 국가는 열 개정도라고 볼 수 있습니다. 우주 강국인 미국, 러시아, 프랑스를 비롯해 일본, 중국, 이스라엘 같은 나라들이 위성발사를 했는데요. 이제 우리나라도 이런 우주 강국들과 어깨를 나란히 하게 됐습니다.

먼저 오늘 나로호 발사 과정을 이은정 과학전문기자가 다시 한번 정리해드립니다.

▶〈리포트〉

오늘 나로호 발사과정은 로켓발사와 위성 분리, 위성 궤도 비행 등 크게 세 부분으로 나눠볼 수 있는데요. 먼저 로켓발사입니다. 발사대를 떠난 나로호는 바로 대기권을 벗어났는데 오늘 1단 엔진의 추진력이 완벽하게 작동했습니다. 첫 고비였던 페어링 분리도 발사 3분 35초 뒤에 이뤄졌구요. 이후 1단에 장착된 '역추진 로켓'이 가동되며 1단 분리가 성공적으로 진행됐습니다.

다음은 위성 분리입니다. 발사 후 6분 35초 후에 2단 엔진이 점화돼 위성의 속도를 높여줬는데요. 우리 기술로 만든 킥 모터가 제 역할을 해낸 겁니다. 위성이 완벽하게 분리돼 지상 302km 목표 궤도에 안착했을 때가 발사 9분 후, 원래 비행 계획대로 완벽하게 이뤄졌습니다.

마지막은 위성의 궤도 비행. 이미 노르웨이 지상국에서 나로과학위성이 내는 신호를 포착했죠. 발사 후 다섯 시간이 넘었으니까 지구를 세 바퀴정도 돌아 북유럽 상공을 지나고 있을 것으로 추정됩니다. 내일 새벽에 대전 지상국과의 교신까지 이뤄지면 나로호와 나로과학위성이 최종 성공했다고 볼 수 있습니다.

KBS, 2013년 1월 30일 9시 뉴스

이라크전 취재,
평생 읽을 고전 한 권을 마음에 담다

조선일보 국제부장 강인선

서울대 외교학과를 졸업하고 서울대 대학원 외교학 석사과정을 졸업했다. 미국 하버드대 케네디스쿨 (행정대학원)을 졸업했다. 1990년 조선일보에 월간조선부 기자로 입사한 뒤 조선일보 워싱턴특파원, 논설위원을 역임했다. 제6회 홍성현 언론상 신문부문(2003년), 제15회 최병우 국제보도상(2004년), 올해의 여기자상(2004년), 제21회 최은희여기자상(2004년), 제7회 한국 참언론인 대상 국제부문(2011년)을 수상했다. 저서로 『하버드 졸업식날엔 비가 내리지 않는다』(2002년) 『사막의 전쟁터에도 장미꽃은 핀다』(2003년) 『힐러리처럼 일하고 콘디처럼 승리하라』(2006년) 『하버드스타일』(2007년)이 있다.

올해는 이라크 전쟁이 발발한 지 10년이 되는 해다. 내가 기자로 일한 지는 24년째 되는 해이기도 하다. 돌이켜보면 20여 년 기자생활에서 가장 잊을 수 없는 일은 역시 이라크 종군 취재이다. 그 취재로 최은희여기자상을 받아 이라크 전쟁은 내 개인사에서 더욱더 중요한 사건이 됐다.

　기자로 일하다 보면 일반 회사에서 일하는 것과 달리 특이한 체험을 많이 하게 된다. 험한 일도 하고, 기자가 되지 않았으면 가지 않았을 곳도 가보고, 기자가 아니었으면 만날 수 없었을 사람들도 만난다. 그렇다 해도 어느 날 갑자기 쿠웨이트와 이라크의 사막에 내동댕이쳐졌을 때는 이보다 더 황당할 수 있을까 하는 기분이었다.

　쿠웨이트 사막에서 대기하다가 국경을 넘어 이라크로 들어가기 전날 밤, 하늘엔 스커드 미사일이 날아다니고 바로 근처에선

포 쏘는 소리가 요란했다. 방탄조끼 입고 군화를 신은 채로 야전 침대를 펴고 누웠는데 '살아 돌아갈 수 있을까' 하는 생각이 마음을 짓눌렀다.

10년이 지난 지금 생각해도 모든 게 생생할 만큼 전쟁취재의 경험은 강렬한 것이었다. 분명 역사의 현장이랄 수 있는 엄청난 규모의 사건 한가운데 있는 동안, 한 인간이 보고 느끼고 취재할 수 있는 건 너무나 작다는 사실에 좌절했다. 이렇게 쓰고 저렇게 써봐도 현장에서 느끼는 걸 전달하는 일은 버거웠다. 그래서 전황 전체에 대한 기사는 서울에 맡기고 체험한 것 위주로 기사를 썼는데, 그 덕인지 독자들의 이메일이 폭주해 이메일을 열 수도 없는 상황이 됐었다.

이라크 전쟁취재는 통상적인 종군취재와는 약간 다른 방식으로 이뤄졌다. 미 국방부가 미국과 외국 언론사 기자들을 선발해서 미군들과 동행취재를 할 수 있도록 한 방식*이었다. 국방부가 미국의 큰 언론사일수록 전쟁을 취재하기 좋은 부대에 배정을 했다고 해서 말이 많았다. 뉴욕타임스는 작전본부에, CNN은 가장 먼저 진격하는 전투부대에 배치하는 식이었다. 나도 20~30명 규모의 작은 부대와 함께 다니게 됐는데 거기서 오다가다 만났던 기자

---

* 2003년 3월 이라크 전쟁이 시작되자 미국이 실시한 종군기자들의 동행취재 프로그램을 말한다. 'Embed program'이라고 불린다. 임베드는 '끼워 넣는다'는 뜻이다. 미군 틈에 끼워 넣어 동행취재하게 하는 방식이라고 보면 된다. 미국은 이라크 전쟁을 시작하면서 세계 각국의 언론사 기자들에게 군인들과 함께 생활하고 취재할 수 있는 기회를 제공하면서 이 프로그램을 마련했다.

들은 지금도 잊지 못한다.

　이라크전 현장엔 여기자들도 꽤 많았다. 국적, 나이 불문하고 다들 적극적이고 치열했다. 게다가 전쟁터에 한두 번 와본 게 아니라서 "군인들과 같이 다녀야 하는 건 따분하다"고 하는 기자도 있었고, "역시 전쟁터에선 혼자 다니는 게 좋다"면서 미군과 헤어져 단독취재에 들어간 경우도 있었다. 다들 '애 엄마'였다. 굳이 여자기자 남자기자 가릴 것 없이 그들은 그냥 기자, 프로였다.

　이라크전 종군취재를 마치고 워싱턴으로 돌아가 1년쯤 됐을 때 미국의 다른 주에서 일하던 기자와 통화를 하게 됐다. 그는 마치 비밀을 털어놓듯 "이 편집국에서 10년 넘게 같이 일한 동료들보다 이라크에서 몇 번 만났을 뿐인 네가 훨씬 더 가깝게 느껴진다"고 했다. 나도 그랬다. 그게 전우애였다. 이라크에서 워싱턴으로 복귀한 직후 한동안은 이라크전을 취재했던 기자들과 만날 때 제일 신나고 재미있었다.

　다양한 국적의 종군기자들은 가끔 만나서 이라크 사막의 그 가혹한 모래바람과, 사막의 신선하고 깔끔한 아침과, 하늘과 사막의 지평선이 하나가 되는 해질 무렵에 대해 이야기하곤 했다. 그뿐인가. 전투지역을 뚫고 지나갈 때의 공포, 군인들을 따라 어딘지도 모르는 채로 사막을 헤맬 때의 막막함도 우리의 공통화제였다.

　기자로 일하면서 재미있다고 느낄 땐 내가 머리로 이해하는 일들에 팩트fact와 실전과 체험의 주석을 달 때이다. 그러니 이라크 전쟁이 얼마나 값진 경험이었을지는 말할 필요조차 없다.

나는 대학 시절 국제정치학을 공부했고, 대학원에선 군비축소 문제를 다룬 논문으로 석사학위를 받았다. 하지만 학문을 업으로 삼을 만한 재능은 없다는 생각에 방향을 바꿔 기자가 됐다. 전공 덕이겠지만 기자로 일하는 동안에도 국제 문제를 많이 다뤘다. 학교에서 국제정치학을 공부할 땐 재미있는 줄 모르고 의무감으로 했는데 취재현장에서 맞닥뜨린 국제정치는 환호성을 울릴 만큼 재미있었다.

한번은 일본의 히로시마와 나가사키에 한달 동안 장기취재여행을 간 일이 있었다. 현지 지역신문사의 초청이었다. 아시아 기자들이 일본의 원폭 현장을 둘러보고 전문가도 만나고 피폭자도 인터뷰했다. 대학 때 핵무기 문제에 흥미를 느꼈는데 그건 그야말로 책과 머리에서만 일어났던 일이었다. 미국이 일본에 원자폭탄을 투하한 그날에 대한 증언을 듣다 보면, 머리로만 이해했던 메마른 지식에 피가 돌고 살이 돋는 기분이었다.

캄보디아에 갔다가 갑자기 내전이 발발해 졸지에 전쟁기사를 써야 했던 일도 있었는데, 그 또한 지역분쟁을 몸으로 배운 놀라운 체험이었다. 9·11 테러도 그랬다. 그날 아침 이후 완전히 변해버린 미국의 얼굴을 현장에서 보고는 역사를 바꾸는 엄청난 일이 일어났다는 걸 실감했다. 국가만이 가질 수 있는 큰 규모의 무력을 행사할 수 있는 테러조직의 등장은 국가 중심의 국제체제를 바꿀 대사건이었다.

대학 다닐 때는 너무 비현실적이라 생각했던 수많은 국제정치

이론들이 워싱턴에선 말이 된다는 걸 특파원을 하면서 비로소 깨달았다. 미국 정치와 외교를 현장에서 취재하다 보니, 과거에 내가 읽었던 책들이 대부분 미국 학자들이 쓴 것이므로 당연히 미국에서는 '말이 되는' 이론이었던 것이다.

데스크가 된 이후엔 그런 즐거움은 줄어들었다. 선배들이 "역시 기자는 현장에 있을 때가 최고"라고 하더니, 실제로 사무실에 들어앉아 보니 그 말이 절절히 마음에 와닿는다. 그 시절 더 무모하게 도전하고 더 겁 없이 뛰어들고 더 씩씩하게 뛰어다닐 걸 그랬다는 생각이 든다.

그러면서도 부장으로선 기자들이 국제적인 분쟁현장에서 너무 용감해질까 걱정스러울 때도 있다. 현장에 있는 기자야 기사 욕심에 불타겠지만 부장 입장은 다르다. 그래서 분쟁지역으로 취재를 가는 기사들에게 늘 말한다. "조심하고 또 조심해라. 기사는 안전 다음이다"라고.

현장에 있을 때나 부장이 된 이후에나 기자란 직업을 갖고 있는 한, 시간은 풍족하게 쓸 수 없다. 일에 매달려 있는 시간이 워낙 기니까 도무지 남는 시간이 없다. 정신없이 살다 보니 집은 잠만 자는 곳이 된 지 오래이다. 그래서 우리 가족들은 이런 현실을 가리켜 '같이 사는 이산가족'이라고 한다. 서로 들고나는 시간이 달라 아이가 눈병이 나서 병원을 일주일씩 다녔다는데 그걸 새까맣게 모르고 있다가 나중에 안 경우도 있었다. 대학등록금 날짜를 못 지켜 아이를 휴학시킬 뻔한 일도 있다. 그뿐이랴. 일에 치여 지내느라 사고 친 얘기를 하자면 책 한 권을 써도 모자랄 지경이다.

이런 '사고'야 기자 아닌 다른 일을 해도 저질렀을 것이다. 이 온통 정신없는 생활 속에서도 기쁘게 생각하는 건 정말 흥미진진한 체험을 했다는 점이다. 이라크에 갔던 일은 내가 생각했던 것보다 훨씬 더 깊고 무거운 체험이었다. 마치 훌륭한 고전이 읽을 때마다 새로운 감동과 생각거리를 던져주는 것처럼, 이라크전 취재경험은 내게 두고두고 되새김질할 수 있는 무엇인가를 주고 있다.

앞으로 그보다 더 멋진 일을 하게 될지도 모르지만 사막에서 헤맨 그 40여 일이 내 기자생활의 클라이맥스가 아닐까 생각할 때가 있다. 전쟁터에 있을 때야 죽을둥 살둥 고생하면서 거기까지 간 걸 후회하기도 했다. 하지만 현장에 있을 때도, 어쩌면 내일 어디선가 날아온 로켓탄에 맞아 죽을지도 모르는 상황에서도, 나는 그런 생각을 했다. '내가 기자로서 운이 좋구나. 그렇지 않다면 어떻게 이런 멋진 현장에 있을 수 있단 말인가'라고.

**다시
싣고 싶은
나의 기사**

선택할 수 있어서 너무 괴롭다

**바그다드 남쪽 170km 미5군단에서
"이라크군 박격포 사정거리 내"
미군들 웃음도 말도 사라져**

피로가 극에 달한 상태인데도 좀처럼 깊이 잠들지 못해 25일 새벽 일찌감치 눈을 떴다. 처음 들은 소식은 미군 제5군단 제1전투여단이 이라크의 공화국 수비대 1개 여단과 내가 머물고 있는 램스 보급기지 인근에서 대규모 전투를 벌일 예정이라는 것이다. 소규모 전투는 이미 24일 밤부터 시작됐다. 나는 제5군단 지원사령부(COS COM) 공격지휘소(ACP)와 함께 24일부터 바그다드에서 약 170km 떨어진 미군 보급기지 램스에 머물고 있다.

램스가 이라크군의 박격포 사정거리 안에 있기 때문에 군인들은 초긴장 경계태세에 들어갔다. ACP의 제이 홀 소령은 걱정하지 말라고 하지만, 바그다드로 가까이 갈수록 이라크군의 저항이 더 심해진다는 것은 누구나 알고 있지 않은가.

램스 기지에는 패트리엇 미사일과 M1 전차가 있고, 블랙호크 헬리콥터가 수시로 뜬다. ACP와 몇몇 다른 부대 막사를 가운데 두고 트럭과 지프 등이 직경 300m 정도의 큰 원을 그리며 배치돼 있고, 차량 사이마다 참호를 파서 군인들이 교대로 지킨다. 막사 안에서도 방탄조끼를 벗지 말라는 지시가 내려왔고, 해가 지면 이라크 저격병의 목표가 되지 않도록 불을 완전히 끈다.

램스 기지는 허허벌판 사막지대 중에서도 다소 높은 지대다. 23일에는 이 지역을 확보하기 위한 전투가 벌어져 미군이 이라크군 100여 명을 사살했다고 한다. ACP가 24일 오후 이곳에 도착하기 몇 시간 전에도 미군에 사살돼 머리가 날아간 이라크군 시체 한 구가 있었다고 한다.

램스 기지에 온 후 분위기는 살벌함 그 자체다. 근처에서 정체를 알 수 없는 총성이 수시로 울리고 24일 밤에는 이라크군 15~20명이 주변에서 공격할 기회를 노리고 있다는 정보가 들어왔다. 군인들은 이제 웃지도 않고 말도 하지 않는다. 미국과 이라크의 군사력 격차는 상대가 안 될 정도로 엄청나다고 하지만, 그것은 총체적인 비교일 뿐 전장에서 맞선 군인들은 서로가 두렵기는 마찬가지인 것 같다.

이틀 전부터 ACP와 동행하기 시작한 미국 기자 2명은 겁에 질려 거의 노이로제 상태다. 그들이 이곳에서 한 발자국도 북쪽으로 가지 않겠다고 하도 버티니까 공보관이 24일 후방으로 가는 방법을 알아보겠다고 했다.

25일 오전 기사를 쓰고 있는데, ACP를 총지휘하는 마이크 브루일렛 대령이 찾아와서 "돌아가고 싶으냐"고 묻는다. 나는 "바그다드까지 가서 이 전쟁의 끝을 보고 싶은 생각과, 이쯤에서 워싱턴으로 복귀하고 싶은 마음이 반반"이라고 솔직하게 대답했다.

그는 내 옆자리에 앉았다. "1976년 내가 한국의 비무장 지대에 근무할 때 북한군의 총격을 받아 팔에 부상을 입었어요. 8·18 도끼 만행사건 직전입니다. 죽기 싫어서 상관에게 '남쪽으로 옮겨 달라'고 했어요. 그는 내게 '여기서 도망치면 앞으로 어려운 일이 생길 때마다 항상 도망만 치고 살 것'이라며 '당장 나가라'고 소리쳤어요."

브루일렛 대령의 큰 눈에 눈물이 그렁그렁 맺혔다. "당신이 '여기까지가 나의 한계다'라고 생각해 돌아간다면 지금 그은 그 선이 평생 당신의 한계가 될지도 모릅니다. 하지만 옳다고 판단한 일을 하십시오. 도와드리겠습니다."

그의 눈에서 눈물이 주르륵 떨어

졌다. 나는 막사 밖으로 나가서 다시 불어 닥치기 시작하는 모래돌풍 속에서 한참동안 멍하니 서있었다.

선택할 수 있어서 너무 괴롭다.

조선일보, 2003년 03월 26일

이제는 말할 수 있다

영상물등급위원회 위원장 박선이
(전 조선일보 문화부장)

1984년 이화여대 영문과를, 1998년 영국 런던대 언론학 석사과정 졸업했다. 1983년 조선일보에 입사해 문화부 부장, 논설위원, 문화부 선임기자(부국장대우), 여성담당 전문기자, 조선매거진 미디어사업본부장을 거쳤다. 또 2008년 영상물등급위원회 비상임 부위원장을 거쳐 2011년부터 영상물등급위원회 위원장으로 일하고 있다. 올해의 이화언론인상(2008년), 제25회 최은희여기자상(2008년), 자랑스런 세종인상(2008년)을 수상했다.

1. 2013년 3월 서울 마포구 상암동의 한 식당

"기자로 오래 일하셨는데요, 성차별을 겪은 일은 없는지요?" "언론사는 출퇴근 시간도 따로 없다는데, 결혼하고 아이 키우면서 어떻게 일을 하셨나요?" "제일 기억나는 기사는?" "취재원이 되어 바라보는 언론인은 어떤 모습인가요?"

영상물등급위원회 대학생 인턴들과 P위원장과의 대화 시간. 공식적인 분위기의 사무실을 벗어나자 인턴 학생들은 영상물 등급분류 업무나 영화에 대한 질문보다 P위원장의 전직인 기자시절에 대해 더 관심을 보인다. 똘망똘망한 눈망울의 여학생들이 번갈아 질문을 한다. 30년 세월 속에 농축된 사실들을 어떻게 전해야 할까, P위원장의 작은 회색 뇌세포들이 와글와글 움직이기 시작한다.

인생 설계도 어느 장면에 쓰여 있었을까. P는 27년 7개월을 일하던 신문사를 떠나 정부에 재산등록을 하는 공직자가 되었다. 영상물등급위원회는 국내에서 대가를 받고 상영하는 영화와 비디오물(좀 어색한 표현이지만, 전자통신이나 개인적 재생장치를 통해 관람하는 영화는 비디오물이라는 법적 지위를 갖는다)에 대해 연령별 등급을 부여하는 곳이다. 위원회 운영에 참여하는 아홉 명의 위원은 물론, 매일 영화와 비디오, 광고-예고편을 보고 등급분류를 결정하는 소위원회 위원들 모두 민간 전문가들이고 위원회 사무국 직원들도 당연히 민간인이다. 그럼에도 불구하고 결정된 등급에 불만을 지닌 영화인들은 언제나 '정부가 표현의 자유를 침해한다'고 불만을 터뜨린다. 언론 역시 호의적이지만은 않다. 기사 취재원은 99.9%가 영화인. 등급결정이나 등급제도와 관련한 사실관계가 틀리지 않은 기사만도 감지덕지다. '사실보도'라는 저널리즘의 첫 번째 원칙이라도 지켜주기를 간절히 소망할 정도니까. 문득 정신이 든다. 취재원의 항의전화를 나는 어떻게 받았던가? 담당기자에 대해 불만을 터뜨리는 취재원에 대해 부장으로서 어떻게 말했던가? 대학생 인턴들이 대답을 기다리고 있다.

"성차별, 있었지요. 구조적 차별, 개인적 차별, 일부러 하는 차별, 모르고 하는 차별. 남자기자에게 맞는 일, 여기자가 잘하는 일, 이렇게 완강한 성역할 구분이 차별의 근거였어요. 그것도 제 삶의 일부라고 생각했어요. 하지만 여성이 기자로 일하는 것을 근본적으로 부정하고 훼방 놓는 성차별은 가만 있어서는 안 될 문제였습니다."

"여성대통령이 당선되면서 여성정치부장이 나오고 논설위원실에도 여성이 서너명 씩 있게 되었어요. 참 좋은 변화지만, 지속적인 구조로 자리잡는 게 숙제라고 생각합니다."

"컴퓨터 제작 시스템이 막 도입되었을 때였어요. 회사 연수회 토론시간에 한 남자 선배가 'P씨는 〈엔터 키〉 쳤지?' 그러니 다들 웃어요. 우리나라의 출산율이 지금 세계 최저라고 하는데, 여자들을 그렇게 대접해온 결과라고 생각합니다."

2. 1983년 서울 중구 태평로

"호텔은커녕 변변한 여관도 없다구. 내가 부모 입장이면 내 딸 그런 데 못 보내."

"저, 학교 때두 지방에 가면 여인숙에서 자구, 민박두 하구 그랬어요. 정말 괜찮아요. 정 잘 곳 없으면 차에서 잘게요."

"자꾸 고집 피우지 말구, 이번엔 그냥 빠져. 다음에는 꼭 가는 걸로 하지."

"……."

"자, 이제 가봐. 마감해야지!"

"어려운 일에서 빼주셨다고 예, 했다가 나중에 좋은 일에서 빼시면 제가 뭐라고 말씀을 드릴 수 있겠어요? 저, 보내주세요. 갈래요."

그 말을 끝으로 P수습은 국장 방에서 쫓겨났다. 뒤늦게 사태를 파악한 담당 부국장이 "지금 뭐하는 거야!" 하고 팔을 잡아끌고 나간 것이다. 그런 구경거리가 없었다. 웅성웅성, 뭐야, 뭐야, 들

했다. 입사 한 달 넘은 수습(기자도 아닌, 사람도 아닌!)이 국장에게 따지러(?) 갔다 패퇴하는 장면. 하룻강아지 아니면 누가 범에게 덤비랴. 정작 내용은 별 것도 아니었다. 기사를 가지고 싸운 영웅담도 아니었다. 수습기자들에게 전국의 지역 판매망 견학 일정이 있었는데, 숙소 미비(?)를 이유로 단 한 명 있는 여기자 P수습을 뺀 것이다. 물정모르는 P수습, 머~~~언 시골지역 방문이 그렇게 '위험한 일'이라면 (믿음직한) 수습 동기 OOO과 둘이 가겠다고 해서 국장단을 대경실색케 했다는 것이 두고두고 뒷담화로 남았다.

그렇게 시작한 (여)기자 생활은 그 자체가 1980년대 한국 여성 잔혹사의 일부가 되었다. P기자는 크고 작은 사고를 치면서도 그럭저럭 적응을 해나갔는데, '여성·생활' 분야를 맡으면서 때로는 기자가 아닌 간자라는 눈총까지 받았다. 여성계의 '무리한 요구'를 지면에 반영하려고 버둥거린 탓이다. 실제로 그런 일이 종종 일어났다. 대표적인 사례로 '이OO 사건' 보도가 있다.

당시 여성 이슈로 가장 두드러진 것이 호주제 폐지와 함께 여성 조기정년제 철폐였다. 호주제가 여성을 상징적인 차원에서(때로는 매우 실제적인 결과로 이어졌다) 가부장에 종속된 존재로 규정하는 것이었다면, 조기정년제는 결혼 퇴직제와 함께 여성을 가정의 영역 내로 활동 범위를 제한하는 인습적 성차별 제도로 지탄받고 있었다. 어느 날 사회부 동료기자가 1단짜리 짧은 기사를 하나 썼다. 한 사무직 미혼 여성의 교통사고 손해배상 판결이었다. 교통사고로 영구적 상해를 입은 여성에 대해 법원은 한국 여성의 평균 결혼 연령인 26세까지 해당 직종에서 일하는 것으로 보고, 이후는 공공근로에 해당하는 임금으로 배상액을 결정했다.

눈이 번쩍 떠졌다! 크게 두 가지 문제가 보였다. 첫째, 법원이 결혼퇴직을 공공연하게 인정했다는 점, 둘째 결혼한 주부의 노동생산액이 공공근로(당시 용어로는 새마을 취로사업) 임금이란 점이었다. 그런데 조용했다. 여성계도 미처 주목하지 못한 것 같았다. 함께 여성·생활분야를 취재하던 신세미 선배가 지휘봉을 잡았다. 여성단체들에 이러저러한 사건이 있는데 말이 되는지 물었다(사실상 간자 노릇을 한 셈이다). 법원이 결혼퇴직을 인정한 데 대한 비판은 논리를 펴기 어렵지 않았다. 문제는 전업주부의 노동가치를 어떻게 산정하는가 하는 것이었다. 여성 경제학자들을 움직였다. 주부들이 생각하는 본인의 노동가치, 주부들이 하고 있는 가사노동을 모두 시장에서 구매한다고 할 때 필요한 비용 등을 계산했다. 결과는 놀라웠다. 엄청난 액수가 나왔다. P기자를 비롯한 여기자들이 기사를 써댔다. 이씨는 항소심에서 보다 진전된 판결을 받아냈다. 하지만, 정작 실익은 없었다. 쓸쓸한 현실적 한계였다.

지금도 일본대사관 앞에서 수요집회를 계속하고 있는 정신대대책협의회의 출범도 그때의 일이었다. "무슨 자랑이라고 기사를 쓰느냐"는 편집국 간부들에게, 이 기사 안 나가면 앞으로 취재 못 다닌다고 호소하고 협박하고 할리우드 액션을 거듭한 끝에 사회면 1단 기사로 실렸다. 보람이었다.

3. 1993년 4월 서울 송파구 잠실동, 경기도 안산시……

젊은 맞벌이 부부들이 많이 사는 서울 잠실 주공아파트 단지에 P기자가 찾아갔다. 아침 7시 30분, 잠이 덜 깬 아이들을 데리고 나온 엄마, 아빠의 바쁜 발걸음은 바로 자신의 이야기이기도 했다. 1993년 4월 조선일보 1면을 차지한 〈아가, 미안해〉 시리즈는 맞벌이 가정의 자녀양육 문제를 본격적으로 다룬 기획기사로 큰 사회적 반향을 불렀다. 당시 맞벌이 부부의 5세 이하 자녀는 전국에 모두 1백77만 4천여 명. 그중 어떤 형태로든 보육시설을 이용하고 있는 경우는 13만 명으로 수요의 7%밖에 안 되는 것으로 나타났다.

P기자도 당시 18개월 된 딸을 친정에 맡기고 '일 – 가정 양립'의 위태로운 줄타기를 하고 있었다. P기자는 그가 다닌 신문사 편집국에서 아기를 낳고 일하는 첫(!) 여기자였다. 그가 겪는 어려움을 당시 급상승하던 여성취업율과 관련하여 보편적인 사회적 문제로 주목한 윤호미 부장의 기획에 인보길 편집국장이 호응했다. 인 국장은 〈아가, 미안해〉라는 시리즈 제목까지 직접 정했다. P기자는 제목이 너무 개인적이고 감성적이라고 생각했지만, 바로 그 점 때문에 이 시리즈는 그해 총 21회가 진행되는 동안 수많은 독자들로부터 바로 자신의 이야기이며 우리 사회가 책임져야 할 과제라는 호응을 얻었다. 70, 80년대 봉제공장의 중심인력이던 미혼여성들이 90년대 엄마가 되면서 이들이 사용하던 기숙사는 어린이집이 되었다. 그렇게 세상은 휙휙 바뀌어가고 있었다.

『여자란 무엇인가』 『동양학 어떻게 할 것인가』로 한창 주목받던 젊은 동양학자 김용옥을 취재했다. 1986년 무렵. 투피스 정장이 아직도 몸에 익지 않은 3년차 시절이다.

    1994년은 UN이 정한 세계 가족의 해였다. 마침 몇 달간 미국에서 연수 중이던 P기자는 세계의 가족을 취재했다. 친정어머니에게 방세를 받고(자존심을 살려드리기 위해) 함께 사는 샌프란시스코의 젊은 부부 이야기는 "미국 사람들도 효심이 있네?"라며 환영받았지만, 여성 두 명이 각각 낳은 두 자녀와 함께 사는 리치먼드의 동성가족 이야기는 "불쾌하다"는 이유로 지면에 실리지 못했다. 3년 뒤 바로 이 커플이 프랑스의 유명 잡지에 등장함으로써 P기자는 "그래도 내 취재력은 대단했다"고 조용히 자기 위안을 삼았다.

4. 2003년 서울 중구 태평로

P기자는 2003년 1월 1일 그가 일하던 신문사에서 첫 여성 논설위

원이 되었다. 영광이고 부담이었다. 단어 하나를 선택하는 일도 개인적으로 이뤄지지 않았다. 호주제 폐지, 가정폭력에 대한 사회적 관심, 엄마들에게 책임을 지우는 학교 교육 등 여성의 관점을 적용한 사설 주제를 발굴하는 데 창의력과 설득력이 동시에 필요했다. 한 유명 여성연예인이 가정폭력 사건의 피해자로 뉴스 중심에 떠올랐다. 그 내용을 사설로 쓰자는 제안에 동료들은 "뭐라고 써야 하느냐?"고 진심으로 의아해했다. 폭력 사태 초기에 '부부 싸움'이라고 무심하게 돌아간 경찰 등 가정폭력 사건을 보는 사법의 눈에 책임을 묻자고 제안했다.

　문화부장이 된 P는 20명이 넘는 후배들과 함께 지면을 만들면서 '리더십'이라는 새로운 과제에 직면했다. 성격도 관심도 스타일도 각인각색인 개성 넘치는 기자들과 매일매일 부대끼면서, 리더십의 본질이 비전을 제시하고 자발적 동의와 열의를 끌어내 각자의 능력을 발휘하게 만드는 것이라는 것을 체험했다. 부장을 마치고 여성분야 전문기자를 자원, 다시 P기자로 돌아간 그는 낯익은 주제들에 '여성의 관점'을 반영하는 일이 새롭고도 즐거운 글쓰기란 점을 발견했다. 여성들의 경제활동 참여가 50%를 넘었지만, 기업의 여성리더십은 여전히 매우 미약하다는 점을 '여상무 연구'라는 현장취재를 통해 문제제기했다. 청국장을 빵에 발라먹는 스프레드로 변신시킨 여성발명가, 'S라인'을 강조해준다는 중·고등학교 교복 브랜드의 미친 상술, 신사임당은 가부장적 가치관에 기초한 '현모양처' 이데올로기의 간판 인물이 아니라 당대 최고의 전문직 여성이었다는 새로운 관점을 칼럼과 기사로 썼다.

2008년 제25회 최은희여기자상을 수상하는 큰 영광을 누린 P기자는 25년 전 최은희 대선배의 만년을 취재한 기억이 떠올랐다. 자리에 누워서도 눈빛만은 형형하던 최은희 기자는 평생 글을 써서 번 재산을 후배 여기자들을 격려하는 데 내놓았다. 한국언론사의 전설을 직접 만난 그날이 꿈이었나 싶었는데, 그가 남긴 상을 받으면서 P기자는 자신이 얼마나 큰 축복 속에 기자로 일해왔는지 비로소 실감했다.

다시 싣고 싶은 나의 기사

[전문기자 칼럼]
프로의 아름다움

엊그제 싱가포르에서 개막한 미국 여자프로골프(LPGA) 투어 선수단 환영파티에서 한국의 박세리, 이선화 선수는 세계 각국의 여성 골퍼들과 나란히 까만색 미니드레스 차림으로 멋쟁이 감각을 자랑했다. 모처럼 운동복을 벗고 어깨와 무릎을 훤히 드러낸 이들의 모습에서 단연 눈길을 끈 것은 구릿빛으로 그을린 다리와 대조적으로 새하얀 발목이다. 햇빛 아래서 얼마나 운동을 했으면 발목 아래만 하얗게 남았을까. 11년 전, '맨발의 투혼'으로 US오픈 우승을 거둬 외환 위기로 충격에 빠진 국민들을 위로했던 박세리 선수의 하얀 발목이 새삼 기억에 떠올랐다. 프로의 아름다움은 그런 것이다.

작년 12월, 한국 여자프로골프 대상 시상식에서 젊은 여성 골퍼들이 원더걸스의 '노바디' 춤을 추었다. 그때도 깜짝 눈길을 끈 것은 그들의 건강한 아름다움이었다. 더 아름다웠던 것은, 있는 그대로의 자신을 보여주는 자신감이다. 그날, 대상과 다승왕상 등 다섯 개 상을 휩쓴 신지애 선수는 통통한 몸매를 굳이 감추지 않는 드레스 차림으로 행사 내내 가느다란 눈이 파묻힐 정도로 활짝 웃고 있었다. 신 선수의 키는 156cm로, 운동선수로는 물론 한국 여성 평균 키 160.7cm(2007년 질병관리본부 자료)보다 작다. 하지만 해마다 수천만 원에서 1억 원을 이웃돕기에 내놓는 작은 거인의 프로페셔널리즘은 그를 어느 누구보다 아름다운 여성으로 보이게 했다.

여성 운동선수들이 보여준 아름다움으로는 역도의 장미란 선수를 빼놓을 수 없다. 지난해 베이징 올림픽에서 체중 118kg인 장미란 선수가 여자 역도 인상과 용상에서 합계 326kg을 들어올렸을 때, 미국의 뉴욕타임스 신문은 그를 몸매가 아름다운 선수 5인 중 첫손으로 꼽았다. 아시아인은 장 선수가 유일했다. 여성으로서 그런 몸을 지닌 게 행복하지는 않았다는 진솔한 고백이 있기에 역도 선수로서의 조건을 충족하는 그의 몸은 더욱 아름다워 보였다.

경제성장률이 마이너스를 기록한 요즘, 여성의 실직률은 남성 실직률을 훨씬 웃돌고, 20~30대 여성 18만 명이 실직했다는 것이 최근 통계청 통계다. 가뜩이나 취업이 어려운 마당에 실직도 여성 일자리에서 먼저 일어나고 있으니, 취업준비 필수 스펙(spec)으로 성형 수술이 손꼽히는 것도 무리가 아니다. 연예인들이나 하는 것으로 알던 입술 축소 수술, 턱뼈 깎기 수술도 불사한다. 미래의 경쟁력을 위해 아직 2차 성징도 안 나타난 초등학생들을 놓고 장차 키가 몇 cm까지 자랄지 추정한 뒤 "지금 치료하지 않으면 안 된다"며 성장 호르몬을 처방하는 문자 그대로 '성장 산업'도 성업 중이다.

남녀를 불문하고 성형 수술은 격심한 취업난을 뚫고 나가려는 투자가 되었다. 하지만, 실력이 필요한 자리에 외모가 먼저 판단 기준이 되는 것은 국가적 손해다. 프로 골프 선수도 이력서를 받아 시작한다면 서류 심사에서 떨어질 사람이 적지 않을 것이다. 외모 차별을 없앤다는 선언으로, 입사지원서에 사진 붙이기부터 과감히 폐지(?)하는 기업은 없을까? 지금은 남녀 모두 맨발의 투혼이 필요한 시기다.

조선일보, 2009년 3월 7일

여기자,
온기를 지닌 삶

국민일보 군사전문기자 최 현 수

1985년 연세대 정치외교학과를 졸업하고 미국 시카고대 대학원에서 국제관계학 석사과정을 졸업했다. 1988년 국민일보에 입사해 국제부, 생활과학부, 정치부, 경제부, 탐사기획팀을 거쳐 2009년부터 군사전문기자로 일하고 있다. 또 연세여성언론인회 회장으로 일하고 있다. 올해의 여기자상 취재부문(2011년), 제28회 최은희여기자상(2011년), 연세언론인상(2012년)을 수상했다.

> 만일 어떤 사람이 잔 다르크가 화형당하기 전에 심문과정에서 선언했던 것을 받아쓰기라도 했다면 얼마나 좋을까. 만일 어떤 사람이 무비 카메라를 들이대고 크롬웰과 나폴레옹에게 질문이라도 했더라면 얼마나 좋을까.

　구두로 전달된 뉴스나 시간이 지나서 작성할 수 있는 보고서들을 나는 신뢰하지 않는다. 어제의 역사는 검증할 수 없는 사건들과 논쟁할 수 없는 판단으로 가득 찬 일종의 소설이다.

　하지만 오늘의 역사는 그렇지 않다. 오늘의 역사는 사건이 발생되는 그 순간이 기록되기 때문이다. 오늘의 역사는 사진에 찍힐 수 있고 영화화될 수 있으며 세계를 움직이고 세계의 진로를 바꾸고 있는 소수의 사람들과 인터뷰한 내용들이 테이프에 기록될 수 있다.

　오늘의 역사는 신문과 라디오, 텔레비전을 통해서 즉각적으로 전달될 수 있으며 또한 해석되어질 수 있고 열띤 논쟁이 일어날 수 있다. 이러한 이유 때문에 나는 저널리즘을 좋아한다. 또한 이런 이유 때문에 저널리즘을 두려워하기도 한다.

어떤 다른 직업이 당신에게 사건이 발생하는 바로 그 순간에 역사를 기록하도록 허용하고 직접적인 증인이 되도록 허용하겠는가. 저널리즘은 특별하고도 가공할 만한 특권이다."

전설적인 여기자 오리아나 팔라치*가 자신의 책 『거인과 바보들 – 역사와의 회견』에 쓴 서문에 실린 글이다. 기자로서의 역할에 회의가 들 때마다 읽어보는 구절이다. '특별하고도 가공할 만한 특권'을 지닌 자로서의 자부심과 무거운 책임감을 다시 한번 느껴야 할 절박한 순간이면 떠오르는 구절이기도 하다.

요즘 들어 자주 이 말을 되새기게 되는 것은 저널리즘의 무게가 점점 더 가벼워지는 것 같고 덩달아 나의 존재감까지도 깃털처럼 가벼워지는 듯한 위기감 때문이다. 빠르게 변하고 있는 언론환경

---

* 오리아나 팔라치(1929~2006). 이탈리아의 인터뷰어이자 종군기자, 소설가. 베트남전 종군기자 이후 멕시코 반정부 시위, 중동 전쟁, 아프가니스탄 내전, 방글라데시 전쟁, 1990년대의 걸프 전쟁 등을 취재하면서 전쟁의 잔인함과 인간 존엄성의 훼손에 대한 기사들을 썼다. 베트남전에는 회사의 승인도 없이 종군기자로 참여해 전쟁의 참상을 여과 없이 전달함으로써 큰 반향을 일으켰다. 그가 인터뷰한 유명 인사로는 헨리 키신저, 빌리 브란트, 무아마르 알 가다피, 야세르 아라파트, 인디라 간디, 구엔 반 티우, 골다 메이어, 덩 샤오핑, 줄피카르 알리 부토, 이란의 팔레비 국왕과 그의 최대 정적 아야톨라 호메이니, 레흐 바웬사, 달라이 라마, 영화배우 숀 코너리, 텔레비전 앵커 월터 크롱카이트, 권투선수 무하마드 알리 등이 있다. 키신저가 그와 인터뷰 한 뒤 "내 일생의 최대 실수가 당신과 인터뷰 한 것"이라고 말한 일화가 유명하다.

에 제대로 적응하지 못해 일어나는 현기증 탓일 수도 있다. 기자 생활 25년쯤 되면 세월의 무게와 거북이 등처럼 단단히 굳어진 타성으로 주변의 변화에 둔감하게 되기 십상이라고 스스로를 합리화해보지만 그래서는 생존이 보장되지 않는다.

사실 기자만큼 안주安住하기 힘든 직업도 없다. 자주 바뀌는 출입처는 익숙함을 허락하지 않는다. 설사 한 출입처를 오래 담당해 눈을 감고도 그곳에서 일어나는 일들을 가늠할 수 있다 하더라도 기사로 접하는 사안들은 매번 다를 수밖에 없다. 동일하게 반복되는 듯이 보이는 사안도 실은 새로운 내용을 담고 있고 그래서 신선한 시각으로 바라봐야 할 필요성이 제기된다.

여기에다 여기자들은 소수자의 시선이라는 또 하나의 필터가 더해진다. 기자는 남자도 아니고 여자도 아니라는 말을 종종 한다. 그만큼 객관적인 시각을 가져야 한다는 뜻일게다. 그래도 여성이라는 존재론적인 틀을 벗어나는 것은 쉽지 않다. 게다가 여전히 남성 중심적인 조직에서 생존을 도모해야 한다면 여기자들은 더더욱 소수자의 시각을 천착할 수밖에 없다.

여기자들의 글에는 칼날로 살을 베는 듯한 날카로움이 담기기도 하고 배려받지 못하고 소외된 이들의 분노가 들어있기도 하지만 부드러운 손길로 아픈 상처를 보듬는 따뜻함이 배어있는 경우가 더 많다. 여기자들의 글을 읽으면 그래서 기분이 좋다. 최근 많이 배출된 여성논설위원들의 글은 딱딱하기만 했던 사설의 지평을 넓혀주고 있다. 주제도 다양하고 같은 비판이라도 그녀들의 비

판은 더 진중하고 더 섬세하다. 현실성이 더 깊이 느껴지는 이유이기도 하다.

동료와 후배 여기자들의 글들은 반복되는 사소한 일상 속에 숨겨진 의미들을 잘도 찾아내 감칠맛 나는 어휘로 소상히 밝혀주기도 한다. 때로 그들의 글에서 진한 자매애姉妹愛를 느낀다. 서양사회에서 간과돼온 모계母系의 소중함을 그린 영화 〈안토니아의 라인〉을 봤을 때 느꼈던 여성들의 넉넉한 동지애도 맛본다.

군사전문기자로서 필자가 쓰는 칼럼에 대한 독자들의 평가도 비슷하다. 딱딱한 군사문제를 다루면서 군에 대한 세심한 배려가 담겨있다고 한다. 매섭게 비판한 글이지만 애틋한 안타까움을 느낄 수 있다고 한다.

필자의 칼럼에 대해 매번 자신의 인상을 적어 보내는 한 장교는 "최 기자님 칼럼을 읽다 보니 영화 〈아바타〉의 한 대사가 생각났습니다. '나는 너를 본다(I see you)'는 말 아시죠? 늘 그렇게 봐주세요"라는 말을 하기도 했다. 영화의 주인공이 행성 판도라의 원주민인 나비족 여인을 처음 만났을 때 들은 인사말이다. 상대방의 외모에 주목하기보다는 그의 본질적인 면모, 내면을 깊이 들여다보고 이해한다는 의미다. 군의 실상을 정확히 짚어주되 애정을 잃지 말아달라는 당부로 들렸다.

군에 대해 긍정적인 기사를 쓰는 것은 쉽지 않다. 우리 사회에서 군에 대한 인상은 부정적인 부분이 더 많다. 군내 자살률은 사회에서의 자살률과 비교하면 낮은 편이다. 하지만 군에서 자살자가 발생하면 대서특필되기 일쑤다. 가서는 안 되는 곳에 간 것이 화근이 된 것처럼 말이다.

군에서 발생하는 조그만 비리도 과장돼 실상보다 크게 보도되는 경우가 많다. 필자는 이런 부정적인 사안들에 대해 비판적인 기사를 쓰면서도 한 줄 정도 군의 어려움을 덧붙여주곤 했다. "비판의식이 약한 것 아냐" "출입처 너무 봐주는 것 아냐"라는 소리를 들을 때도 있지만 모두가 비판할 때 한 사람 정도는 다른 면을 보자고 이야기할 필요는 있을 것 같아서다.

필자의 글에 따사로움이 담겨있는 것처럼 읽혀지는 데는 독자의 편견도 작용한다. 군처럼 남성 위주로 운영되는 조직에서 흔치 않은 여기자의 지적이나 발언은 못된 소리여도 좋게 들리는 것 같다. 같은 인물 기사를 써도 군인들은 "여기자라 다르네요, 따뜻하고 섬세해요"라며 차별성을 부여하기도 한다. 복잡한 무기체계와 군사작전에 대해 다른 기자들보다 조금만 더 써도 상당한 식견을 지닌 것처럼 평가해준다. 여기자의 '희소성' 덕을 톡톡히 보는 셈이다.

필자는 국방부 출입 최초 여기자라는 프리미엄을 많이 누렸다. 물론 '1호 여기자'라는 부담도 적지는 않았다. 처음에는 공식 브리핑 때 모르는 용어나 낯선 상황, 이해되지 않는 해명이 나와도 좀체 질문하지 않았다. 남자기자들은 다 아는 사안인데 군복무 경험이 없는 여기자가 아주 기초적인 사안까지도 모르고 있다는 인상을 주고 싶지 않아서이다. 출입한 지 한달이 채 안 돼서 내가 모르는 것은 군복무를 마친 남자기자들도 잘 모른다는 걸 알았다.

여기자여서 잘 모를 거라고 생각하고 친절하게 알려주는 공보장교들도 적지 않았다. 지금도 출입한 지 딱 1주일 되는 날 한반도 지도를 걸어놓고 육군의 군단, 사단 배치와 역할, 편제 화기火器 등을 설명해줬던 친절한 공보장교에 대한 고마움을 간직하고 있다. 지금은 국방부와 각군이 새로 출입하는 기자들을 위한 설명자료가 있지만 당시만 해도 각 군 조직을 제대로 이해하기 위해서는 발품을 꽤 팔았어야 했다.

여군女軍들과의 우정도 예기치 않은 소득이다. 남성 위주의 군에서 생존하기 위해 분투해온 여군들은 남자기자들 사이에서 홀로 뛰어다니는 필자의 처지가 자신들과 다를 바 없다고 본다. 출입한 지 얼마 안 돼 육군 항공병과 중령이었던 분이 꼭 만나고 싶다고 했다. "와 줘서 고맙다"고 손을 덥석 잡은 그녀는 친언니처럼 여러 이야기를 들려줬다. 기사거리를 준 건 아니다. 도리어 여군 기사를 많이 쓰지 말라고 했다. 괜스레 견제를 받을 수 있다는 우려 때문이었다. 보병 출신 최초의 여성장군인 송명순 예비역 장군은 필자가 심리적으로 위축될 때마다 격려해주고 끊임없는 푸념을 들어주는 좋은 선배가 됐다.

지금은 국방부 출입 여기자들이 적지 않다. 지금도 공보장교들은 새로 출입하는 싱그러운 여기자들에게 하나라도 더 설명해주려 열심이다. 물론 국방부라는 폐쇄된 조직에서 맘껏 취재하는 데는 제한이 있고 꽉 막힌 군인들과 일하는 게 쉽지는 않다. 하지만 군사분야는 아직도 개척할 여지가 많은 블루오션이다.

얼마 전 한 언론계 선배가 안부전화를 하면서 뜬금없이 "할머니 기자, 헬렌 토머스처럼 일할 모양이지?"라고 물었다. 1960년 백악관 출입 첫 여기자로 백악관 기자실에 발을 들여놓은 뒤 2010년 유태인에 대한 부적절한 발언으로 기자실을 떠난 전설적인 여기자 헬렌 토머스를 거론한 것은 '군사전문기자'라는 타이틀을 걸고 국방부 기자실 최고참으로 끙끙대고 있는 후배에게 힘내라는 메시지였다. "가능할까 몰라요, 온몸이 쑤시고, 순발력도 떨어지고……매일 기사 쓰느라 정신없이 살고 식사하다가 돌발 사안이 발생해 허겁지겁 기자실로 돌진하는 일들이 이제는 힘에 부치는 것 같아요." 엄살 아닌 엄살에 선배는 "운명이라고 생각해……도망갈 길이 뭐 있겠어, 딴소리 마"라며 전화를 끊었다.

'25년간 기자일을 해왔다면 운명이라고 봐야겠지, 하지만 운명도 바뀔 수는 있는 거 아닌가…….' 마감 시간 얼마 남지 않은 기사를 마무리하기 위해 컴퓨터 자판을 두드리며 고개를 갸웃거려보지만 답이 쉽게 나오지는 않는다. '저널리즘은 특별하고도 가공할 만한 특권'이라고 강조한 팔라치의 말이 귀에 윙윙거릴 뿐이다.

> 다시
> 싣고 싶은
> **나의 기사**

[전문기자 칼럼]
내일을 열며 '괴상한 동반자'

미국 연구소 프리덤 포럼 Freedom Forum*은 군과 언론의 관계를 '괴상한 동반자'라고 규정한 적이 있다. 미국이 걸프전을 끝내고 난 뒤인 1995년에 펴낸 「America's Team—The odd couple(미국 팀—괴상한 동반자)」라는 연구보고서에서다. 군과 언론은 한쪽은 숨기려 하고 다른 쪽은 알아내려는 성향으로 늘 날카로운 대립을 하지만 헤어질 수 없는 기묘한 관계를 맺고 있다는 분석이었다.

LA타임스 국방부 출입기자 멜리사 힐리는 이 보고서에서 국방부를 출입할 때 받은 느낌을 이렇게 말했다. "군인들은 나를 보면 마치 불발탄을 발견한 듯한 표정이었다. 속으로 '물러나라, 가까이 가지 마라, 폭발물 처리반을 불러라'라고 생각하는 것 같았다." 힐리의 경험은 이제 옛날 일이다. 미 국방부로선 언론이 더이상 '귀찮은 추적자'인 것만은 아니다.

1994년 9월 미국은 아이티의 군사지도자 라울 세드라스 제거 작전을 계획했다. 라울 세드라스는 국민투표를 통해 당선된 아이티 대통령을 군사쿠데타로 몰아낸 인물이었다. 국방부는 이 작전을 시작하기 며칠 전 CNN의 빌 헤드라인을 비롯한 주요 방송국 임원들, 언론사 부사장들을 초청했다. 19일 자

* 1935년 미국에서 설립된 비영리단체이다. 버지니아주 알링턴에 본부를 두고 있고 인류의 '자유언론, 자유연설, 자유정신'을 구현하는 것을 목표로 하고 있다. 미국 내 신문박물관인 '뉴지엄(newseum, news+museum의 합성어)'을 설립했다.

정 1분 전에 실시되는 작전을 설명해주기 위해서였다. 미국이 아이티 침공을 준비하고 있다는 것은 당시 비밀은 아니었다. 그러나 언제 어떤 식으로 작전을 전개하느냐를 보도하는 것은 세계적인 특종이 될 수도 있었다. 국방부가 선제적으로 작전계획을 알려주기로 한 것은 대규모 군부대 이동을 언론이 알아챌 가능성이 컸기 때문이다.

국방부는 '국익'과 '보편적인 민주주의 가치'를 강조했고 언론사 간부들은 비보도를 약속했다. 그러나 공정부대의 아이티 낙하시작은 보도하겠다고 했고 국방부가 요구한 침공 1시간 동안 언론의 도심접근제한은 위험하더라도 취재해야 한다며 받아들이지 않았다. 당시 합참의장 존 샬리카쉬빌리는 "우리의 요구에 언론은 대부분 동의했지만 과다한 군의 요구사항은 제지했다. 나는 왜 좀더 일찍 언론과 함께 이러한 문제를 논의하지 않았던가 하는 후회를 했다"고 토로하기도 했다.

2003년 이라크전 시 교묘하게 언론을 통제했다는 비판을 받았지만 미 국방부는 당시 공식브리핑을 통해 최첨단 무기체계의 영상기술을 기반으로 생생하게 전황을 소개하고 현장비디오, 사진을 제공해 신뢰받는 전쟁 정보원으로 인정받았다. 지금도 군장성들, 국방부 관리들은 자주 언론과 접촉하며 국방정책을 설명한다.

기자들을 좋아해서일까. 아니다. 사사건건 문제제기를 하고 비판해대는 까탈스런 기자들을 반기는 이들은 많지 않다. 2008년 5월 미 국무부 초청으로 워싱턴을 방문했을 때 만난 한 국방부 고위관리는 "언론이 함께하기 힘든 괴상한 동반자인 것은 변함없다"며 "당신을 만나는 것도 편하지는 않다"며 짓궂게 웃기도 했다.

요즘 군은 해군 천안함 침몰사건 보도에 대해 불만이 많다. 사상 초유의 사건을 수습하는 데 정신을 못 차릴 지경인데 언론은 이런 처지를 이해하기는커녕 거의 매일 뭇매를 안기고 있다는 불평이다. 장병들을 잃은 아픔은 가족들 못지않다. 또 누구보다도 사건 원인을 밝히고 싶은 마음이 간절하다. 그러나 늑장을 부리고 감추고 있다는 오해를 받고 있다고 한다.

군은 왜 언론이, 또 국민이 군의 설명을 믿지 못하는지 고민해야 한다. 군은 어느 공식 조직보다 더 높은 수준의 국민적 신뢰를 바탕으로 운영돼야 한다. 국민의 생명과 재산을 보호하기 위해 제도적으로 인정된 무력을 담당하고 있기 때문이다. 그간 군은 국민이 궁금해하는 사항보다는 자신들이 알리고 싶은 사항만 공개하는 데 너무 익숙해졌던 것은 아니었을까. 신뢰회복은 군이 천안함 사건을 수습하는 과정에서 빠뜨리지 말아야 할 사안 가운데 하나다. 그래야 괴상한 동반자의 까탈스러움도 완화될 것 같다.

국민일보, 2010년 4월 20일

이 칼럼은 최현수 기자가 천안함 폭침 사건(2010년 3월 26일) 이후 쓴 것이다. 천안함 사건이 일어난 뒤 우리 군의 대응에 관한 각종 지적이 언론을 통해 제기되자 당시 공보장교와 해군 관계자들이 "언론이 우리를 일방적으로 몰아붙이고 뭇매를 때리는 것은 억울하다"는 식의 호소와 원망을 했다. 최 기자는 이런 군 관계자들에게 '군이 언론과 소통하고 함께 문제를 바라보는 것이 사태 해결과 군의 발전을 위해서 좋다'는 취지의 내용을 들려주기 위해 이 칼럼을 썼다고 한다. 이후 공보장교들은 이 칼럼을 공보실내에서 돌려보며 언론과 군의 길이 서로 다르지 않고 함께 가야 한다는 데 의견을 같이 하게 됐다. 군 관계자들은 이 칼럼을 읽은 후 "언론이 우리를 때리기만 한다고 여긴 우리의 생각이 짧았다"고 털어놓기도 했다. 최 기자는 "군과 민간의 관계가 어떻게 설정돼야 하는지를 보여주려고 쓴 기사였고, 이것이 실제로 군 발전에도 도움이 됐다는 생각에 뿌듯하다"고 말했다.

내 인생의 전환점

강원도민일보 기획국장 **박 미 현**

1987년 강릉대 국문과를 졸업했다. 같은 해 강원일보에 입사해 1992년 강원도민일보로 옮긴 뒤 문화부 부장, 체육부 부장, 편집부국장 겸 문화기획위원을 역임했다. 제6회 강원기자상 대상을 수상했고, 제19회 최은희여기자상(2002년)을 수상했다.

살아가면서 원하든 원하지 않든 전환점을 맞는다. 대개는 그 전환점 앞에서 주춤했다가 긍정적인 분위기 속에서 결실을 맺어 기쁨을 맛보기도 하지만, 전혀 딴판의 부정적인 결과로 인해 곤혹을 치르기도 한다.

　대개 유년기의 전환점은 가정사에서 온다. 갑작스런 부모의 별세와 사업 실패 등이다. 내 경우도 1978년 중학교 2학년 때 출판업에 종사한 아버지의 별세로 별안간 홀어머니의 맏딸이 되었다. 어머니 홀로 강원도 사북 탄광촌에서 생계를 꾸릴 수 없게 되자 그 이듬해 할아버지, 할머니가 계시는 강릉으로 이사한 것이 첫 전환점이 되었다.

　더이상 아버지가 사주는 탕수육과 자장면이 평범한 일상사가 될 수 없었지만 문향文香과 예향藝香으로 이름 높은 전통도시 강릉에서 고등학교와 대학교를 다니는 계기가 됐다. 전업주부였던 어머니가 넷이나 되는 자식을 먹이고 입히느라 대학 진학은 꿈도 못 꿨을 텐데 '마침 강릉에 대학이 있는 데다 장학금도 받으니 돈 내지 않고 다닐 수 있다'는 고3 담임선생님의 강력한 권유로 대학을 다닐 수 있게 된 것이다. 단오제와 고古건축 등 전통문화에 관심을 갖게 된 것도 강릉에서 생활했기에 스며든 자양분이다. 아버지가 살아계셨더라면 어땠을까? 물론 중학교 졸업 이후엔 강릉으로 유학 보냈을 것이고, 대학도 희망하는 곳으로 진학했을 수 있지만 그보다 나쁜 상황은 얼마든지 일어날 수 있다.

두 번째 전환점은 대학에 다니면서 친구의 권유로 대학신문사 취재기자로 응모한 것이다. 학보사 기자로 남녀를 가리지 않고 어울리고, 선후배 간 지나칠 정도로 돈독한 분위기 속에서 취재와 글쓰기 기법을 익히고, 쭈뼛거리는 마음을 떨쳐내며 생전 처음 만난 사람을 인터뷰하고, 엉성하게 쓴 기사가 데스크 과정을 거쳐 지면에 활자화되는 기쁨을 체험했다. 내 속에 숨은 글쓰기 열망과 가정사로 위축됐던 잠재된 활동력을 끄집어낸 계기가 됐다.

당시 대학신문은 춘천에 소재한 강원일보 본사에서 제작됐는데 여관에서 1박 2일로 교정본 후 인쇄돼 나왔다. 우연히 진로체험을 한 셈이 됐는데, 그 후 이곳은 나의 첫 직장이 되었다. 요즘 카카오톡 그룹채팅방에서 가장 자주 만나는 친구들이 바로 대학신문사 동기들이다. 언론의 길을 한번쯤 꿈꾸었을 동기들의 졸업 후 진로는 공무원, 금융인, 공기업 본부장, 직업군인 등으로 제각각 달라졌으며 나만 유일하게 언론사에 몸담고 있어 부러움을 사고 있다.

2006년 미국 메디슨카운티 노인요양정책 관련 취재 당시 요양원 입구에서

여기자는 특정 부서만 배정받는 관행을 깰 수 있는 기회가 주어진 것이 세 번째 전환점이었다. 성역할에 관한 고정관념이 언론사에도 심해 여기자들은 주로 문화부, 교육부, 편집부 등 비교적 소프트한 부서에 근무했다. 그러나 나는 1992년 강원도민일보 창간 멤버로 몸담아 강릉에서 근무할 때 명주군청 취재를 맡게 되었다. 그동안 행정기관에 여기자가 출입한 사례가 없어서 '시장, 군수와 맞먹으려면 술도 먹어야 되고……' 하는 등 주변의 의구심도 따랐으나 데스크의 과감한 결정으로 가능했다.

덕분에 나는 문화·교육분야에서 벗어나 지역정책, 의회활동, 다양한 민원, 시민단체 활동 등 지역사회 전반에 걸쳐 안목을 기를 수 있었다. 취재 영역이 넓어지면서 다방면의 사람들과 더 스스럼없이 접촉할 수 있는 기회가 늘어 활동범위도 넓어졌다. 명주군청 출입 이후 본사 사회1부로 자리를 옮겨 춘천시청 출입을 하게 됐다. 제19회 최은희여기자상을 포함해 1997~2002년 기자상을 수차례 수상했는데 춘천시청 출입 때와 직후 문화부 부국장으로 활동할 때이다. 춘천시의 공지천 복개공사를 철회시키고, 춘천시와 수자원공사 간 상수원 물값 문제를 심층적으로 다뤄 물자원에 대한 인식을 새롭게 한 점은 자화자찬이라고 눈치를 준들 피하지 않고 기꺼이 자랑하는 소중한 기억이다.

네 번째 전환점은 2004년 마흔한 살에 늦깎이로 공부에 도전한 것이다. 우연히 문화면 신간에 소개하기 위해 한일관계사 연구 권위자를 취재하러 갔다가 도리어 강원대 대학원 사학과 석박사과정생으로 포섭됐다. 마침 대학원에 입학하자마자 결혼 8년 만에 아이가 생겨 휴학하려 했지만 '한 한기를 쉬면 복귀가 힘들다'는 지도교수님의 관심 깊은 독려로 공부를 지속할 수 있었다. 편집국 현직에 있으면서 대학원 공부를 위해 짬을 낸다는 것이 얼마나 힘든지 예상치 못한 것은 아니었지만 학위 논문 쓰는 것은 간단치 않았다.

업무를 끝내고 새벽 서너 시까지 논문을 쓰고 고치고 하는 집중 작업을 6개월여 계속했다. 친정어머니를 모셔와 10년째 뒷바라지를 받고 있지만 요즘도 열 살이 된 딸아이가 손톱을 물어뜯을 때마다 유아 때 같이 보낸 시간이 적기 때문인 것 같아 미안하다. 평소 공부하고 싶던 역사학으로 소박하나마 전문성을 갖게 되고, 큰 숙제로 여겼던 '강원여성사'로 박사논문을 쓸 수 있게 된 것을 큰 다행으로 여기고 있다. 학위 취득은 역사·문화 주제 학술행사와 축제 기획, 문화 프로그램 개발 등 기획국 업무영역을 넓히는 데 요긴하게 활용되고 있다. 역사를 비롯 다른 분야에서 연구에 정진하는 좋은 학자를 친구와 이웃으로 두게 된 것도 큰 복이다. 이 복을 누릴 수 있게 된 것은 업무시간 중에도 대학원 수업을 받을 수 있도록 흔쾌히 허락한 좋은 상사 덕분임을 잊어본 적이 없다.

내 인생의 전환점이 또 있을까 상상해본다. 아마도 다섯 번째 전환점은 지금과는 차원이 다른 언론인의 세계를 경험하든지 새로운 이모작 인생을 시작할 때일 것이다. 그 전환점이 예상치 못한 불운으로 닥쳐올 수도 있기 때문에 그렇게 되더라도 잠시만 주춤거리게 되길 빌어본다.

올해로 27년째 신문사에 몸담고 있으며 승진이나 새로운 직위가 주어질 때마다 능력 검증에 더 많은 구설에 올랐던 여기자이기에 고구마 줄기처럼 식탁에 오를 이야깃거리들은 주렁주렁 매달려 있다. 많이 개선됐다고는 하지만 여전히 언론계는 다른 분야에 뒤처진다고 할 정도로 양성평등이 실현되지 않고 있다. 역사는 지그재그로 발전하니까 전환점을 통해 쉼 없이 앞으로 나아갈 것이다. 반추해보면 내 인생의 전환점에서는 좋은 여건보다는 좋지 않은 여건들이 더 많았지만 그 자리엔 좋은 사람들이 채워주고 있었다. 나도 누군가에게 의미 있는 전환점을 선물하는 사람이었으면 좋겠다. 나아가 좋지 않은 여건을 좋은 사회적 환경으로 보완해가는 활동을 큰 숙제로 삼아 언젠가는 갚으리라 다짐해본다.

다시 싣고 싶은 나의 기사

[특집]
춘천 '단수소동' 왜 일어났나

수자원공사 소양강댐 관리사무소는 지난 4, 5일 사이 이례적으로 30시간 동안 발전방류를 중단했다. 더욱이 정수장 운영을 안이하게 하고 위기대처 능력을 발휘하지 못했던 춘천시는 취수가 전면 중단된 뒤 뒤늦게 대책을 강구, 5일 오후 6시 30분부터 하루 5만t을 공급하는 소양정수장의 수돗물 공급을 전면중단, 시민들이 가장 즐거워야 할 일요일 어린이날 저녁부터 6일 오후 밤늦게까지 '악몽의 휴일'을 겪었다.

소양강댐의 장시간 방류중단의 단초를 제공한 이번 수돗물 공급 중단사태는 춘천시의 위기대처 능력 미흡 및 안이한 행정탓이라는 지적에도 불구하고 지역주민들의 여론은 이례적으로 30시간 동안 발전방류를 중단한 수자원공사에 강도 높은 비난을 쏟아내고 있다.

더욱이 최근 시의회에서 소양강댐 물값 5천만 원의 예산이 삭감됨으로써 지역사회와 수자원공사 간 물값 시비가 첨예한 가운데 장시간 방류중단 사태가 돌발적으로 발생, 물값 문제를 변칙적으로 해결하려는 게 아니냐는 등 수자원공사 측의 고의성 의혹까지 사고 있다.

그러나 소양강댐 관리사무소(소장=이창렬李昌烈)는 이번 장시간 발전방류중단을 물값과 연관시키는 것은 있을 수 없는 일이라고 일축했다.

李 소장은 "댐의 방류계획은 한전의 중앙급전소와 협의를 통해 방류량 및 시간을 결정하는 것으로 발전계획이 없을 경우엔 장시간 방류

가 중단될 수 있다"며 "방류중단으로 인한 피해가 발생할 경우엔 피해 당사자인 춘천시가 사전에 요청만 했다면 즉각 방류를 재개했을 것"이라고 반박했다. 오히려 시가 소양강댐의 장시간 방류중단에 대비한 정수장 시설 부족 및 운영기술의 미숙을 중단요인으로 몰아부쳤다.

이처럼 양 기관이 서로 책임이 없다고 상반된 주장을 하는 이면엔 소양강물 수리권에 관해 이해가 엇갈리는 데 문제의 핵심이 있다.

즉 춘천시는 소양강댐관리규정(74년 3월 4일 건설부 훈령) 제7조의 '생활 및 공업용수의 공급'에 '댐 하류부에 공급할 공업용수의 방류량은 5시간 평균 초당 204t으로 한다'는 점을 들어 일일 방류량을 매일 지켜야 한다는 입장이다.

반면 수자원공사 측은 관보에 실린 소양강 다목적댐 일반개요에 대한 시설공고(73년 9월 19일 건설부고시)를 인용, 소양강댐의 방류량은 일일기준이 아닌 연간 12억t으로 명시돼 있으므로 연간 아무때나 방류해도 되며 매일 반드시 방류할 이유는 없다는 주장이다.

그러나 수자원공사 측의 주장은 설득력이 없다는 지적이다. 즉 시설공고는 소양강 다목적댐에 대한 시설개요에 불과하며 현 소양강댐 관리에 대해 규정한 '소양강 다목적댐 관리규정'이 우선돼야 한다는 것이다.

이러한 근본적인 양 기관의 입장 차이가 상반된다 하더라도 수돗물 공급 중단사태라는 최악의 상황이 빚어지기 전 소양강댐의 방류가 이뤄졌더라면 위기를 넘길 수 있었을 것이다.

그러나 이번 사건의 저변에는 그동안 춘천시와 수자원공사 간 물값 문제와 관련, 첨예한 대립으로 두 행정기관 사이에 평소 정보교류가 차단돼 있는 데다 비상시 물공급에 대한 원활한 통로가 없었다는 점에서 예고된 사태로 볼 수밖에 없다는 게 일반의 시각이다.

실례로 지난 4월 8일 춘천시는 수자원공사 측에 '하천 유지와 23만 시민의 수돗물 공급이 될 수 있도록 일일 기준갈수량인 70만t을 매일 2, 3회 시간을 균등배분해 보내줄 것'을 협조요청했으나 수자원공사는 5월 4일자 회신을 통해 '댐용수 사용계약이 체결되지 않은 현재로서는 춘천시의 무리한 요구를 수용할 수 없다'는 공식입장을 표명, 팽팽한 대립관계를 보여왔다.

평소의 상반된 관계는 감정대립으로까지 확대, 이번 중단사태에서 극명히 드러났듯이 양 행정기관 간 협조체계가 전혀 이뤄지지 않았다.

이번 중단사태 과정에서 수자원공사 측은 95년 춘천시 소양정수장이 가동된 이래 24시간 이상 방류중단 예가 없었다가 돌연 30시간 장시간 방류중단하면서 시측에 아무런 사전예고를 하지 않았다. 또 시는 수자원공사 측에 방류요청이 껄끄러워 수돗물 공급이 중단된 사태를 맞는 긴박한 상황에서야 실무선이 아닌 부시장이 뒤늦게 방류재개를 요청했을 정도다.

한편 이번 사태를 계기로 춘천시는 장시간 방류가 중단되는 비상시에 대비한 준비 및 행정대처가 안이했던 것이 문제점으로 드러났다.

5일 오후 5시 25분 취수장의 취수능력이 완전중단된 뒤에서야 긴급비상망이 가동됐고 현 소양정수장의 배수탱크 저수용량은 1만t으로 불과 3시간 사용대비량에 그쳐 춘천시의 위기대처 능력에 커다란 허점을 드러냈다.

더욱이 취수장에서 정수장으로 연결하는 1천3백50mm 취수관의 중간에 양어장으로 급수하는 4백mm관이 연결돼 있는 것으로 밝혀졌다.

이 수도관을 통해 5일 새벽 1시 20분부터 오후 8시 40분까지 시민들의 식수공급이 중단되는 다급한 상황에서 총 1만 2천여t의 물이 정수장이 아닌 양어장으로 샜다는 점에서도 운영관리의 허술함과 안이함을 극명하게 보여줬다.

한편 춘천시에서 방류중단 사태에 대한 대책을 세운다하더라도 근본적으로는 소양강댐의 일일 의무방류량에 대한 명확한 합의가 없는 한 장기간 방류중단은 재연될 소지를 안고 있어 어린이날의 악몽과 같은 수돗물 공급 중단사태는 되풀이될 여지를 남겨두고 있다.

강원도민일보, 1996년 5월 7일

호수의 도시 춘천에서 1996년 5월 5일 어린이날 돌발적인 수돗물 단수 사태가 벌어졌다. 수자원공사 소양강댐 관리사무소에서 이례적으로 30시간 동안 방류를 중단하는 바람에 물이 말라 취수할 수 없었던 것이다. 댐관리사무소측은 같은 한강수계인 충주댐에서의 정비공사로 수위 조절때문에 방류하지 않았다고 해명했으나 취재 결과 공사는 없었다. 고의성이 의심됐다. 4월 24일 수자원공사 측이 춘천시에 소양강 원수 사용료를 요구했다가 관철되지 못하자 변칙적으로 해결하려는 고의성 의혹을 제기했다. 이 기사는 그 과정을 심층취재해 보도한 내용이다.

5월 7일자 9면 심층보도 이후 수자원공사에 강도 높은 비난이 쏟아져 경찰 측에서 고의성 여부에 대한 수사에 착수하고, 시민단체는 '수도불통죄'로 수자원공사를 검찰에 고발했다. 특히 춘천시 물값 문제해결을 위한 범시민대책위원회가 발족돼 소양강댐 건설 이전 기준 갈수량 범위 내에서 춘천시의 댐 방류 물 사용권 당위성을 주장하며 용수세 거부 운동을 전개했다. 10여 차례 속보를 쏟아내며 지역사회의 물자원 인식을 새롭게 하고, 수도권의 수질개선처리비 분담을 촉진했던 열망이 지금도 오롯이 살아난다.

전문성을 가져라

경기일보 논설위원 이 연 섭

1987년 중앙대 신문방송학과를 졸업했다. 1988년 경기일보에 입사해 문화체육부, 월간부, 문화부를 거쳐 문화부 부장, 정치부 부장, 편집국 부국장, 편집국장을 역임했다. 제22회 최은희여기자상(2005년), 제22회 수원시 문화상 언론부문(2005년), 제6회 한국 참언론인대상 지역언론부문(2010년), 2012년 자랑스런 중앙언론인상을 수상했다. 저서로『한탄강』(2006년)이 있다.

최은희여기자상을 수상하게 된 기사는 〈한반도의 보고寶庫 한탄강〉이란 기획 시리즈다. 2004년 한 해 동안 총 38회에 걸쳐 연재를 했고, 2005년에 수상을 하게 됐다.

최은희여기자상 심사위원회(위원장 김후란)는 "이연섭 부장은 특별기획 〈한반도의 보고 한탄강〉을 통해 분단의 아픔과 역사·유적·관광·생태계 문제는 물론 지형·지질학적인 접근까지를 총체적으로 다뤄 새로운 가치를 발견해내고 자료를 집대성하는 성과를 거뒀기에 수상자로 결정했다"고 발표했다.

〈한탄강 시리즈〉는 임진강의 지천支川 정도로 역사 속에 묻혀 있던 한편, 방치됐던 한탄강의 역사문화적 가치를 집중조명한 탐사기획이다. 한탄강은 한반도에서 유일하게 화산이 폭발해 생긴 강으로 북한의 평강에서 발원해 비무장지대를 지나 남한의 강원도 철원을 거쳐 경기도 포천·연천 등지를 흘러 임진강과 만난다.

2004년 한탄강 취재를 위해 래프팅을 하기 전

시리즈는 강 곳곳에 숨겨진 보석들을 찾아내고 그 가치들을 재발견해 테마별로 조명했다.

한탄강과 인연을 맺게 된 것은 의정부 소재 신흥대학의 김추윤 교수 덕분이었다. 지리학을 전공한 김 교수는 향토역사문화와 사진에 특히 관심이 많았는데, 어느 기회에 한탄강이 보배로운 강이라며 기획 시리즈로 엮어볼 것을 권했다. 관련 자료도 많이 챙겨주었고, 강 줄기를 따라 강원도 철원부터 경기도 포천·연천을 함께 누비고 다녔다.

실제 준비와 취재는 2년여 간에 걸쳐 이루어졌다. 문화부 데스크를 맡고 있어 평일에 자리를 비우기가 어려워 휴일을 반납하고 취재를 다녔다. 한탄강은 유년기 지형이라 계곡이 깊고 여울이 커서 강에 접근하기가 쉽지 않았다. 또 강의 상당부분이 민통선 내에 있어서 군부대 허락을 받아야 했고, 유실된 지뢰를 밟지 않을까 늘 긴장해야 했다.

이 기획은 수상 다음해에 『한탄강』이란 단행본으로 출간했다. 특히 보람 있었던 것은 한탄강의 숨겨진 보물들이 뒤늦게 천연기념물로 지정된 것이다. 당시 잘 알려지지 않았던 귀한 유산들이 신문과 책을 통해 소개된 것이 계기가 아니었나 싶다. 2012년에는 포천의 '한탄강 현무암 협곡 및 비둘기낭 폭포'가 천연기념물 제537호로 지정됐고, 올해 초에는 포천·연천의 '아우라지 베게용암'이 천연기념물 제542호로 지정됐다.

올해로 기자생활 26년째다. 1988년 경기일보 창간과 함께 입사해 문화부 기자생활을 한참 했다. 되돌아보면 일회성, 단발성 기사보다는 기획 시리즈들이 기억에 많이 남는다.

1999년엔 왜곡된 역사관으로 방치됐던 남한산성의 역사와 문화·가치 등을 집중 조명해 오욕의 현장이 아닌, 민족자존의 현장으로 부각시킨 〈남한산성 새모습 찾기〉 시리즈를 보도했다. 이후 국비國費, 도비道費를 부어 대대적인 보수와 함께 재정비를 하는 데 큰 역할을 했고, 최근엔 문화재청이 나서 세계문화유산 등재를 추진하고 있다.

2004년엔 경원선·경의선과 연결돼 시베리아를 거쳐 유럽까지 내달릴 우리나라의 미래를 그리며, 시베리아횡단철도(TSR)를 타고 블라디보스토크에서 모스크바까지를 취재해 〈철의 실크로드를 가다〉란 기획시리즈를 연재했다.

또 2005년엔 중국이 고구려 역사를 자국의 변방사로 귀속시키는 동북공정 프로젝트를 통해 역사를 왜곡하고 있는 상황에서 고구려 역사를 바로 세우고 민족 정체성을 찾는 작업의 일환으로 〈고구려의 재발견〉이란 기획시리즈를 실었다. 중국의 고구려 유적지를 취재했고, 그때까지 많이 알려지지 않았던 남한의 고구려 유적지를 찾아내 20여 회에 걸쳐 집중 조명했다. 경기 북부의 고구려성인 호로고루성, 당포성, 은대리성은 2006년 모두 국가사적으로 지정됐다.

이 외에도 사라져가는 경기의 소리를 발굴, 정리한 〈경기 옛소리 기행〉, 경기의 역사와 문화를 글과 그림으로 풀어낸 〈기전문화의 멋과 풍류〉 등을 기획하는 등 경기일보에 많은 볼거리, 읽을거리를 만들어냈다. 기획 시리즈 얘기를 한다는 것이, 본의 아니게 자화자찬이 됐다.

현장을 정신없이 뛰어다니는 기자들은 일에, 시간에, 사람에 떠밀려 어떻게 세월이 흐르는지 모를 때가 많다. 한참 지나고 난 후 내가 어떤 의미 있는 일을 했나, 어떤 영향력 있는 기사를 썼나 의문이 들기도 한다. 그때 그때 사건·사고와 이슈들만 쫓다 보면 자기만의 '작품'을 만들어내기가 쉽지 않은 게 현실이다. 그런 면에서 전문분야를 가져볼 것을 권한다.

물론 젊었을 때는 다양한 부서에서 다채로운 경험을 하는 것이 중요하다. 그러나 중견기자로 들어서면 관심 있는 것, 좋아하는 것을 중심으로 전문성을 갖고 자신만의 경쟁력을 갖는 것도 바람

2007년 월드비전과 동행취재에 나선 콩고에서

직하다. 혹여 기자를 퇴직한 이후 제2의 인생을 살 때도 그 전문성이 많은 도움을 줄 것이다.

〈다시 싣고 싶은 나의 기사〉는 38회 연재했던 한탄강 시리즈의 프롤로그와 네 번째 기사다. 프롤로그는 왜 한탄강인가, 한탄강 대탐사를 하는 이유와 의미에 대한 전반적인 이야기가 담겨있다.
네 번째 기사는 DMZ를 넘어 분단된 남북한을 흐르는 한탄강 조명을 통해 통한의 강이 통일의 강, 화합의 강이 되기를 바라는 염원이 담겨있다. 전쟁의 아픔이 녹아 있어서인가, 한탄강에 자꾸 마음이 쓰인다. DMZ 철책서 바라본 한탄강 풍광은 뇌리에서 잘 잊히지 않는다. 그래서 특별하다.

> 다시
> 싣고 싶은
> **나의 기사**

[한반도의 보고 한탄강 · 1]
한탄강 대탐사를 시작하다

세계 4대 고대문명이 하천 유역에서 발생했듯이 한 지역의 문화는 강줄기를 따라 형성, 전개된 곳이 많다. 인간이 강으로부터 받은 가장 위대한 선물은 문명의 탄생이다. 강은 바로 문명의 산실로 각 지역의 인적·물적 자원을 교류시키는 데 중요한 역할을 했고, 마침내는 다양한 문화를 서로 융합시켜 지역 고유의 문화를 일구고 가꾸는 데 크게 기여했다.

인류의 역사는 이처럼 강의 역사와 함께 시작됐다. 강 언저리에는 선조들의 지혜와 숨결이 깃든 유적이 도처에 산재하는데 이는 바로 문화와 물류가 강을 따라 이동했음을 말해준다. 강 주변에는 인류뿐만 아니라 날짐승, 들짐승들이 본능적으로 모여들고 온갖 식물들도 뿌리를 내리며 서식한다.

강을 삶의 터전이요 젖줄로 삼아 왔던 우리 선조들은 강을 신성시하고 중요시했다. 넉넉히 흐르는 강은 자연을 포용하고 배후는 생활의 근거지가 되어 인류의 역사를 창조했다. 그러므로 강은 지역사회의 얼굴이며 지역사회를 간접적으로 투영해주는 거울 역할을 한다.

미국의 시인이자 저술가인 윌리엄스는 '강은 어디선가 시작되어야 한다. 강의 시작은 모든 것의 시작을 의미한다'라고 말했다. 강의 시작과 그것이 갖는 의미에 대해 중요성을 부여한 말이다.

강은 인류에게 있어 가장 소중한 자연의 선물이다. 우리나라 고대 역사를 살펴보더라도 강이 중요한 몫을 차지해왔음은 주지의 사실이다. 한강 연안에 조선이, 금강 연안에 백제가, 예성강 연안에 고려가, 형산강 유역에 신라가, 대동강 연안에 고구려가 위치하듯이 한탄강 연안에도 일찍이 궁예의 미륵왕국 태봉국이 위치했다.

한탄강이 석기시대부터 선사인들의 주요한 생활 터전임은 물론 태봉국의 도읍지가 되었던 것은 풍부한 용수에다 넓은 용암평원, 외적방어에 유리했기 때문이다. 한탄강은 위대했다. 적어도 한탄강의 품안에 깃들여 살아온 구석기인이나 미륵왕국의 후예들에게는 숭고하리만큼 지대한 존재였다.

북한지역인 강원도 평강군 현내면 상원리 백자산 북쪽 기슭에서 발원해 철원을 거쳐 경기도 포천·연천 등지를 흘러 연천군 군남면 남계리 도감포에서 임진강에 유입되는 한탄강은 DMZ(비무장지대)라는 남북 분단의 벽을 넘어 흐르는 하천이라는 점에서 상징성이 크다.

경기도의 젖줄이며 한반도의 보고로 알려진 한탄강은 한민족사의 거대한 숨결을 담고 있으며 경기지역의 문화를 형성, 발전시키는 데 중요한 모태가 되었다. 그러나 아쉽게도 한탄강은 지금까지 임진강의 작은 지천 정도로 인식돼 제대로 조명을 받지 못하고 있다.

이제 역사 속에 묻혀 있던 한탄강을 끄집어내어 그 속에 용해되어 있는 경기인의 정체성을 밝혀 경기인의 삶의 동반자로 가꾸어야할 때다.

한탄강은 최근 정부가 추진 중인 한탄강댐 건설을 둘러싸고 철원·포천·연천 주민들과 마찰을 빚고 있으며, 댐이 완공되면 일부지역은 수몰될 수밖에 없다. 이로써 수십만 년을 면면히 이어 내려온 한탄강의 자연생태계와 문화유산이 수몰될 위기에 처해있다.

인간생활의 편리함을 추구하고자 하는 마구잡이식 하천개발은 자칫 잘못하면 수천 년 동안 자연발생적으로 형성된 강 유역의 소중한 문화유산을 일순간에 훼손시킬 수 있다.

경기인과 수천 년 동안 동고동락 함께해온 한탄강은 지금 일대 변화를 맞고 있다. 한탄강! 불러만 보아도 그리움으로 가슴 설레던, 유년시절 멱 감던 한탄강은 이제 더이상 그 옛날의 한탄강이 아니다. 아름답고 깨끗한 채로 언제나 고운 눈웃음 지으며 맨발로 달려오던 고향집 어머니 같은 그런 강이 아니다.

경제개발의 여파 속에 강 언저리에 호텔과 골프장이 들어서고 각종 음식점과 축사가 들어서면서 한탄강은 빠르게 제 모습을 잃어가고 있다. 이곳까지 개발 열풍에 휩싸이다보니 지역주민의 소득증대라는 허울 좋은 구호속에 점차 본래의 모습을 잃어가고 있다. 한반도의 하천 가운데 소우주라고 불릴 만큼 학술적인 가치가 뛰어난 한탄강은 많은 문화유산을 남겨주었음에도 불구하고 지금 아련한 추억의 한 편린으로 사라져가고 있다.

얼마 전 정부는 연천군 연천읍 고문리 한탄강변에 댐을 건설할 예정이라고 발표했다. 한탄강 350리 (141km) 푸른 물길이 영원히 흐르기를 바라는 우리의 염원은 그저 염원으로 끝날지도 모른다. 기로에 선 한탄강의 운명을 아는 사람은 아무도 없다. 그렇다고 우리가 한탄강을 포기해서도 안 될 것이다.

한탄강 연안에는 사적 제268호인 전곡 구석기 선사유적지를 비롯해 정자연, 칠만암, 마당바위, 순담계곡, 직탕폭포, 재인폭포, 화적연, 고석정, 한탄강국민관광지, 도감포 등이 강을 따라 도처에 산재한다.

한탄강은 자연 및 역사문화 유산이 골고루 분포되어 있는 우리나라의 유일의 살아 있는 생태·역사문화 박물관이다. 더구나 한국 현대사의 가장 비극적인 6·25전쟁도 근원을 따지고 보면 철의 삼각지를 포함하는 한탄강 주변을 둘러싸고 일어난 전쟁이다.

지금까지 한탄강 일부지역에 대해 단편적인 고고학적·지질학적·지형학적 연구 성과는 있었으나 한탄강을 하나의 생명선(Life line)으로 간주해 행정구역의 경계개념을 과감히 벗어버리고 발원지부터 종점까지 종합적·체계적으로 조사한 결과물은 없다. 특히 기존의 일부 성과물은 전문학자들이 특정지역만을 학문적으로 취급해 일반인들이 이해하기도 힘들고 접근하기도 어려웠다.

따라서 경기 지역문화의 근간을 이해하기 위해 한탄강 유역의 문화 속성을 규명하는 일은 시급하고도 중요한 일이다. 이에 경기일보는 댐 건설 전에 한탄강이 갖고 있는 내재적 가치 및 한탄강 언저리에서 조상 대대로 뿌리를 내리며 삶의 둥지를 틀고 있는 경기인의 참모습과 지역사회 변용과정에서 한탄강이 어떠한 위기를 맞고 있는지를 경기인과 함께 고민해보고 그 대안을 찾고자 한다. 동시에 한탄강 현장 취재를 통해 경기의 아이덴티티를 찾아 21세기에 걸맞는 새로운 자리매김과 의미부여 작업을 해나갈 것이다.

자연은 신의 작품이지만 그것을 발견하는 것은 인간의 몫이다. 이에 신이 준 한반도의 보배인 한탄강의 가치를 재발견해 그것을 기록으로 남기는 작업에 박차를 가하고자 한다. 한탄강은 경기인의 소중한 자산이다. 더 죽어가기 전에 우리 모두가 지켜내야 한다.

경기일보, 2004년 3월 29일

[한반도의 보고 한탄강·4]
분단의 벽을 넘어 흐르다

허리 잘린 국토의 최전선. 철원의 중부전선 백골부대 멸공 OP에서 철조망 휘어감긴 삼엄한 철책 너머로 북녘의 산야를 바라본다. 다섯 개의 크고 작은 봉우리들이 오형제처럼 정겨워 보이는 오성산(五星山, 1062m. 일명 저격능선)이 한눈에 들어온다. 갈 수 없는 땅이라서 더욱 애틋한 정감을 불러 일으키는 산 풍경. 철조망이 아니라면, 멧부리마다 올라앉은 초소가 없었더라면 얼마나 평화로운 정경일까.

남과 북이 살벌하게 대치한 분단 현장은 철책선이 겹겹이 둘러쳐져 있고 긴장과 정적이 감돈다. 후방엔 봄기운이 완연하지만, 더이상 발을 내딛을 수 없는 DMZ엔 언제나 봄이 올지 알 수가 없다. 이곳에선 한여름에도 한기가 느껴질 듯싶다.

너른 평원 위로 짙푸른 물줄기 하나가 도도히 흐른다. 철책선을 자유로이 넘나드는 새처럼, 금강산 아래 백자산 북쪽 기슭서 흘러내린 한탄강이 분단의 벽을 넘고 있다. 허리가 잘리면서 남과 북을 달리던 경원가도(京元街道)와 경원선은 끊긴 지 오래지만, 한탄강만은 오늘도 민족의 아픔과 한을 안고 유유히 흐르고 있다.

그 어느 곳보다 치열한 전투가 벌어졌던 곳이기에 강물이 핏빛으로 붉게 물들었을 한탄강. 오죽했으면 이곳 사람들은 '한이 서린 탄식의 강'이란 의미로 한탄강(恨歎江)을 불렀을까. 그러나 이제 그 강엔 이데올로기란 없다. 끊어지지 않는 강물이 남북을 연결해주는 유일한 끈인 양, 그 줄기를 통해 우리는 하나임을 상기시켜주듯 평화를 염원하며 쉼 없이 흐르고 있을 뿐이다.

철책선 너머 한탄강이 몸을 싣고 흐르는 평원은 이름도 아름다운 '민들레 벌판'이다. 그러나 민들레 벌판엔 민들레가 피지 않는다. 민들레 홀씨가 바람에 마구 흩뿌려지듯 지뢰가 뿌려진 지뢰밭이다.

민들레 벌판은 철원, 김화, 평강철의 삼각지의 세 조각 땅들이 조금씩 만나 강원도 철원군 김화읍 도창리에 적을 두고 있는 넓은 들을 일컫는다. 한가운데로 DMZ가 지나고 지뢰가 널려있어 갈 수 없는 이곳은 전쟁 전에 '먼들'로 불렸다. 철원은 화산이 폭발해 용암대지 위에 형성된 지역으로 땅의 어디를 파도 크고 작은 '곰보돌'이 수없이 나왔다. 철원 사람들은 이 곰보돌(현무암)을 '멍돌'로 불렀고, 그 돌 들판을 '멍돌뜰'이라 명명했다. 마을에서 떨어져 있던 먼 들판은 언제부턴가 '먼들'로 불리기 시작했으며, '멘들'로도 발음했다. 전쟁을 치르는 동안 '먼들'은 치열한 전장의 한복판이 됐으며, 벌판의 영문이름이 미군 작전지도에 'Mendle'로 등장했다. 이 벌판을

'Mendle'이라 부르던 사람들도 떠나고 '먼들'의 옛 주인도 사라진 오늘날, 이곳엔 '민들레'란 이름만 남게 되었다. 민들레가 피지 않는 먼들은 그렇게 민들레 벌판이 되었고, 결코 이름처럼 낭만적이지도 않다.

그 민들레 벌판을 깊은 침묵으로 내려온 한탄강은 멸공 OP를 휘감고 돌아 남방한계선 바로 밑에서 정자연으로 흘러든다. 정연 8경 중 하나였던 정자연 옆 정연교에선 한탄강 위에 놓여진 끊어진 금강산 철교 모습이 가슴을 아리게 한다.

강물 위에 녹슨 철교가 놓여있다. 철원과 금강산을 연결하던 금강산 전철이 내달렸던 다리 교각엔 '끊어진 철길! 금강산 90km'라고 더이상 가지 못하는 안타까움이 새겨져 있다. 교각은 아직 멀쩡하지만 레일은 이미 뜯겨나갔고 침목도 금방이라도 부서질 듯 아슬아슬하다.

매점 바로 옆에는 민통선 최북단에 위치한 전선매점과 전선교회가 자리해 있다. 김화읍 도창리에 소재한 전선매점엔 김영범(56), 김순희 부부가 12년째 매운탕 집을 운영하고 있다. 철원에서 나고 자란 부부는 아래 동네 정연리에 살고 있는데 겨울엔 오후 6시까지, 여름엔 저녁 8시까지 해가 있을 동안 장사를 한다. 민간인 출입이 자유롭지 않던 전선매점도 이제는 제법 알려져 서울, 경기도 등지에서 매운탕을 먹으러 오는 단골손님까지 생겼다.

김순희씨는 "민통선 밖에 살다가 70년대 초 정연리에 입주마을이 생기면서 이곳에 와 정착하게 됐다"면서 "지척에 DMZ가 있고 북한이 있지만 전혀 불안하지 않다. 이곳에서 매운탕 집을 운영하며 남들처럼 자식 키우며 열심히 살고 있다"고 말했다.

이 마을은 출입이 자유롭지 않지만 군 초소에 전선매점에 매운탕 먹으러 간다면 무사통과다. 특별한 출입증이 있어야 통과가 됐던 민간인 통제 마을도 이제는 점점 축소가 되고 왕래가 자유로워진 것이다. 그러나 곳곳에 지뢰가 매설되어 있고 군인들이 보초를 서고 있어 그 안에서 사진을 찍는다거나 활동이 자유롭지는 못한 편이다. 그 옆에는 인근의 군인과 군인가족들이 다니는 자그마한 전선교회가 눈길을 끈다.

이곳 김화읍 도창리와 갈말읍 정연리 등은 백골부대 정훈공보참모의 안내 하에 취재가 가능했다.

취재진은 금강산 철교 등지를 둘러본 후 한탄강으로 흘러드는 남대천 줄기의 암정교를 찾았다. 이곳 역시 6·25전쟁의 상흔이 너무도 진하게 남아있었다. 포탄세례를 받은 암정교는 철골이 다 드러나 앙상한 모습에 탄흔으로 누더기가 되었다.

남대천에도 금강산 가는 철교가 놓여있지만 철근은 없어진 지 오래고 돌 받침대만 남아있다. 저 멀리 나무로 만든 출렁다리는 수십 년 비바람에 이리저리 흔들리며 강 위에서 종이장처럼 나풀거리고 있었다. 세월의 무상함과 허무함이라니.

취재 중 노란색 차 한대가 나타났다. 이름하여 '황금마차'. 군인매점인 PX가 따로 없는 민통선내 소규모 군부대를 위해 '움직이는 PX'가 등장한 것이다. 이동매점이 나타나자 눈에 보이지 않던 군인들이 어디서 우르르 몰려와 소시지며 쥐포, 단팥빵 등을 한아름 사들고 갔다. 하루에 한 차례씩 온다는 황금마차에는 앙고라 귀마개, 군화끈, 스키장갑부터 과자, 빵 등 군것질거리가 실려 있었고, 그 옛날 시골에 아이스케키 장사가 왔을 때처럼 즐거워라 몰려들었다.

분단이 만들어낸 진풍경. 전 세계 어디서 이런 모습을 볼 수 있을까. 그냥 재밌게만 지켜볼 것은 아니었다. 이곳 한탄강변에선 사람들의 모습을 좀처럼 볼 수가 없다. 업무수행 중인 총든 군인의 모습이 고작이고, 곳곳에 초소와 지뢰 표지가 아직도 우리가 분단국가임을 실감케 한다.

전쟁의 아픔과 슬픔을 온몸으로 체험해야 했던 한탄강은 오늘도 말없이 흐른다. 아직도 분단국가의 한과 탄식을 안고 흐르는 한탄강을 지켜보는 마음이 무척이나 아프다.

경기일보, 2004년 4월 20일

기자는 한 사회의 퍼블릭 마인드다

문화일보 국제부장 이 미 숙

1985년 연세대 교육학과와 고려대 대학원 정치외교학과를 졸업했다. 1991년 문화일보에 입사해 국제부, 문화부, 정치부를 거쳤다. 또 연세여성언론인회 회장과 한국여기자협회 기획이사로 일했다. 제24회 최은희여기자상(2007년), 제21회 최병우 국제보도상(2009년)을 수상했다. 저서로『김정일시대의 북한, 변화는 시작됐다』(1999년)『존경받는 부자들』(2004년)『슈퍼글로벌 리더가 세상을 움직인다』(2009년)『자선으로 리드하라』(2012년) 공저로『남미가 확보인다』(2001년)가 있다.

1.

한국 사회에서 여성 저널리스트로서 살아간다는 것은 특권이자 도전이다. 남성 중심적인 관행과 고정관념이 뿌리 깊은 사회에서, 여성 저널리스트로서 글을 통해 '나는 이렇게 생각한다'고 밝힐 때, 팽팽한 긴장감과 기쁨을 느낀다.

　신문사 편집국이나 출입처, 사회에서 크고 작은 편견이나 어려움에 부딪칠 때마다 '하나의 기사, 하나의 글이 세상을 바꿀 수 있다'는 생각을 먼저 했다. 내가 생각하는 바를 해나가는 데 있어 부차적이라고 여겨지는 부분들은 생략했다. 지난 시간을 되돌아보니 내게 여기자로서의 자의식이나 여기자 특유의 삶이란 것은 존재하지 않았던 것 같다. 여기자에게 불편한 사회적 관념과 제약, 관행을 이겨내기 위한 내 방식의 노력이 있었을 뿐이다.

2.

문화일보에서 20여 년간 취재기자로 일하면서 대부분 국제부와 정치부에서 일을 했다. 1996년 통일부 출입을 시작한 뒤 줄곧 통일·외교·국제분야 기사를 써왔고, 취재인맥도 구축했으니 외교·통일, 남북관계가 주전공분야인 셈이다. 1990년대 중반만 해도 여기자의 정치부 배치를 불편하게 생각하는 이들이 많았다. 국제부 기자로 일하던 1995년 초 정치부 발령이 났고, 당시 신한국당(새누리당의 전신) 말진으로 일했다. 그런데 신임 편집국장이 "여자가 무슨 정치부냐"며 문화부로 다시 보냈다. 정당 출입기자 생활은 100여 일 남짓으로 끝났고 이후 문화부에서 클래식 음악과 출판을 맡게 됐다.

1996년 여름, 마침 정치부에서 통일부를 출입하던 김승현 선배(2012년 작고)가 문화부 배치를 희망한다는 것을 알게 됐다. 우리는 곧 서로의 출입처를 맞바꾸자고 의기투합했고, 나란히 정치부장과 문화부장을 찾아갔다. 출입처를 수평 교체해달라는 우리의 요구에 대해 의외로 문화부장과 정치부장이 선선히 동의해줬고, 편집국장도 인사를 승인했다. 그때부터 통일부 출입이 시작됐다. 김영삼 정부 말기 남북관계는 북한의 동해 잠수함 침투 사건 등이 발생하면서 경색됐지만, 그만큼 기사는 많았고 매일매일 새로운 뉴스를 기사화할 수 있었다. 이후 외교 통일 전문기자의 길로 들어섰고 김 선배는 문화부에서 무용전문기자로 성장했다.

통일부를 출입한 3년은 한반도 문제에 대해 눈을 뜬 시기였다. 통일부, 외교부, 국가정보원의 대북통들에게서 수많은 얘기를 들었고 공개·비공개 브리핑을 받았다. 이때의 취재노트를 바탕으로 『김정일시대 북한, 변화는 시작됐다』(1999)는 책을 썼는데 2000년 남북정상회담 직전 일본에서 번역도 됐다. '소아과 의사 같은 시선으로 북한 내부를 조망한 책'이라는 평이 아사히 신문에 난 것을 당시 문화일보 도쿄 특파원이던 이신우 논설위원의 기사를 통해 알았다.

이 책 출간 후 삼성언론재단 해외연수 펠로우로 선정되어 뉴욕으로 1년 연수를 갔다. 뉴저지 페어리 디킨슨대 비지팅 스칼러 visiting scholar로 있으면서 컬럼비아대에서 어학연수를 하며 공공정책 대학원의 외교, 북한, 미디어 과목을 청강했다. 그리고 귀국해 외교부 출입(2000~2002), 워싱턴 특파원(2003~2006), 청와대 출입(2006~2008)을 거쳐 2012년부터 국제부장으로 일하고 있다.

최은희여기자상은 청와대를 출입하던 2007년 수상했는데, 심사위원회는 선정 이유에 대해 "북한 핵실험과 6자 회담, 국내외 외교·안보전문가 심층 인터뷰 등 한반도 주변 정세와 외교·안보분야에 대한 전문성을 가지고 이를 적극 보도해온 점이 돋보였다"고 밝혔다. 최은희여기자상 수상을 통해 외교·안보분야 기자로서 전문성을 인정받게 된 점이 가장 기뻤다. 이후 미국 커런트 TV 소속 여기자 로라 링, 유나 리의 북한 억류 사건을 특종보도해 관훈클럽 최병우 국제보도상(2009)도 받게 됐다.

3.

저널리스트로서 20대와 30대, 그리고 40대를 보낸 뒤 생각해보니, 저널리스트로 성장할 수 있었던 힘은 문화일보에서 좋은 데스크를 만났고 취재과정에서 최상의 멘토를 만난 덕분이다. 나를 기자로 키워준 데스크는 차미례, 최병권, 이용식 부장이다. 문화일보 해외문화부 기자 시절 첫 데스크였던 차미례 부장은 기자 스타일의 글쓰기에 대해 손잡고 가르쳐줬고, 국제부 시절 최병권 부장은 국제기자로서 시야를 확장시켜줬다. 당시 차미례, 최병권 부장의 날카로운 칼럼은 주니어 기자들의 글쓰기 전범典範이 됐다. 특히 "칼럼을 쓴 뒤 스무 번쯤 입으로 소리내서 읽으며 고쳐야 한다"는 최병권 부장의 지침은 요즘에도 실천하려고 노력 중이다.

정치부 시절 이용식 부장은 공격적인 스트레이트 작법作法과 취재원 만나는 법을 가르쳐줬다. 이용식 부장의 손을 거친 기사는 '원고의 전과 후가 얼마나 달라질 수 있는가'를 생생하게 보여줬다. 특히 이용식 부장이 데스크를 본 스트레이트 기사를 보면서 "팔등신 미인처럼 아름답다"는 생각을 했던 기억이 있다.

워싱턴 특파원 시절부터 해외 인사 인터뷰를 할 기회가 많아졌는데 이때 만났던 해외 석학들은 "저널리스트는 한 사회의 퍼블릭 마인드(public mind, 공적公的 의식意識)"라며 공정성을 견지하기 위해 노력해야 한다는 말을 많이 했다. 또 "좋은 저널리스트가 되는 것보다 더 좋은 사회기여는 없다"며 열심히 읽고, 열심히 듣고 열심히 쓰라는 주문도 했다.

4.

특히 기억에 남는 내 마음속의 멘토는 워싱턴포스트 외교전문기자를 지낸 돈 오버도퍼(1931~) 존스홉킨스대 한미관계연구소장이다. 38년 간 기자로 일하며 어느 누구보다 독립적인 사고를 하고 기사를 써온 원로 저널리스트인 그는 내게 기자는 어떻게 살아야 하고, 취재는 어떻게 해야 하는가를 몸소 보여줬다. 대학 시절 은사와 같은 푸근한 느낌이 들어 워싱턴 특파원 시절엔 취재원으로서 자주 만났고, 2006년 서울로 돌아온 뒤엔 그가 방한할 때마다 만나 얘기를 들었다.

그가 존스홉킨스대 한미관계연구소의 초대소장을 맡게 됐을 때의 일이다. 그가 소장이 되면 당연히 코리아소사이어티 회장 수준의 보수는 받을 것이라고 생각했는데 의외로 무보수 명예직이라고 했다. 그를 만났을 때 그 이유를 물었더니 "기자가 독립적으로 사고하고 기사를 쓰기 위해선 미국 정부는 물론 외국 정부로부터 어떤 지원금도 받아선 안 된다는 원칙을 평생 철칙으로 지켜왔기 때문에 무보수 조건으로 소장을 맡기로 했다"고 설명했다.

취재원과의 관계설정도 쉽지 않은 문제여서 좌충우돌할 경우가 있었는데 이에 대해서 그는 "개인적인 친밀성보다는 품위 있는 decent 관계유지가 중요하다"면서 워싱턴포스트 재직 시절 이야기를 해줬다. 프린스턴대 출신인 오버도퍼가 국무부를 출입할 때 조지 슐츠(1982~89 재임)와 제임스 베이커(1989~92 재임)가 연달아 국무장관이 되자 주변 동료들이 모두 그의 학연을 부러워했지만, 그는 오히려 더 거리를 뒀다면서 이렇게 그 이유를 설명했다.

"취재원과 친구가 되지 않기 위해 노력했다. 나는 슐츠를 닉슨 행정부 때부터 알았으나 정작 우리가 친구가 된 것은 그가 1989년 국무장관에서 물러난 뒤다. 슐츠에 이어 국무장관이 된 베이커는 프린스턴대 동창이다. 그래서 베이커 국무장관과는 좀 더 거리를 두려고 했다. 내가 그의 대변인으로 비춰지길 원치 않았기 때문이다. 많은 기자들은 정부 주요 각료들과 친해져야 좋은 뉴스 소스를 얻을 수 있다고 보는데 나는 그렇게 생각하지 않는다. 취재원과는 진지한 업무적 관계를 유지해야 하지 가까운 친구가 되면 안 된다. 그래서 나는 늘 취재원들과 품위 있는 관계를 유지하려 했다. 그래야 저널리스트로서의 독립성이 유지된다."

오버도퍼 소장이 '불가원不可遠 불가근不可近'의 원칙*을 견지했던 슐츠는 1993년 오버도퍼가 워싱턴포스트를 은퇴할 때 이런 편지를 보냈다.

"내가 국무장관이었을 때나, 국무장관직에서 물러난 뒤나 늘 느끼는 것은 귀하의 기사가 예지력으로 충만해 있다는 점입니다. 아주 오랫동안 나와 같은 독자들에게 훌륭한 기사를 제공해준 데 대

---

*취재원과 취재기자 간의 관계를 묘사하는 오랜 표현이다. 둘 사이는 그렇게 멀어서도 안 되고 너무 가까워서도 안 된다는 의미이다. 사이가 너무 멀면 기자 입장에서 취재가 안 되거나 혹은 홍보할 일이 있어도 취재기자를 취재원이 활용하지 못하는 상황이 발생한다. 반대로 둘이 너무 가까우면 취재원 입장에서 보도되면 안 될 정보가 취재기자에게 무심결에 흘러 들어갈 수가 있고, 취재기자 입장에서는 보도해야 할 사안인데도 취재원과의 인정을 생각해서 보도를 포기하는 일이 발생할 수 있기 때문이다.

해 깊은 감사를 드립니다. 1993년 조지 슐츠."

　권력자들과 적정한 거리를 유지해야 한다는 저널리스트로서의 직업윤리는 역설적으로 슐츠 같은 고위층 전직인사들을 오버도퍼 소장의 영원한 친구로 만들어준 것이다. 이 일화를 들으면서 과연 나도 은퇴할 때, 전직 외교부 장관으로부터 이런 찬사의 편지를 받을 수 있을까 자문해봤다.

　몇 차례 인터뷰를 통해 친해진 도널드 그레그 전 주한미국대사도 "기자로서 오버도퍼를 오랫동안 존경해왔다"며 그와 가졌던 인터뷰를 잊지 못한다고 했다.

　"1973년부터 75년, 내가 CIA 한국 지부장으로 있을 때 그가 나를 인터뷰한 적이 있는데 아주 인상적이었다. 우리는 서로 다른 커리어를 갖고 있지만 나는 그를 존경한다."

　인터뷰를 할 때 인터뷰어의 매너와 인품, 깊이에 인터뷰이가 이 정도로 매료될 수 있다는 것을 그레그 전 대사의 얘기를 통해 실감했다. 인터뷰를 계기로 친해진 두 사람은 오랜 친구처럼 한반도 문제에 대해 함께 고민하며 북한도 함께 갔다. 조지 W 부시 행정부때엔 네오콘*의 대북정책을 비판하는 칼럼도 함께 쓰는 등 원로 듀엣으로 활동했다.

　청와대 출입기자를 하던 2006년 9월, 노무현 당시 대통령과 조지 W 부시 당시 대통령의 정상회담 취재를 위해 워싱턴에 갔을

---

*미국의 신新보수주의자들을 일컫는 말. 네오 콘서버티브neo-conservatives의 약어이다. 1980년대 초 공화당 레이건 정권 때 힘을 얻은 보수주의자들이 민주당 클린턴 정권 때 밀려났다가 다시 공화당 부시 정권이 들어서면서 등장했다.

때 그의 사무실로 찾아간 적이 있다. 당시 한미관계에 대해 인터뷰를 하기 위해 서울 출발 전 이메일을 보냈는데 그는 "바쁜 시간이니 내가 점심 샌드위치를 준비해놓겠다"는 답신을 보내왔다. 그리고 약속된 시간에 사무실에 들어섰더니 손수 사온 '딘 앤 델루카' 샌드위치와 커피를 꺼내놓고 기다리고 있었다. 그의 자상하고 따뜻한 마음을 느낄 수 있는 순간이었다.

그런데 지난 2012년 10월 워싱턴에 갈 일이 있어 오버도퍼 소장에게 이메일을 보냈으나 답이 없었다. 늘 몇 시간 만에 답신을 해주곤 했는데 메일을 열어본 것 같지도 않았다. 뉴욕에서 그레그 전대사를 만났을 때 그의 근황을 물었더니 "몇 년간 만나지 못했는데 파킨슨병으로 인해 거동이 불편한 듯하다"면서 "전화 통화를 하기도 어려운 상태라고 들었다"고 말했다.

내가 그를 알게 된 것은 그가 워싱턴포스트에서 은퇴하고 난 뒤 1990년대 중반 무렵이다. 한국 전쟁 때 미군으로서 파병된 후 반세기 동안 한반도와 관련을 맺고 저널리스트로 활동해온 그를 너무 늦게 만난 것이다. 한반도에 대한 그의 기억과 체험을 인터뷰해 미치 앨봄의 『모리와 함께 한 화요일Tuesdays with Morrie』과 같은 책으로 내고 싶었지만 이제 그의 퍼블릭 활동은 사실상 끝이 났다. 다행히 한미관계연구소측이 오는 8월 오버도퍼의 소장 은퇴식을 가질 예정이라고 한다. 이젠 내게 저널리스트의 기본자세를 일깨워준 멘토와 지상에서의 마지막 만남을 준비해야 할 시기가 된 것 같다.

5.

여기자라는 자의식을 가질 틈도 없이 취재현장에서 전쟁처럼 일해온 지난 20년이지만 요즘엔 세상이 달라졌다. 취재환경이 많이 여성친화적으로 바뀌었고, 여기자들도 많아졌다. 정치부는 물론 경제부, 체육부에도 여기자들이 활동하고 있다. 이제 여기자들에게 "여자가 무슨……"이라고 말했다가는 '구시대적 인물'로 찍히기 십상이다. 언론 환경 자체가 어려워지면서 오히려 언론 쪽에는 똑똑한 남성기자보다 똑똑한 여성들이 더 많아지는 게 아닌가 하는 생각도 든다.

기자로서 일을 해보니, 저널리스트에겐 세심함과 진지함, 호기심, 부지런함, 그리고 상대에 대한 배려가 가장 중요한 요소라는 생각이 든다. 이런 것을 굳이 여성적 특질이라고 규정짓고 싶지는 않지만, 일반적으로 남기자들보다는 여기자들이 그런 특성을 더 많이 갖고 있는 것 같다. 그런 만큼 언론 환경이 아무리 나빠지고 있다 하지만, '기사로 세상을 바꾸겠다'는 꿈을 가진 여성저널리스트들에겐 희망이 있다. 그 어려운 일제 강점기에도 초인적 힘으로 기자생활을 한 추계 최은희 선생을 생각하면, 요즘의 어려움은 어려움도 아니다. 30년간 이어진 최은희여기자상의 영예로운 수상자 중의 한 사람으로서, 앞으로 '최은희여기자상'을 수상할 미래의 여기자들에게 '더 좋은 기사로 세상을 바꿔보자'고 말하고 싶다.

> 다시
> 싣고 싶은
> **나의 기사**

미, 여기자 북한 軍에 억류

17일 압록강 접경 취재 중…
北·美 '공개적 언급' 피해

미국의 여기자가 지난 17일 압록강변 북한·중국 국경지대에서 북한군에 의해 억류된 것으로 확인됐다.

서울의 외교소식통은 19일 "압록강변 지역에서 취재를 하던 미국의 모 방송국 밍 기자가 17일 북한군에 억류된(detained) 것으로 안다"면서 "이 기자가 구체적으로 어느 지역에서 어떤 활동을 하다 어떻게 억류된 것인지는 밝혀지지 않은 상태"라고 말했다.

정부 고위 관계자는 이와 관련, "미국 시민과 관련된 일이어서 언급하기 힘들지만 미국 기자가 북측에 억류된 상태라는 것은 우리 정부도 인지하고 있다"고 확인했다.

북·미 양측은 사건발생 이틀 후인 19일 오전까지도 미국 기자 북한 억류 사건에 대해 공개적인 언급을 피하고 있어 구체적인 사건 발생 개요나 억류 이유 등은 밝혀지지 않고 있다.

북·미 양측이 사건을 공개하지 않은 것은 비공개 협상을 통해 문제를 조용하게 해결하기 위한 시도로도 볼 수 있어 주목된다.

이와 관련, 미국 정부 내부 움직임에 밝은 한 외교소식통은 "미 국무부가 움직일 것"이라고 밝혀, 뉴욕이나 베이징(北京)의 북·미 채널을 통해 여기자 석방을 위한 물밑협상이 진행 중임을 시사했다. 북한은 지난 1996년 11월 한국계 미국인 에번 헌지커가 압록강을 넘어 북한으로 밀입북하자 간첩으로 규정,

구속했으나 빌 클린턴 당시 미대통령의 특사로 방북한 빌 리처드슨(현 뉴멕시코 주지사) 당시 미하원의원과의 협상 끝에 석방한 바 있다.

한편 리처드슨 주지사측의 한 인사는 19일 문화일보와의 전화통화에서 "리처드슨 주지사에게 미국 여기자 북한억류사건을 보고했으며 내일(20일) 국무부에 확인, 대응방향을 논의하겠다고 했다"고 말했다. 리처드슨 주지사는 버락 오바마 대통령의 측근으로 새 행정부 출범시 상무장관 후보로 지명됐으나 자진 사퇴한 바 있다.

문화일보, 2009년 3월 19일

[데스크시각]
DJ가 '해야 할 일'

탈북여성 인권문제를 취재하던 미국의 로라 링, 유나 리 기자가 북한에 억류된 지 벌써 107일이 됐다. 북한·미국 당국 간 교섭에 기대를 걸었던 여기자 가족들은 이제 거리로 나서 시위를 벌이거나 미국 방송에 출연, 북측에 선처를 호소하고 있다.

지난 3월 17일 이들이 북한군에 체포됐을 때 힐러리 클린턴 미 국무장관은 중국에 외교적 협력을 구하는 방식으로 문제를 해결하려 했다. 이같은 노력이 효과를 얻지 못하자 워싱턴 정가에서는 앨 고어 전 부통령 특사 파견 등이 제기됐지만 이 또한 북한의 무응답으로 인해 진척되지 못하고 있는 형국이다. 급기야 클린턴 국무장관은 "북한에서 누가 여기자 문제에 대한 결정권을 갖고 있는지 알고 있지 못하다"며 북측과의 물밑협상 어려움을 공개적으로 토로하고 나섰다. 미국 민주당에는 제네바 북·미합의를 이끈 노련한 북한통이 많지만, 8년간의 국정공백은 버락 오바마 신행정부로 하여금 여기자 문제 해결을 위한 실효성 있는 대북접근법을 찾지 못하게 할 만큼 긴 세월이었다는 게 입증된 셈이다.

지난 2003년 쿠바에서는 독립 저널리스트이자 시인인 라울 리베로가 국가반역 및 미국 찬양죄로 20년형을 선고받은 사건이 있었다. 그때 프랑스 여배우 카트린 드뇌브와 독일의 노벨문학상 수상작가 귄터 그라스는 피델 카스트로 당시 쿠바 국가평의회 의장에게 특별서한을 보내며 국제적인 석방여론을 주도했고 카스트로는 그 압력에 못 이겨 리베로를 국외추방 형식으로 특별사면했다. 닫힌 사회에서의 의사결정은 이처럼 최고지도자에 의해 내려진다. 북한도 크게 다르지 않을 것이다. 북한에서 대미사안은 김정일 국방위원장의 전결사항이다. 클린턴 국무장관이 누가 여기자 문제 결정권을 갖고 있는지 모르겠다고 말한 것은 김 위원장으로 연결되는 직통라인을 찾기 어렵다는 점을 표현한 것으로 볼 수 있다.

김 위원장 설득에 나설 수 있는 인물은 단연 김대중(DJ) 전 대통령이다. DJ가 남북정상회담을 위해 2000년 6월 13일 평양 순안공항에 내렸을 때 그는 경의를 표하기 위해 직접 영접을 나오기까지 했다. DJ는 또한 미국 민주당 인사들이 존경하는 한국 민주주의의 산증인이다. 클린턴 국무장관은 지난 3월 방한 때, DJ에게 특별전화 인사를 했을 정도다. 그런 만큼 여기자 문제를 중재할 적임자로 DJ만한 인물이 없다. 하지만 대북 포용론자들은 여기자문제에 대해 냉담하다. 북·미 간의 문제이기 때문에 끼어들 필요가 없다는 논리다. 일견 타당성이 있는 말이다. 여기자들은 불법으로 북한땅을 밟았고, 재판과정에서 이를 시인했다. 그러나 그것이 12년 노동교화형을 받을 만한 중죄인가? 더구나 로라 링은 지병인 위궤양이 악화되고 있고 유나 리는 네 살배기 딸과의 생이별로 인해 고통을 받고 있다.

요즘 한반도 정국은 어지럽다. 여기자 억류사태 후 북한이 2차 핵실험까지 감행하면서 한반도 위기는 점점 깊어지고 있다. 미국에서는 또다시 대북 군사옵션론이 고개를 들기 시작했다. 여기자 억류가 장기화

할 경우 미국의 대북여론은 더욱 더 악화될 게 분명하다. 이럴 때 DJ이니셔티브가 필요하다. 1994년 1차 북핵위기 때 지미 카터 전 미국대통령이 김일성 당시 북한주석과 담판, 핵위기를 대화로 풀어냈듯이 DJ도 원로로서 역할을 했으면 한다. 여기자 석방을 위한 DJ의 노력은 등 돌린 북한과 미국이 다시 웃으며 협상장으로 향하게 하는 작은 단초가 될 수도 있다. 그럴 경우 노무현 전 대통령 서거정국 때 불거진 DJ 발언 논란에 대한 오해는 해소될 것이다. 그것은 또 남·북·미 대립 속에서 용도폐기 위기에 몰린 DJ식 대북접근법의 유용성을 재확인시키는 길일 수도 있다.

문화일보, 2009년 7월 2일

10년이 지나도 20년이 지나도 다시 읽게 될 기사는 '미 여기자 북한 억류' 특종기다. 2009년 3월 19일 문화일보 1면에 5단 톱으로 '미 여기자 북한 軍 억류'기사를 내 보낸 뒤 이들이 141일 만인 8월 5일 석방, 미국행에 오르기까지 하루하루 가슴을 졸이며 이들의 기사를 썼다. 버락 오바마 미국 대통령 취임 후 두 달여 만에 발생한 미국 커런트 TV 소속 여기자 로라 링, 유나 리의 억류는 이후 빌 클린턴 전 미국대통령의 방북으로 극적으로 해결됐다. 김정일 북한국방위원장은 클린턴 전 대통령 면담 후 이들을 전격 석방했고 로라 링과 유나 리는 클린턴 전 대통령과 함께 북한을 떠나 미국으로 귀환했다.
특종기사에서는 링 기자의 성을 밍으로, 두만강을 압록강으로 잘못 쓰는 오류를 범했지만, 전세계에서 처음으로 첫 뉴스를 문화일보 1면에 실었다는 데 취재기자로서 자부심을 갖고 있다. 기사가 나온 날 김성환 당시 청와대 외교안보수석은 청와대 출입기자들과 오찬 중이었는데 보도사실을 보고 받고나서 황급히 "대통령께 보고도 안 한 사안이 문화일보에 났다"면서 식사를 중단하고 청와대로 복귀했다고 전해 들었다. 김 수석은 당시 "미 여기자가 북한에 억류된 날은 3월 17일이고 19일까지 이 사건을 아는 사람은 한국에서 세 손가락 안에 드는데 어떻게 문화일보에 보도됐느냐"며 경악했다고 한다. 특종 스트레이트와 함께 뽑은 글은 2009년 7월 2일자 문화일보 데스크시각에 실린 'DJ가 해야 할 일'이란 칼럼이다. 인권과 평화의 리더 김대중 전 대통령이 여기자들 석방에 나서라는 촉구성 글이었다. 4년여 만에 기사를 다시 보니 그 사이에 김 전 대통령은 물론 김정일 위원장도 타계했다. '인생은 짧고 예술은 길다'는 말이 있지만, 정말 세월이 가도 남는 것은 기사뿐인 것 같다.

여기자, 변하는 또는 변하지 않는

동아일보 논설위원 김순덕

1984년 이화여대 영문과를 졸업했다. 1983년 동아일보에 입사해 생활부, 기획특집부, 문화부를 거쳤으며 편집국 부국장을 역임했다. 또 한국여기자협회 부회장을 역임했고, 현재 한국연구재단 비상임이사이기도 하다. 제14회 대한언론상 논설부문(2005년), 제23회 최은희여기자상(2006년), 올해의 이화언론인상(2007년), 제5회 한국 참언론인대상 문화부문(2009년), 제15회 삼성언론상 논평-비평상(2011년)을 수상했다. 저서로 『마녀가 더 섹시하다』(2003년) 『글로벌리스트』(2007년)가 있다.

평생 받을 꽃 선물을 그때 다 받은 것 같다. 2006년 수상자로 발표되고 나서다. 내가 일을 제대로 하고 있는 건가, 기자로서 재능이 없는 건 아닌가 심각하게 고민하던 무렵이었다.

내가 잘 모르고, 나를 잘 모를 것 같은 분들한테 논설위원실 내 개인 공간에 발 디딜 틈 없이 밀려드는 꽃과 화분을 받으면서, '살아생전 이런 복을 다 누리네' 싶었던 기억이 아직도 생생하다. 최은희여기자상이 그렇게나 엄청난 상이라는 걸 그때 알았다.

일부 몰지각한 남기자 중에는 지금도 "여자들은 좋겠다"며 추켜세워주는 척 이 상을 깎아 내리는 사람이 없지 않다. 이제 '남기자상'이 나와야 한다고 주장하기도 한다. 최은희여기자상은 남자들은 빼고 여자들끼리만 겨루니까 상 받기도 쉽겠다는 농 반 부러움 반의 얘기일 터다.

나도 20여 년 전 젊은 기자 때는 그렇게 생각한 적이 있었다. 까

마득한 선배들만 돌아가며 타는 공로상 같기도 했고, 늙어 죽기 전에 과연 내 차례가 올 수 있을까 싶기도 했다.

그 '관례'는 1998년 갓 서른 살인 한국일보 이희정 기자가 캄보디아 훈 할머니 발굴기사로 수상하면서 깨졌다(라고 조선일보는 보도한 바 있다). 그 뒤 최초의 여성 정치부장, 최초의 여성 워싱턴 특파원, 최초의 여성 이라크 종군기자 등등이 상을 받는 바람에 최초의 아무것도 안 되는 나는 영영 이 상을 받을 기회가 안 올 줄 알았다.

놀랍고 고맙게도 내게 상을 주면서 심사위원회가 밝힌 선정 이유는 다시 봐도 황송하다. 물론, 당연히, 덕담이겠지만 "신랄하면서도 예리한 통찰력으로 시대의 현안들을 명쾌히 분석해 여성이 쓰는 칼럼의 지평을 넓힌 공적을 인정받았다"는 거다!

지난 얘기를 주절주절 쓰는 이유는 이 상이 여기자에게 얼마나 큰 힘이 되는지 말하고 싶어서다. 아무리 언론인을 대상으로 하는 상이 많아졌다고는 해도 정작 상을 타는 여기자는 그만큼 늘어나지 않았다. 추천에서부터 아예 젖혀지는 경우가 많기 때문이다.

나도 뒤늦게 안 사실이지만, 남기자들은 자기가 수상할 만하다고 생각되면 스스로 추천 서류를 만들어서는 추천인의 사인만 받아 제출하는 일이 적지 않다. 하지만 여기자들은 그렇게 못한다. 누가 추천해주면 감지덕지할 뿐이다.

일에선 남자들 뺨치면서도 묵묵히 일만 하면 언젠가, 누군가 알아줄 것이라고 믿는 종족이 여자들이다. 최은희여기자상이 없었다면 언론사 한구석에서 속이 시커멓게 썩어 문드러졌을 여기자들이 얼마나 많았을까 싶을 정도다.

변하지 않는 여기자들의 속성이 이런 대책 없는 겸손과 육아 부담이다. 나는 정말 운 좋게도 살림살이 봐주는 '이모'를 잘 만나 별 탈이 없긴 했다. 하지만 21세기 들어 13년이나 지났는데도 육아 도우미 때문에 동동거리는 후배들을 보면 속이 상하면서도 화가 난다.

반反페미니스트로 혼날 각오를 하고 말한다면, 그럼에도 여기자들이 일 – 가정 조화 문제를 열렬히 또 당당히 주장하는 건 찬성하기 힘들다. 몇 년 전 한 출판사에서 워킹 맘에 대해 책을 쓰지 않겠느냐는 제안을 해왔지만 거절한 적도 있다. 워킹 대디라는 책은 없는데 왜 워킹 맘이라는 책이 있어야 하느냐, 나는 워킹 맘이라고 의식하며 일하지 않았고, 남들이 그렇게 봐주기도 원하지 않는다고 말해버렸다.

내가 옳다고 잘난척 하는 건 아니다. 그러나 탐나는 여기자 지원자가 많아도 뽑아 놓으면 워킹 맘이 돼버리는 통에 많이 뽑기 힘들다는 언론사 간부들이 꽤 많다는 건 알아둘 필요가 있다. 여성에 대한 법적·제도적 지원이 많은 북유럽에선 바로 이 때문에 여성들이 중하위 사다리에 오종종 몰려 있다는 역설적 현상도 의미심장하다.

공교롭게도 나보다 꼭 20년 전 최은희여기자상을 수상한 강용자 경향신문 논설위원의 선정 이유를 발견하고 나는 혼자서 감탄을 터뜨렸다. 가정 에세이와 여기자 생활칼럼을 통해 행복한 가정과 밝은 사회상을 추구한 공로라는 거다!

당시 경향신문은 "바른 가정만이 바른 사회를 만들죠"라는 제목으로 강 선배를 인터뷰한 기사에서 "섬세하고 날카로운 필치로 여성, 가정, 교육문제를 파헤쳤다"고 소개했다. "여기자로서의 어려움은 기자라는 거친 이미지와 여성의 품위를 조화시키는 일"이라고 강 선배는 말하기도 했다.

여기자 선배들이 너무나 길을 잘 닦아준 덕분일 게다. '섬세하고 날카로운 필치' '여성, 가정, 교육문제 파헤치기'는 지금도 여기자에 대한 설명에서 빠지지 않고 등장한다. 사회가 여기자에게, 어쩌면 여기자들도 스스로에게 부여한 '전문성'일 수도 있다. 지금이야 취재 쪽에선 정치·군사·외교 등등까지 여기자가 담당하지 않는 분야가 없지만 논설이나 칼럼에선 그런 전문성을 고수하는 언론사가 적지 않다.

워킹 맘이고 싶지 않았던 나는 여성 논설위원이 아니라, 논설위원인데 굳이 궁금해서 성별을 따지자면 여성인 것으로 알려졌으면 했다. 여기자 후배들을 생각해서도 여기자 선배들이 갔던 길을 또 갈 필요는 없을 것 같았다. 칼럼을 쓰면서 의식적이라 할 만큼 여성 가정문제를 피했던 것도 이 때문이다.

그렇다고 내 여성성이 어디 가겠는가. 나를 처음 보는 사람들이 "글은 독하게 쓰면서(사람은 안 독해 보이네)……" 하고 신기하다는 듯 말할 때 나는 속으로 신난다. 어쩌면 미련할 수도 있는 이런 노력을 최은희여기자상 심사위원들은 알아봐주셨다. 심사위원들께도, 최은희 대선배께도 다시 한번 감사의 인사를 드리고 싶다.

다시 싣고 싶은 나의 기사

[김순덕 칼럼]
'형님보이' MB는 언제 자립하나

'마마보이'는 봤어도 '형님보이'는 처음 봤다. 남자 선배에게 물어보니, 아버지 같은 형 밑에서 자란 남자가 형님한테 꼼짝 못하는 건 한국 사회에서 남자로 사는 사람은 다 아는 일이란다. 그래도 엄마 치마폭에 매달린 남편과 사는 아내는 심각하게 이혼을 고민한다. 일국의 최고지도자가 되고도 아무 데서나 자신을 '맹박이'라 칭하는 형님 앞에 할 말도 못하는 대통령을 보며 이제는 국민이 고민하고 있다.

돌이켜보면 한나라당 내 분란은 물론 국정소란이 일어난 이면엔 어김없이 이명박(MB) 대통령의 형 이상득(SD) 의원이 있었다.

4·29 재·보선 참패와 그래서 더 커진 박근혜 전 대표와의 갈등도 SD의 자식 같다는 정종복 전 의원이 경주에 공천되지 않았으면 안 터졌을 공산이 크다. 나눠먹기 공천은 계파정치의 핵심이고 대한민국 정당의 고질적 병폐이자 대의민주주의의 암(癌)이다. 경주 시민들이 한 번 심판한 사람을 또 내는 일이 MB의 의지였다면 대통령은 국민보다 형님을 받든다는 의미고, 당심(黨心)이었다면 한나라당은 SD에 장악됐다는 뜻이다. 오죽하면 박 전 대표가 '우리 정치의 수치'라고 비수를 날렸겠나.

애초 18대 총선의 '개혁공천'이 빛바랜 것도 65세 이상 현역의원 배제 원칙을 SD가 깼기 때문이었다. 그때 그는 73세였다. SD 불출마와 국정관여 자제를 요구했던 55인 공천항명 파동 때도, "정권 초 100일간 청와대 일부 인사가 국정 아닌 전리품 챙기기에 골몰하면서 문제가 생겼다"며 일어난 정두언의 난(亂) 때도 대통령은 형님 손을 들어줬다.

SD는 억울할지 모른다. 말로는 늘 결백했고 물증도 없지만 국정에 그가 개입한 흔적은 넓고도 깊다. 박연차-천신일 고리 끝에 걸린 한상률 전 국세청장이 2008년 말 인사를 앞두고 포항의 SD 지인들과 괜히 만나 공을 들였을 리 없다. 공기업도 아닌 포스코 회장 선임에 당시 야인이었던 박영준 국무차장이 끼었다는 의혹도 SD의 왕팔이 아니면 나올 수 없는 소리다.

더 큰 문제는 일각에서 국정농단이라고 개탄하는 이 중대 현안에 대해 당이 공개적으로 논(論)하고 대통령에게 간(諫)하는 일이 금기가 됐다는 데 있다. 대통령이 싫어하기 때문이다. 제도적 '형님 관리'도 쉽지 않다. SD가 국회부의장 때 비서실장이었던 장다사로 씨가 현재 대통령 친인척을 감시하는 민정1비서관이고, SD가 기업에 있을 때 보좌하던 김주성 씨가 국가정보원 기조실장인 까닭이다.

결국 한 나라에 대통령 둘이 앉은 꼴이 된 원인은 대통령에서 찾을 수밖에 없다. 대통령은 어려서부터 자기보다 공부도 잘하고 잘생겨서 어머니 사랑을 독차지했던 SD에게 느낀 '형 콤플렉스'를 70세를 바라보는 지금껏 극복하지 못한 것 같다. 형보다 더 성공해서 "너까지 고등학교 보내기 어려우니 장사해 형 공부를 도우라"던 어머니에게 인정받겠다는 보상심리가 샐러리맨 신화를 일궜으나, 거기까지다.

대통령선거에서 자신보다 또 앞서 정치 입문한 SD의 도움을 받으면서 대통령은 도로 '형님보이'가 되고 말았다. 후보 때는 골치 아픈 일이 생기면 "이 부의장하고 상의하라"더니 대통령이 된 뒤 자신이 싫어하는 '여의도 정치'는 상왕(上王)에게 넘어갔다. SD가 친박계 의원들을 만나는 등 당내 화합에 기여했다지만 이 역시 대통령 자신이 했어야 할 일이고, 그랬다면 국정 운영은 한결 순탄했을 터다. 잘사는 국민, 따뜻한 사회, 강한 나라를 지향하는 이 정부의 국정방향은 큰 틀에서 옳기에 꽉 막힌 현실이 더 안타깝다.

지금 한나라당을 하나로 만들자며 박 전 대표를 향한 구애가 다시 뜨겁다. 그러나 막후지존 SD가 무균무때의 표정으로 무대 위에 앉아 있는 한, 친박 세력만 끌어안는다고 상황이 풀리긴 어렵다. 어느 집단에나 행성이 태양 주위를 돌 듯 사람들은 실세에 몰리기 마련이다. 노무현 전 대통령이 별 볼일 없다던 형 노건평 씨에게도 예외는 없었다. SD가 진정 사심 없이 동생 정부의 성공을 돕는다고 믿고 싶어도 이미 SD 때문에 나라가 흔들리고 대통령이 허깨비가 될 판이다.

'권력의 법칙'을 쓴 로버트 그린은 "문제가 생기면 혼란의 출발점이 되는 강력한 인물을 찾아낸 뒤 그를 고립시키거나 추방해 평화를 되찾아야 한다"고 했다. 형님보다 국민이, 나라가 더 중요하다면 이제 대통령은 형님에게 더는 안 되겠다고 말해야 한다. 일주일 전 라디오연설에서 국민들한테 호소했듯이, 죽을 각오로 살아간다면 이겨내지 못할 것이 없다.

마침 18일이 성년의 날이다. 우리가 뽑은 대통령이 우리가 뽑지 않은 SD에게 꼼짝 못하는 모습은 정말이지 국민 된 사람으로 자존심 상해 더는 못 봐주겠다.

동아일보, 2009년 5월 11일

어느 여기자의
박제된 추억

경향신문 논설위원 유인화

1982년 서울신문에 입사한뒤 1991년 경향신문으로 옮겨 문화부에서 한 길을 걸었다. 레이디경향 부장, 문화부 부장, 문화부 선임기자를 거쳤다. 현재 성신여대 무용예술학과 겸임교수, 한국춤평론가회 회장으로 일하고 있다. 올해의 이화언론인상(신문부문, 2009년), 제26회 최은희여기자상(2009년)을 수상했다. 저서로 『윤석화가 만난 사람』(2003년) 『춤과 그들』(2008년)이 있다.

저는 2009년 5월 서울 한국언론재단(현 한국언론진흥재단)에서 열린 제26회 최은희여기자상 시상식에서 '수상자 소감'으로 이런 말을 했었습니다. "최은희여기자상의 '26년'은 사반세기를 마무리하고 50년을 향한 첫 해이다. 취재원고가 불타버릴까 봐 장독대에 보관했던 추계 최은희의 기자정신을 감히 따라갈 수는 없지만 기자를 그만둘 때까지 그 정신만이라도 흉내내고 싶다."

 1983년 당시 팔순을 앞둔 추계 최은희(1904~1984)는 갑작스런 입원으로 당시 한 여성지에 연재하던 〈개화여성열전〉을 중단해야 할 처지가 되자, 미리 써놓은 6개월치 원고를 안전하게 보관하기 위해 불이 나도 타지 않도록 집 뜰의 장독대에 보관해 놓았다고 합니다. 또한 1983년 5월 병상에서 막내따님이신 이혜순 교수께 "평생 글을 써서 모은 쌈짓돈 5천만 원을 후배 여기자들을 위해 써달라"는 편지를 대필하게 한 후 조선일보사에 전했다고 합니다. 사실 미리 6개월치 원고를 써놓으신 자체도 엄청나거니와(마감이 임박해야 기사가 잘 써진다는 기자들끼리의 설과는 너무도 다른!) 자신의 집이 불타더라도 약속된 원고만은 지켜야 하다는 대선배의 철학에 감동해 존경의 눈물을 닦게 됩니다.

여기자는 희귀종

제가 언론사에 입사한 1982년만 해도 여기자는 희귀존재였습니다. 체육부 기자 시절 6대 일간지인 경향신문·서울신문·동아일보·조선일보·중앙일보·한국일보의 기자들 중에 체육부 소속 여기자는 저 혼자였으니까요. "오죽이나 팔자가 드세면 여기자를 하겠냐"는 소리도 제 뒤에서 많이들 했겠지요. 그때는 여기자에 대한 고정관념이 확실하던 시절이었지요. 영화나 드라마에서조차 '버버리 입고 큰 가방을 어깨에 둘러맨 채 뿔테안경을 연신 코 위로 올리며 까치집 같은 단발머리를 쓸어올리는' 모습이 여기자의 대표적인 이미지로 표현되곤 했습니다. 여기자 후배들이 들으면 기절할 만큼 『삼국사기』 시대의 이야기 같지만 불과 30년 전 이야기입니다.

　신문사 입사 면접 당시 '여성해방 운동'에 대해 설명하라고 해서 '여성이 남성의 직업으로 여겨지는 집짓기, 도배 등을 하는 게 여성해방이 아니다. 남자가 여성의 일인 빨래, 설거지, 요리, 뜨개질을 하는 게 여성해방'이라고 답했던 기억이 납니다. 지금 생각해도 괜히 오글거리는 답이군요.

현재 한국여기자협회에 등록된 여기자만 1천 명에 가까우니 이젠 정말 여성의 힘이 여기저기 펄펄 넘칩니다. 경향신문에도 80여 명의 재색을 겸비한(!) 여기자가 근무하고 있습니다. 정말 든든한 일꾼들입니다. 차후 이들 중에 최은희여기자상 수상자가 탄생될 때는 저처럼 희귀존재였던 여기자에 대한 전근대적인 시선이 거의 문화재급으로 여겨질 테지요. 다행입니다.

돌아갈 순 없어도 돌아볼 수 있는 박제된 추억

그러나 여기자가 드문 저희 세대에선 여기자로서의 아픈 추억이 더 많습니다. 기자들이 단체로 떠나는 기자단 출장과 달리 신문사 기획물을 취재하기 위해 사진부 기자와 단 둘이 떠나는 출장은 참으로 웃지 못할 이야기가 많은 편이지요. 제일 인상 깊은 취재는 1988년 10월의 대구 출장이었습니다. 빠듯한 출장비를 아껴쓰기 위해 동년배의 사진부 남자기자와 대구 동아백화점 옆 여관에 짐을 풀기로 했지요. 점심을 먹고 숙소에 도착한 우리는 1층 카운터에 들러 빈 방을 달라고 했습니다. 그런데 여관의 주인인 듯한 중년의 여성분이 우리를 보더니 당연하다는 듯이 "쉬었다 가실 거예요?"라고 묻는 겁니다. 그런데 갑자기 사진부 기자가 "아줌마! 우리 회사에서 출장왔거든요! 자구 갈 거니까 방 따로 주세요" 하며 큰소리로 따지는 겁니다. '아차차!……왜 난리람!' 전혀 '그런' 생각을 하지 않고 여관에 들어섰던 저는 괜히 민망했습니다. 뭐 사실 그럴 경우 제가 남자기자들보다 더 손해 아닌가요? 여자라는

이어령 전 장관과 유인화 논설위원

이유로 말입니다.

그러나 '여기자'라는 이유로 슬펐던 적은 별로 없었습니다. 20여 년 전 세계적인 지휘자 정명훈이 김포공항에 도착한 현장을 촬영하기 위해 '똑딱 카메라'를 들고 나섰다가 힘센 남자 사진기자들에게 밀려 사진을 제대로 촬영하지 못했던 기억이 가장 강하게 남아있긴 합니다만…….

2004년 가을 매거진X 부장으로 발령났을 때도 1983년 강용자 문화부장 이후 22년 만의 여자보직부장이 탄생했다고 회사 선후배 동료들이 축하해주던 기억이 부끄럽습니다. 당시 신임부장들을 축하하기 위해 편집국장이 만든 식사자리에서 사회부장이 건의할 게 있다고 하더니 "22년 만에 여자보직부장이 탄생했으니 호칭을 바로 하자"며 "여보직부장인지, 보직여부장인지 통일해서 부르자"며 즐겁게 바람 잡던 시간도 떠오릅니다. 요즘은 경향닷컴

명진 스님(가운데), 신경숙 작가와 함께

에 〈경향의 사람들〉을 게재하는 편집부 후배기자가 "경향신문에서 23년 만에 여성논설위원이 탄생했으니 인터뷰를 하자"고 합니다. 다행히 사회부장을 역임한 여후배가 저와 함께 논설위원으로 발령받아 제 어깨가 덜 무거운 편이지요. 요즘은 여기저기에 현명하고 똑 부러지는 여기자들이 정말 많습니다. 사실 모두 기자이지 '여기자'라고 한정하는 자체가 좀 부끄럽기도 하구요.

이거 뭐, 여기자로 아프거나 달콤쌉싸름한 이야기를 고백해야 하는데 싱거운 이야기가 되고 말았네요. 하하하……

이 글을 읽는 분들께 말씀드리고 싶은 건, 딱 하나입니다. 여기자건 남기자건 그냥 우리는 인간의 조건을 충실히 채워가는 존재이면 좋겠습니다. 이 세상에 맑고 푸른 문신을 새기기 위해 오늘도 열심히 활약하는 기자들을 위하여!

> 다시
> 싣고 싶은
> **나의 기사**

장금도 "살풀이춤은 격식이 없어야 해"

'시끄러운 과거.' 민살풀이춤의 유일한 전승자 장금도(79)는 군산 예기藝妓였다. 그는 50년 동안 자신의 시끄러운 과거를 꼭꼭 묻어두고 살았다. 아들 내외, 손자들에게 숨기고 또 숨겼던 기생의 '지난날'이 여기 있다. 기자에게 60여 년 전 이야기를 들려주는 장금도 할머니. 옛날 추억의 거울을 꺼내어 입김으로 호호 불며 뿌연 먼지를 닦았다. 권번 소속 예기들은 저녁마다 화장을 새로 했다. 집에서 일본제 우데나 영양크림과 미제 코티분으로 곱게 화장하고 기다리면 요리집에서 보낸 인력거가 왔다. 요리집에 온 손님들이 예기 명부를 보고 예기를 택하면, 요리집에선 권번 소속 예기양성소에 연락하고 권번에선 호명된 예기집에 인력거를 보냈다.

장금도가 한복 곱게 차려입고 인력거 타고 나가면 사람들이 그 얼굴 한번 보려고 인력거 안을 기웃기웃 했다. 장금도를 비롯, 요리집에 먼저 도착한 예기는 손님방에 같이 들어갈 예기들을 기다렸다.

보통 두세 명의 예기들이 한 방에 들어가 신고식 겸으로 손님들에게 단가를 불러주었다. 그리고 판소리도 한대목씩 했다. 이때 예기들은 서로의 소리에 북이나 장구로 반주를 쳐주었다. 〈아리랑〉〈흥타령〉 등 소리로 분위기가 무르익으면 춤도 추었다. 방에선 주로 '살풀이춤'을 추었고 더러 '소고춤'도 추었다.

"한두 시간 놀고도 10시간을 달아주는 손님이 있고, 20시간 논 값을 셈해주는 분도 있었응게. 처음

한 시간은 1원 50전이고 두 시간째부터는 1원씩 받았네(당시 쌀 한가마니가 6원). 군산 시내 중국요리집인 동해루, 쌍설루 등에도 불려 갔는데, 주로 한식집인 명월관, 만수장, 천수각 등에 갔어요. 한번은 서울서 온 손님이 한 시간쯤 있다 나에게 돈봉투를 건네더니 잘 놀았으니 가보라는 거여. 자존심은 상했지만, 얼른 집에 가분게 좋더구먼. 글고는 다른 요정에서 청한 인력거 타고 돈 벌러 다시 나갔제. 근디 나중에 알고 본게 나가 그 사람이 나허고 같은 인동 장씨여 그랬다는기여. 아니 결혼할 것두 아닌디…." 그랬다. 예기를 대하는 손님들의 순수한 마음을 읽을 수 있는 대목이다.

장금도는 전북 군산시 개복동에서 3남 3녀 중 셋째로 태어났다. 8명의 가족들은 병든 큰오빠에게 의지했다. 누군가 부양을 떠맡아야 했던 상황. 장금도는 12살에 소화권번(권번장 박재효)에 입적했다. 가야금병창을 잘하던 예기 이영주가 수양어머니가 되어 기생수업비

를 댈 테니 훗날 예기가 되면 곱으로 갚으라 했다. 1928년 군산에 설립된 소화권번은 37년 주식회사로 전환됐는데, 4년 학제에 성적미달이면 학년을 오르지 못했다.

권번에선 오전에 시조, 판소리, 일본어를 배웠고 오후는 소리연습과 소리수업을 했다. 시조와 단가는 김창윤에게 배웠다. 이기권, 김창용에게 〈심청가〉를, 김준섭에게 〈심청가〉와 〈춘향전〉을 사사했다. 집에서는 독과외를 했다. 김준섭에게 〈심청가〉와 〈춘향가〉를, 민옥행에게 〈흥보가〉 〈적벽가〉 〈수궁가〉를 배웠다. 판소리 다섯 바탕을 모두 섭렵하느라 죽을 맛이었다.

예기양성소에서 4년 동안 기를 쓰고 배웠다. "나는 목(소리)이 좋다고 가야금병창을 하지 말라고 하더군요. 될성부른 목이 가야금 연주하면서 소리하면 목이 가벼워지고 흩어져 못승게요. 그란디 지는 춤이 젤로 좋았어요. 학채(교습비)를 내고 최창윤에게 '승무'를, 김백용에게 '검무' '화무' '포구락'을 배웠어요."

지금도 수줍어서 손으로 입을 가리고 말하는데 당시엔 오죽했을까. 42년 15세의 나이로 군산극장에서 열린 '수해민 구제 예기연주회'에서 '승무'를 추었는데, 모두들 그의 춤을 최고로 뽑았다. 최승희와 친했던 도금선(1909~1979)은 그 공연을 본 후 '멋대로 추어보라' 권했고 장금도는 승무나 검무의 동작들을 나름대로 풀어 자신만의 춤으로 만들어갔다.

"43년에는 군산 최대요정인 명월관에서 예기 허가증 취득을 위한 시험이 있었어요. 심사관은 일본인 경찰서장, 조선인 군수, 몇몇 지역 유지들과 권번장 등이었죠. 심사관들은 40명의 동기들에게 차례로 지시사항이 적힌 종이를 주었어요. 일본어로 써있는 내용을 이해하면 일본어 시험은 자연스레 합격이니까요. 소리시험을 보고나선 '승무'로 춤시험을 보았어요. 춤시험은 40명 중 10명만 봤고요." 장금도는 소리와 춤시험에서 수석이었고 예기 1급 허가증을 받았다. 그때부터 가족 부양은 그의 차지였다.

'춤추는 장금도'는 잘 나가는 예기였다. 화장한 얼굴로 공치는 날은 단 하루도 없었다. 그런데 44년부터 정신대 처녀 공출이 시작됐고 장금도는 45년 17세에 금강을 거슬러 올라가 10살 연상의 부여 부잣집 막내아들 후처로 시집갔다. 죽은 전처 소생 6남매를 키웠다. 남편과는 정이 없었다. 미안했지만 어쩔 수 없었다. 밤이면 마루에서 남편이 잠들 때까지 기다렸다 방으로 들어갔다. 그러나 어느 날 밤 마루 앞으로 지나가는 짐승이 동네집 개가 아니고 여우라는 것을 알고는 기절하며 남편 방으로 뛰어 들어갔다. 그 밤 누워있던 남편은 어땠을까. 장금도 할머니의 말 한마디. "좋아합디다."

임신이 됐다. 친정에서 산후조리하고 오니 어떤 여성이 와 있었다. 죽었다던 전처였다. 늑막염을 앓던 전처는 친정에서 요양하다 후처를 보러 온 것이었다. 80살 된 예기는 무념무상으로 당시를 기억하지만 18살의 어린 장금도가 겪었을 마음고생이 선연하다. 전처는 결국 얼마 못 살고 늑막염으로 세상을 폈다.

해방이 됐지만 장금도에겐 어려운 살림만 남아있을 뿐이었다. 남편은 친정식구들을 돌봐준다던 약속을 지키지 않았다. 큰오빠가 죽고 학도병 나간 남동생이 전사했다. 장금도는 외할머니, 어머니, 여동생, 조카 등 10명을 부양해야 했다. 다시 군산 요정에 나갔고 19세에는 서울로 진출했다. 요정 '금정'에서 춤과 소리를 했고 명월관에도 나갔다.

"물론 연애 거는 손님도 있었죠. 저보고 다방으로 나오라고 전갈을 넣어요. 저는 요정으로 오라고 했죠. 요정은 돈 없으면 못 오니까 저를 쉽게 만날 수 없잖아요. 막말로 연애하자, 같이 살자 하는 건, 말이 안 되죠. 내가 창녀인가? 나는 기생입니다."

요정에선 주로 '살풀이춤'을 추고 환갑집 등 잔칫집에 가서는 악사가 많이 동원되는 '승무'를 추었어요. 53년에 군산에서 3일씩 계속되는 환갑잔치에 불려갔죠. 손님들이 바뀔 때마다 명창 임방울이 〈쑥대머리〉와 자작곡 〈추억〉을 부르고 내가 '승무'와 '살풀이'를 추는 프로그램인데 하루에도 몇 번씩 똑같은 프로그램을 반복해야 했습니다. 임방울 씨가 "금도야, 니하고 나는 앞으로 1년 동안 쉬어도 되겠다. 원 없이 추고 원 없이 했다'고 웃곤 했어요."

임방울뿐이 아니었다. 국립창극단 창단의 시금석이 된 김연수도 장금도를 탐냈다. 당대 소리의 쌍벽을 이루는 두 명창들이 똑같이 그의 파트너로 한 무대에 서기를 열망했다.

장금도는 아들이 10살 되던 29세까지 예기로 활동하며 군산의 한량들에게 사랑받았다. 댄스홀 여급들의 3배 되는 비용을 지불하면서도 한량들은 그를 호명했다.

장금도는 악사들에게도 인기 캡이었다. 손님에게 받은 팁을 악사들에게 모두 내주다보니 악사들마다 장금도가 노는 방에 들어가길 원했고 반주도 최고로 쳐주었다. 하룻밤에 서너 방씩 돌 때는 "전화

받고 오겠다"며 나가 다른 방으로 갔다. 짬짬이 요정 한쪽에서 유모품에 안겨있는 아들에게 젖도 물려야 했다. 29살까지 눈치 보며 번 돈으로 집도 두 채 사고 친정조카들 학비까지 대며 친정부양을 계속했다. 여러 사람에게 돈을 떼고도 생활이 풍족했다. 그런데도 가족들은 그의 과거를 금기시했다. 치마도 입지 말라고 했다. 기생처럼 보인다고 "제발 '쓰봉' 맞춰입으라"고 닦달했다. 2005년 '전무후무' 공연 때 아들이 어머니의 시끄러운 과거를 포용하기까지 그랬다. 요즘은 월남파병으로 고엽제 환자가 된 아들(62), 며느리(60)와 셋이 산다.

"나이 든 이들이 혹시 나를 알아볼까 봐 노인정에도 못가고, 시끄러운 과거가 생각날까 봐 국악프로그램도 못 봤어요." 83년 '한국명무전'에 출연한 후 춤 배우러 오겠다는 이들이 '선생님'이라고 부르는 게 무서워 깊이 숨어있기도 했다.

지워도 남아있는 흔적. 요즘은 국민학교('예기양성소'의 은어) 친구들도 하나둘 타계해 이젠 같이 민화투 칠 친구도 없다. 그러나 무대에 서면 그는 행복하다.

"내 춤은 싱겁고 무거워 재미없어요. 그런데 요즘 춤은 너무 정신없어 못 보것두만. 제자들에게 제 춤을 원하는 대로 가르쳐도 그대로 따라 못해요. 살풀이춤은 격식 없이, 춤추는 이의 마음과 멋이 가는 대로 가락이 나와야 하는디, 배운 대로 요지부동으로 서고 손가락은 요란스레 꼬고 난리니…."

순간의 아름다움을 살려 즉흥으로 마음을 전하는 게 춤이라고 했다. "왜 자꾸 옛날 얘기 나오게 허요. 그려도 할 말은 허야지. 나중에 죽을망정 춤추는 순간이 좋응게, 춤을 간볼 때가 좋아…." 할머니는 옅게 웃었다.

군산을 에두르고 휘돌아 멀리 거슬러 올라간 시간의 바닷물 속에서 그 옛날 던져진 예기 장금도의 깨어진 꿈을 찾을 수 있다면.

■ "50년간 거짓말을 했어"
2005년 '전무후무' 공연 날 아들에게 들통 눈물바다

2005년 10월 8일 장금도가 출연한 '전무후무' 공연 날은 장금도의 삶에서 가장 눈물을 많이 흘린 날이었다. 50년 전 이야기. 장금도는 아들이 열 살 되던 해 기생일을 접었다. 하교해 집에 들어오며 아들이 하는 말. "엄마가 기생이야? 친구네 할아버지 환갑잔치에서 춤을 추었다믄서?" 눈앞에 불이 번쩍하고 심장이 갈래갈래 찢어졌다. 어린 외아들의 가슴에 못을 박는 일. 아무리 춤이 좋아도 안 될 일이었다. '다시는 춤을 안 춘다.' 그 맹세를 지키려 몸속의 아우성들을 후려치며 50년을 참았다.

장금도는 지난 50년 동안 기생이었음을 부끄러워하거나 서러워하지 않았다. 치열한 예(藝)의 길을 걸었다고 자부했다. 춤이 좋아 춤만 생각하고, 춤만이 그의 자부심이었다. 물론 아들 때문에 춤을 끊은 후 장롱 속에 차곡차곡 모아놓은 50여 벌의 꽃무늬 블라우스도 입지 못했다. 옛날 사진들도 모두 불태워버렸다. 과거를 지워야 했다.

그러나 아들을 4번 속였다.

1983년 정범태 사진작가의 청으로 '한국명무전' 출연 후 98년 '명무초청공연', 2003년 '여무, 허공에 그린 세월', 2005년 '전무후무'까지…무용계 인사들이 찾아와 조르면 춤추겠다고 덜컥 허락하곤 했다. 매번 집 앞 세탁소와 한복집에 공연의상을 맡겨놓고, 며느리에게는 '온천 놀러갔다 온다' 하고 서울 무대에서 춤추었다. 며느리와 아들은 온천까지 가서 놀고 온 어미의 얼굴이 왜 그리 고단해 보이는지 영문을 알지 못하고 답답하기만 했을 터였다.

그런데 2005년 '전무후무' 공연에서 장금도의 밀행이 들통난 것이다. 공연을 기획하고 연출한 진옥섭 씨가 4년 동안 공들여 아들의 마음을 움직인 것. 아들과 며느리는 어머니를 위해 꽃다발까지 준비했다. 공연 후 화장실을 다녀오는 그에게 아들부부는 "봤어유." 한마디만 했다. 더 무슨 말이 필요하겠는가. 장금도는 정신이 나갈 지경이었다. 어쩌다 아들이 알아버렸는지, 속상할 뿐이었다.

"아들에게 거짓말하는 게 제일 나쁘다고 가르쳐놓곤, 내가 50년 동안 거짓말을 했으니…."

아들, 며느리와 손자부부, 증손녀들, 작전사령관(?) 진옥섭 씨도 함께 울었다. 환갑을 넘긴 아들은 자신을 위해 춤을 버렸던 기생어머니에게 그저 미안할 뿐. 말없이 어미를 품었다. 예기 장금도. 더이상 울지 않는다. 춤만 생각한다.

경향신문, 2007년 5월 17일

정치부 여기자
모임을 결성하다

한국영상자료원 부원장 임 도 경
(전 중앙일보 뉴스위크 한국판 편집장)

1982년 이화여대 신문방송학과를 졸업했다. 1981년 언론계에 입문해 주부생활, 일요신문, 민주일보를 거친 후 1991년부터 경향신문에서 일했다. 이어 2002년부터 중앙일보 미디어인터내셔널 뉴스위크 한국판 편집장으로 일했고, 이후 경희대 대학원에 진학해 언론학 박사학위를 취득한 후 동과 객원교수로 재직 중이다. 또한 현재 한국영상자료원 부원장으로 활동 중이다. 관훈언론상(2002년), 한국기자상(2003년), 자랑스런 이화언론인상(2003년), 제20회 최은희여기자상(2003년)을 수상했다. 저서로 『그들 속의 신神』(1999년)이 있다.

우선, 제 30회 수상자를 배출하기까지 30년이란 긴 세월 동안 여기자들에게 힘과 용기를 준 최은희여기자상에 깊은 감사를 보낸다. 척박했던 한국 언론 초기 최은희 여기자를 비롯해 선배 여기자들은 자신의 인생을 건 치열한 취재활동으로 한국 언론 발전의 디딤돌이 돼주었다. 그 디딤돌을 딛고 많은 후배들은 지금까지 현장을 누비며 격동의 시대를 거침없이 달려왔다. 이들에게 선배 최은희 여기자의 유지가 담긴 최은희여기자상은 큰 꿈이자 그 노고에 위안이 되는 상징적 존재로 우뚝 서있다.

수많은 여기자들 중에서 최은희여기자상을 받은 단 32명의 수상자 중 한 명으로 남았다는 것은 큰 영광이다. 그 영광만큼 한국 언론계의 선배로서 해야 할 책무 또한 막중하게 느끼고 있다.

꼭 10년 전 제20회 최은희여기자상을 수상하고 난 뒤 박사 학위에 뜻을 품게 된 것도 그때문이었다. 내가 배운 것을 후배 기자들 양성에 쓸 수 있다면 가장 가치 있는 대물림이 될 수 있다는 생각을 했다. 2008년 경희대 대학원에서 언론학 박사 학위를 받은 이후 지금까지 본교 객원교수로서 학생들을 가르치면서 적지 않은 수의 후배를 언론계에 내보냈고, 나 역시 기자로서 좌충우돌 살아온 지난 28년간의 세월을 정리해보는 좋은 시간을 보내고 있다.

30년에 가까운 기자생활 중 가장 기억에 남는 일은 1992년 '정치부 여기자 모임' 결성이 될 것 같다. 1987년 6·29 선언이 나면서 난 주간신문인 일요신문 정치부 기자로서 민정당 출입을 배정받았다. 당시 어떤 매체에도 정치부에 여기자가 없던 시기였다. 1960년대 청와대를 출입했던 정광모 선배의 맥이 끊어진 상태에서 오랜 세월이 흐르고 있었다.

내가 민정당을 출입하기 시작하자 고위 당료들이 호기심 때문이었는지 앞다퉈 점심을 먹자는 약속을 먼저 해올 정도로 호의적이었다. 하지만 보통 늦은 밤 술자리까지 이어지는 것이 관행이었던 당시 정치부 취재에 익숙해지기까지는 어려움이 많았다. 특히 술과 가까운 편이 아닌 내 체질이 환경에 적응을 잘 못했다. 취재원을 만나는 자리에서 남자기자들과 함께 어울려 억지로 몇 잔 마시고 나면 온몸에 두드러기가 나서 병원신세를 져야 한 적도 몇 번 있었다.

이렇게 몇 년을 보내며 난 경향신문으로 자리를 옮겼고, 타사의 정치부 여기자들이 한두 명씩 정치권에 나타났다. 현재 제주올레 이사장으로 맹활약을 펼치고 있는 서명숙 선배(당시 시사저널정치부),

오세훈 전 서울시장 당시 제1호 여성 부시장으로 활약한 조은희 씨(당시 영남일보 정치부), 그리고 서울신문 최광숙 논설위원(당시 불교방송 정치부), 그리고 나까지 네 명이 취재현장을 오가며 만나게 됐다.

우리는 젊은 여기자가 정치부 취재에서 느끼는 어려움을 공유하면서 공동 취재전선을 만들자는 데 의기투합했다. 가칭 '정치부 여기자 모임'을 만들어 여야를 넘나들며 정치인을 공동 취재하자는 데 뜻을 모았다. 이 모임은 성공적으로 운영됐다. 취재원들 입장에서는 한 번 시간을 내서 네 개의 매체를 공동 상대하는 것이니 마다할 일이 없는 제안이었다. 더군다나 네 명의 개성 강한 여기자들과 즐거운 현안 토론회 시간을 마다할 정치인은 별로 없었다. 우리들도 이 모임을 통해 급속히 성장했다. 자신의 출입처와 무관하게 여야를 넘나들며 취재하다 보니 정보의 양이 풍부해져 정치권을 들여다보는 통찰력이 생겼다. 또 취재원들에게 잠시 현안에 대한 의견을 들어보는 요식적 취재가 아니라 보통 밥자리와 술자리까지 이어지는 긴 시간 대화가 가능했기 때문에 깊은 속내를 들어보는 심층취재도 할 수 있었다.

이 모임은 짧은 시간 내에 정치인들 사이에서 입소문이 나기 시작했다. 정계 실력자들이 우리들의 요청에 흔쾌히 자리를 만들어 주었다. 김종필 당시 자민련 총재는 아예 공식 스케줄에 우리 일정을 넣어 공지했다. 이러다 보니 남자 정치부 기자들 중 이 모임에 대해 시샘을 하는 사람들까지 생길 정도였다.

이 모임을 가장 아낀 정치인은 김대중 전 대통령이었다. 김 전 대통령은 대통령으로 당선되기 직전까지 우리 모임의 요청을 한 번도 거절한 적이 없을 정도로 가깝게 대해줬다. 한 번은 해외출장을 다녀온 직후 만들어진 식사자리에서 김 전 대통령이 우리들에게 깜짝 놀랄 선물을 사왔다면서 가방에서 뭔가를 주섬주섬 꺼냈다. 당시 흔하디 흔한 후지필름에서 나온 일회용 사진기였다. 카메라 없이도 사진을 찍을 수 있는 신기한 물건이라고 하나씩 나눠주는 김 전 대통령을 보면서 우리는 나오는 웃음을 억지로 참았다. 정치 9단이지만 단순한 세상물정은 일반인들만 못한 김 전 대통령의 모습이 그날 따라 더 친근하게 다가왔던 기억이 난다.

'정치부 여기자 모임'은 여기자 불모지였던 주요 매체 정치부에 여기자들을 배속시키는 데 큰 영향력을 발휘했다. 각 사에서 한두 명씩 정치부 여기자들이 늘어났고, 우리 모임에 참여했다. 세월이 흐르면서 우리들은 각기 다른 위치에서 활동을 하게 돼 모임을 떠날 수밖에 없었지만, 후배들이 그 모임을 이어받아 활동하고 있는 모습을 지켜보는 것도 즐거웠다. 그들 중에서 정치부장까지 나왔으니 큰 보람이 아닐 수 없다.

나 개인에게도 이 모임은 큰 의미가 있었다. 취재정보를 얻어내는 것 이외에도 정치인 개개인의 속성을 이해할 수 있는 좋은 기회였기 때문이다. 이 자리에서 모은 정보를 바탕으로 난 정치인들의 심리 분석서 『그들 속의 神』을 출판했다. 칼 융의 정신분석학 계보를 잇고 있는 여성 심리학자 진 시노다 볼린이 쓴 『우리 속에 있는 여신들』과 『우리 속에 있는 남신들』을 읽고 난 뒤 그의 심리 분석틀을 이용해 3김을 비롯한 대표 정치인들의 캐릭터를 분석한 책이다. 정치인들의 뒷모습을 알지 못했으면 쓸 수 없는 많은 이야기들을 이 책에 담았다.

이 책은 당시 큰 반향을 일으켰다. 현직 정치부 여기자가 살아있는 권력인 실세 정치인의 행태를 분석한 '방자함' 때문이었는지도 모르겠다. 이 책이 입소문이 나자 CJ그룹 소속 케이블 TV에서 토크쇼를 진행하자는 제안이 들어왔다. 〈거인들의 저녁식사〉라는 프로그램이었다. 명사들이 자신이 좋아하는 음식과 그 음식에 얽힌 인생이야기를 풀어놓았던 그 프로그램도 내가 중앙일보로 옮기기 직전까지 2년간이나 이어졌다. 마지막 녹화가 김종필 전 자민련 총재였다.

지금도 '정치부 여기자 모임'이 이어지고 있는지 궁금하다. 아마 정치부 여기자 숫자가 많이 늘어나서 효율적으로 운영되기는 어려운 여건이 됐을 수도 있을 것 같다. 또 인터넷 매체의 등장으로 기자 수 자체가 늘어나서 함께 모이는 것부터 어려운 일이 되었을 듯싶다.

그 시절 '정치부 여기자 모임'은 여기자들이 어려운 취재여건을 스스로 타개한 방책이었다는 점에서 의미가 있을 것 같다. 지금도 현장을 뛰는 여기자들 중에서는 남모르는 어려움을 겪고 있는 후배들이 적지 않을 것이라는 생각이 든다. 그것이 어떤 어려움이든, 혼자라는 생각을 버리고 동료들과 함께 머리를 맞대고 방법을 찾아낸다면 시너지 효과를 내는 해결책이 나올 것이라 생각한다.

2007년 상도동에서 김영삼 전 대통령과 인터뷰 후

  시대의 어려움을 안고 현장에서 최선을 다해 뛰고 있는 여기자들에게 최은희여기자상은 큰 위안과 용기를 주는 존재로 앞으로도 오랜 세월 동안 등불처럼 남아있기를 기원한다.

특종의 지름길

**문화재청 문화재위원
(전 한국일보 논설위원) 최성자**

연세대 사학과 졸업. 1997~1999년 중국 베이징대학, 미국 메릴랜드대학 연수. 1975년 한국일보에 입사, 국제부, 문화부, 생활과학부를 거쳐 문화부 차장, 생활부장, 편집위원, 논설위원을 역임했다. 현 문화재청 문화재위원, 한국국제교류재단 코리아포커스 편집위원. 한국의 전통문화를 소개하는 시리즈물 〈한국의 미〉를 200회 연재했고, '백제 금동향로' '금관가야 왕릉발굴' 등의 기사로 수차례 특종상을 수상했으며, 제13회 최은희여기자상(1996년), 이화여고를 빛낸 상을 수상했다. 저서는 『한국의 미 - 선·색·형』 『한국의 멋·맛·소리』 『카오스의 아이들』이 있다.

1989년 3월은 중국 대륙에 정치적 봄이 한창이었다. 이때 나는 한국 기자로는 처음 고비사막의 실크로드 관문인 돈황敦煌에 들어가 취재를 했다. 아직 한중 국교가 수립(1992년)되기 전이었다.

베이징에서 돈황으로 출발하는 새벽에 천안문 광장에 나가서 팔 벌리고 홀로 섰다. 그때의 감격을 잊을 수 없다. 바로 3개월 후인 6월 9일 세계적인 관심을 불러일으킨 '천안문 사태*'가 일어났다.

누가 29년에 걸친 기자생활 중 가장 기억에 남는 취재 경험을

---

*1989년 중국에서는 실각한 후야오방胡耀邦의 명예회복과 민주화를 요구하는 대규모 시위가 빈번히 일어나고 있었다. 5월 17일에는 방중한 소련의 고르바초프가 100만 명이 넘는 대규모시위로 일정을 변경하게 되자 당국은 베이징시에 계엄을 선포했다. 이어 양상쿤楊尙昆 국가주석과 리펑李鵬 국무원 부총리 등 강경파가 주도권을 잡은 뒤 6월 3일 밤 무차별 발포로 천안문 광장의 시위군중을 살상 끝에 해산시켰다.

꼽으라면 '돈황 르포'를 말했다. 무작정(?)으로 밀어붙인 취재였지만 매우 귀중한 경험이었다. 최은희여기자상은 그 후 7년이 지나 받았다.

지금은 누구나 중국 돈황을 갈 수 있지만 그 당시 돈황은 나로서는 넘기 힘든 세 종류의 경계선 밖에 있었다. 오랫동안 죽의 장막이라고 불려오던 비수교국, 최소한의 풀만이 자랄 수 있다는 고비사막의 한가운데, 그리고 신라의 스님 혜초와 고구려의 유장遺將 고선지가 활동한 시대의 실크로드 관문, 즉 이념과 공간과 시간의 저편에 있었다.

"쿤륜산崑崙山을 타고 하늘에서 흘러내린 차가운 물사태沙汰가 사막 한가운데서 지하로 자취를 감추었다. 그 물이 지하로 잠류하기를 또 몇 천리 청해靑海에 이르러 모습을 다시 지표로 드러내어 장장 8천8백 리 황하黃河를 이룬다."

황하의 기원을 설명한 이 말은 위당爲堂 정인보鄭寅普 선생이 임정 요인의 귀국을 맞으며 감회에 차서 인용했으며, 대학 은사인 연세대 사학과 민영규閔泳珪 교수도 이 말을 좋아하셨다. 중국 사람, 중국 땅, 중국 역사, 중국 문화를 압축해서 극명하게 보여주는 돈황의 막고굴은 곧 지하와 지표에서 수천년 간 흘러온 거대한 문명의 한 단면이었다.

중국은 하나의 국가가 아니다. 중국 사람과 문화 역시 마찬가지이다. 중국 문화와 역사는 중원을 중심으로 북방과 남방 그리고 중앙아시아 등지에서 터를 잡은 많은 민족이 대륙의 중심부를 차지하거나 변경에 제국을 세우고 건설한 다양한 문화와 역사가 합쳐진 것을 말한다.

중국은 인종의 도가니이다. 지금은 중화민족이란 말을 쓰기도 하지만 중국 민족이란 말은 존재할 수 없는 개념이다. 중국 역사는 한족과 함께 몽고족, 만주족, 흉노족 등의 북방인, 양자강 이남의 남방인, 중앙아시아의 서역인 등이 서로 갈등하고 전쟁하고 타협하며 갖가지 문화를 축적해온 역사이다.

"이 기회 놓치면 영원히 후회할 것"

내가 돈황에 가고 싶었던 것은 황하의 긴 흐름처럼 장구한 세월 동안 이뤄진 대륙의 역사와 문화 그리고 이를 만들어온 사람들의 장엄한 삶의 응축을 눈으로 보고 한국일보 독자에게 전하기 위해서였다.

그러나 돈황으로 가는 길은 쉽지 않았다. 우선 서울에서 출발하기 전의 수속과정이 어려웠고, 베이징에서도 돈황으로 가는 준비를 하면서 여러 난제를 풀어야 했다. 그에 비하면 꼬박 이틀 간 세수도 하지 못한 채 갔던 긴 기차 여로와 모래바람 드센 고비사막의 길은 오히려 쉬웠다.

중국행을 결정하게 된 계기는 노태우 정부의 7·7선언*에 이어

---

* 노태우 대통령이 1988년 7월 7일 발표한 '민족자존과 통일번영을 위한 특별선언'을 말한다. 북한과의 관계를 동반자 관계로 발전시키며, 남북한이 상호 교류를 통해 사회·경제·문화 부문에서 공동체로 통합해 나가고, 통일을 실현시켜 나가자는 것이다. 이어 사회주의 국가와의 수교 등을 시작하면서 러시아, 중국 등 적성국가와의 화해를 모색하는 '북방정책'이 본격화됐다.

진 북방바람이었다. 1988년 말 우리 사회에 휘몰아친 북방바람은 거셌다. 정치권에서 오랜 금기를 깬 듯하자 소련, 중국은 물론 북한을 직접 보고 온 사람들의 기행문과 취재기사가 신문 방송에 넘쳐흘렀다. 특히 북한 관계기사가 폭주하면서 북한 원전 서적들이 서점가를 활황으로 만들었다.

이러한 개방 모습은 놀랄 만한 일이었으나 반면 급작스런 변화는 이에 따르지 못하는 사람들에게 우려도 불러일으켰다. 순서와 절차가 무시된 때문이었다.

당시 나는 문공부 출입기자로 문화재 취재를 담당하면서 분단 후 이질화가 지속된 남북한의 동질화작업은 민족의 문화유산을 공동 정리·연구하는 과정에서 첫발을 내디딜 수 있다고 생각했다. 물론 여기에는 역사를 다른 각도에서 보는 근본적인 시각 차이 즉 사관의 차이가 있지만 그래도 이 방법이 최선이라는 믿음이 있었다.

그래서 일본인 사진작가 모리다森田勇造 씨의 북한 문화재 사진을 구하고 관련 학자의 도움을 받아 88년 12월 중순부터 네 차례에 걸쳐 〈북한 문화재〉 화보 시리즈를 연재했다. 89년 초에는 그 후속편으로 〈북한 고고학의 현황〉 시리즈를 연재했다. 이 두 기획기사를 준비하며 고고학과 미술사학 연구자들에게서 나로서는 획기적인 소식을 들었다.

중국 베이징에서 3월 1일부터 7일까지 국제박물관협회(ICOM) 아시아태평양지역 총회가 열린다는 것이다. 총회 이야기뿐이라면 물론 획기적인 소식이 아니다. 그런데 총회 참석자가 '원한다면' 중국박물관협회가 돈황 답사를 주선한다는 말이 정신을 번쩍 들게 했다. 나는 사학과 출신이었다. "돈황…… 돈황…… 그 엄청난 보고寶庫에 갈 수 있다니……."

서울대 박물관장 임효재 교수는 박물관협회 베이징 회의가 화제에 오르자 "최 기자도 같이 가는 것이 어떠냐"고 말했다. 틀림없이 그 한마디의 말이 내가 돈황행을 하는 '씨'가 되었다. 그렇지만 나는 지금도 그 말이 진담인지 빈말인지 모른다. 임 교수는 이미 참가자로 예정되어 일본 박물관협회를 통해 국교관계가 없는 중국의 주최측과 수속 중이었지만 나는 그 말을 들었을 땐 '갈 수 있다'는 엄두조차 내지 못했다.

우선 중국은 내게 너무 멀리 있었다. 국제부에 있을 때 외신기사와 중국 관계 책을 읽으며 관심은 적지 않았지만 내가 가서 취재하는 지역이라는 생각은 없었다. 해방 이후 태어나 성장하며 한국 특유의 교육을 받은 내게 세계 사상 최대 규모의 공산주의 혁명이 수행된 그곳은 너무나 멀리 있었다. 숱한 전란을 겪었으면서 문화의 보고가 곳곳에 엄청난 양으로 널려 있는 중국 대륙을 취재지로 인식하기엔 내 시야가 너무 좁았다. 그리고 난 박물관협회 회원이 아니었다.

또한 한병삼 국립중앙박물관장을 비롯한 한국 참가자 아이콤(ICOM) 회원 열세 명의 참가명단은 베이징에 통보된 상태였다. 굳이 가겠다면 추가신청서를 내야 하는데 당시 비수교국 취재기자에게 비자를 내주지 않는 중국에 회원이 아닌 내가 갈 수 있는 방도는 찾기 어려웠던 것이다.

그러나 서울대 고고미술사학과 안휘준 교수의 깨우침이 있었다. 안 교수의 연구실에 기사 자문을 받기 위해 들렀을 때 베이징 아이콤 총회가 화제에 올랐다. 함께 갈 자신이 없었던 나는 "기자가 학자들과 베이징에 가면 세미나 취재 핑계로 관광이나 하는 것 아닙니까?" 하고 심드렁하게 말했다.

그러자 안 교수는 어이없는 표정으로 "최 기자가 중국에 가면 얼마나 쓸 것이 많은데……세미나뿐 아니라 중국 고고학 유적지는 엄청나요. 최 기자는 한국 기자로는 처음으로 중국 고고학을 본격적으로 국내에 소개하는 기사를 쓰게 될 거요. 이 사실을 알고도 이번 기회를 놓치면 문화재기자로서 영원히 후회할 거요."

첫 번째 비자신청 거부, 기자 14년의 관록이 도움

안 교수를 만나고 신문사로 돌아온 날, 이병일 문화부장은 내가 북방취재팀에 포함되었다고 전해주었다. 북방취재팀은 윤국병 부국장이 팀장을 맡아 88년 연말의 북방바람을 각 분야별로 기동성 있게 취재하기 위해 만든 것인데 문화부에서 내가 속하게 된 것이다. 다음날 그 첫 번째 회의에서 나는 베이징 아이콤 총회에 관해 말했다. 표정과 어투는 강 건너 불을 바라보듯이……. 그러자 윤 부국장은 내게 질책이 반도 넘는 지시를 내렸다. 회사에서 비용을 마련할 테니 동행취재를 시도하라는 것이다.

　나는 그때 평소 말이 신중하다고 정평이 난 안 교수가 '영원히 후회할 것'이라고 표현한 말이 다시 떠올랐고 또다시 정신이 번쩍 들었다.

　베이징이 아닌 돈황에 가기 위해 나는 박물관 관계자로 추가참가 신청을 내서 비자를 받아야 했다. 그때 중국을 취재한 기자들은 상사원이나 연구원 또는 체육계 인사 자격으로 비자를 받았다. "차관급 국사편찬위원장도 체육관계자로 가지 않았던가."

　다음날부터 나는 중국 가는 준비로 분주했지만 커다란 장애에 부딪쳤다. 아이콤 한국 부위원장이며 실질적인 대외창구역인 백승길 유네스코 문화부장은 나의 동행을 탐탁히 생각하지 않았다. 위원장인 한병삼 국립중앙박물관장은 더더욱 부정적이었다.

　모두 다른 신문사와의 관계가 걱정이었다. 한국일보 기자만 동행시켜줄 수는 없다는 것이다. 그리고 참가단 속에 기자가 들어갔다가 문제가 생길 경우를 우려했다. 이 같은 사실을 전혀 모르던 타 신문사 기자들과의 균등한 기회를 우선시한 한 관장의 '형평관'은 가장 넘기 힘든 장애물이었다. 나는 가까스로 문공부장관의 묵인 아래 온양민속박물관 학예연구원 자격으로 추가신청을 할 수 있었다.

　신청 직후인 1월 말 나는 일본 외무성 초청으로 한 달 간 일본을 돌아볼 기회가 있었다. 일본에 있을 때 일본 박물관협회 담당자를 찾아가 진행 과정을 확인한 것은 물론이었다. 당시 우리나라는 중국과 비수교국이라 아이콤 총회 관련 업무를 일본 박물관협회를 통해 하고 있었다.

그러나 서울로 돌아온 지 나흘 후 도쿄에서 날아온 소식은 내 기대를 산산이 무너뜨렸다. 추가 신청한 나는 물론, 처음 신청한 사람 중 네 사람의 비자가 나오지 않았다는 것이다. 제외된 사람의 실망은 여권 수속, 비행기 좌석 예약, 베이징의 호텔비 송금 등이 끝난 후라서 더욱 컸다. 도쿄에서 그 통고를 받고 온 백 부장과 한 관장은 느지막이 그 사실을 알려줬다. 주변에서는 비수교국을 가는 것은 성사 안 되는 일이 다반사라며 비자가 안 나온 것을 당연시 여겼다.

돈황행이 어렵다고 편집국장에게 보고까지 한 직후, 마지막 미련으로 도쿄 주재 캐나다 대사관 맥클라란 참사관 부부에게 전화를 했다. 맥클라란 참사관은 정치담당이었고 도쿄에 오기 전 중국에서 근무했다. 자초지종을 설명하고 '왜 비자가 안 나왔는지, 비자를 얻을 수 있는 방법은 없는지' 등 도쿄 주재 중국 대사관에 가서 직접 확인해달라고 부탁했다.

나는 지금껏 맥클라란 부부에게 감사한다. 맥클라란 부인은 나와 여고동창인데 내 성화에 못이겨 히로히토 일왕 장례식을 하루 앞두고 교통난 극심한 도쿄 거리를 직접 운전하여 중국 대사관에 달려갔다. "너의 일행 비자가 모두 나왔대." 그리고 한국 참가자 열세 명과 추가신청자 한 명 모두 입국허가가 나온 사실을 알아내고 긴급전화를 해주었다.

그 이후 수속을 밟아 도쿄행 비행기를 타고 중국 비자를 받아 다시 베이징행 비행기를 타기까지는 그야말로 기자 직업 14년 관록이 큰 도움이 됐다.

혼자 돈황행을 주장한 외로운 카라반

베이징 공항에 도착한 우리 일행은 마차를 타고 호텔로 갔다. 택시를 잡지 못해 당나귀가 이끄는 마차를 탄 것이다. 뿌연 먼지를 쓰면서 호텔로 향했지만 붉은 벽돌로 지은 낮은 건물들 사이를 지나가는 것이 정겹기까지 했다. 지금은 그 길 주변에 모두 고층건물이 들어서 천지가 개벽한 것처럼 보인다.

예약한 쿤륜 호텔昆崙飯店에 여장을 풀었다. 이 특급호텔이 쿤륜산맥의 이름을 빌린 것은 우연이었지만 내겐 기연으로 느껴졌다. 이제부터 '하늘에서 흘러내린 차가운 물사태'를 타고 고비사막 한 중심의 잠행의 세계로 머나먼 길을 떠날 것이었다.

그러나 대륙에서도 좁은 땅에 살던 사람들의 틀 작은 사고는 여전했다. 아이콤 회의가 끝나고 돈황행 지망자가 정해질 때 '국교가 없는 중국의 오지여행은 위험하다'느니 '북한 사람들의 활동이 많아 안전이 보장되지 않는다'느니 심지어 '돈황 막고굴은 비수기라 공개되지 않는다'는 말조차 참가단 열세 명 일행 사이에 떠돌았다. 그 효과가 엄청났다. 갑자기 지망자는 사막 속에 물줄기가 사라지듯 자취를 감추었다.

처음부터 돈황을 목표로 한 나는 강력히 돈황행을 주장하는 외

중국과 수교 전인 1989년, 천안문 광장에서

로운 카라반caravan이었다. 나는 서울로 대회 관련 기사와 필름을 보내는 데 도움을 준 베이징 주재 요미우리 신문 특파원과 의논했다. 그는 당연히 들어갈 것을 권유했고 만약의 사태가 발생할 경우 즉시 베이징 요미우리 지국으로 전화하라고 말했다. 그리고 돈황으로 가는 길목인 난저우蘭州에 있는 일본 기업들의 전화번호를 주었다.

난 단독으로 돈황행을 단행하겠다고 한국 대표단에게 선언했다. 그러자 연구자로서 돈황의 유혹을 떨치지 못했던 네 명의 동지들이 실크로드의 대상 행렬처럼 합류해 왔다. 네 명의 카라반은 임효재(서울대박물관장), 전완길(태평양박물관장), 김쾌정(한독박물관장), 김종규(삼성출판박물관장) 씨이다.

우리는 3월 8일 하오 8시 54분 시안역에서 신강성新疆省행 직행 기차에 올랐다. 기차 안은 다민족 국가 중국의 변경지대 삶을 그대로 보여줬다. 각양각색의 얼굴 모습, 마구잡이로 실은 짐. 통로까지 빽빽이 들어찬 승객 그리고 싸구려 중국 담배의 지독한 연기……. 탁한 공기로 아파오는 기관지, 기압차에 의한 두통이 고통이었지만 41시간 계속된 기차여행은 부처의 손가락을 따라 진리에 가까이 다가가는 구도자의 수행이기도 했다.

이런 수행 중에도 구도자들의 즐거움은 있었다. 분주(汾酒, 알콜 도수 60도) 소흥주紹興酒, 가반주加飯酒, 청도맥주, 강력맥주 등 각 지역마다 독특한 술을 사서 맛을 보았다. 그리고 돈황에서 돌로 깎아 만든 야광배Moonlight Cup*에 월아명주(53도)를 부어 마시며 옛 시인처럼 취했던 일도 잊을 수 없다.

돈황으로 향하는 기찻길은 계절을 역행하여 마치 봄에서 겨울로 들어가는 길 같았다. 가장 감회어린 순간은 산해관에서 4천km를 달려와 고비사막 한가운데 지아유관(가욕관, 嘉峪關)에서 멈춘 만리장성의 끝을 바라본 것이다. 기차가 바로 지아유관 옆을 지나 성채를 확연히 볼 수 있었다. 1992년 한중수교 후 베이징대학에서 연수를 할 때 산해관山海關에 가서 만리장성의 시작점도 걸어보았지만 기차를 타고 바라본 지아유관의 인상은 더 강렬히 남아있다.

10일 하오 2시 류위안柳園에 도착했다. 여기서 두 시간 30분 동안 자동차로 고비사막을 가로질러 돈황시로 들어갔다. 도중 혜초 스님이 걸은 길을 밟아보기 위해 차를 세웠다. 통역과 함께 15분

---

*주周나라 5대 목왕穆王이 순시차 서역에 왔을 때, 서역 사람들이 바친 술잔이 선명한 광채를 발하면서 어둠 속에서 빛나자 나라의 보배로 여기고 칭찬해 이름이 널리 알려졌다는 전설이 있다. 실제로는 옥을 쪼아내고 갈아서 만드는데 무늬가 자연스럽고 매끌매끌하면서도 투명해서 술을 담으면 얇은 술잔으로 빛이 통과해 빛을 발한다고 한다.

동안 무작정 모래 위를 걸었다.

　고비사막은 드넓었다. 나는 처음 사면이 지평선으로 둘러싸인 대지의 한가운데 섰다. 황량한 모래 위에는 발자국들이 찍혀 있었다. 바람이 일면 그 흔적은 사라진다. 역사를 만들어온 사람의 자취 역시 그러하다. 발자국을 찍고 가고 흔적이 사라지고 또 그 위를 밟고 지나간다. 나는 사라진 무수한 역사의 발자국을 돈황의 석굴에서 보고자 온 것이다.

돈황 막고굴의 감동

1988년 초 시로 승격된 인구 10만의 돈황은 생각보다 화려한 사막도시였다. 프랑스인, 영국인들이 관광차 들어와 있었고 밤이면 젊은이들이 디스코텍에서 사막의 열정을 불태웠다. 전에 이곳을 지배하던 여러 민족들이 서로 영향을 주며 석굴을 파고 벽화를 그리고 불상을 조각하듯 우리 일행은 무전여행 중이라는 도쿄대 학생들, 일본 박물관 관계자, 중국 젊은이들과 각 나라 민족성이 밴 디스코 춤을 서로 가르쳐주며 사막의 첫 밤을 보냈다.

　막고굴莫高窟은 돈황시에서 자동차로 한 시간 30분 정도의 거리에 있었다. 낮과 밤의 기온차가 극심한 이곳의 아침 기온은 영하 5도. 녹물이 나오는 호텔물로 대충 샤워를 하고 일찍 호텔을 나섰다.

　3월 11일 상오 9시 30분 막고굴 앞에 섰다. 굴을 보호하기 위해 북대불전(北大佛殿, 96굴) 입구에 세운 붉은 누각은 모래바람과 아침 햇살에 어울려 내 눈을 현란하게 했다. 나는 얼마동안 넋나간 듯

북대불전 앞에서 장쉐잉 주임과

바라보았다. 대학에서 돈황 강의를 들은 지 17년 만의 일이다.

명사산에서 날아오는 은빛 가는 모래를 온몸으로 받으며 나는 막고굴 남쪽에서 북쪽으로 훑어나갔다. 내 삶에서 1989년 3월 11일 상오 9시 30분부터 하오 4시 30분까지 막고굴에서 머물렀던 시간과 공간들은 결코 잊을 수 없을 것이다. 막고굴의 사실적인 비천 벽화, 천 년을 미소 짓는 불상 앞에서 나는 전율했고 실크로드를 개척한 한漢나라 장건張騫의 시적 구상에 절감했다.

11일 하루 내내 많이, 좀더 많이 보기 위해 가쁜 숨을 몰아쉬며 굴과 굴 사이를 오르락내리락거렸다. 처음부터 욕심으로 시작했다. 가파른 절벽 1.6km에 펼쳐진 492개의 대 벌집군을 보면서 스스로 욕심을 자탄해야 했다.

막고굴 벽화의 색깔과 도안, 그리고 조각상을 보면서 최고 수준의 문화는 세월을 뛰어넘어도 가치가 달라지지 않는다고 느꼈다. 지금 보아도 최상급의 예술로 인정해야 하는 작품들로 채워져 있었다. 마치 높은 곳에 있는 물이 낮은 곳으로 흘러가듯 이런 문화가 한국까지 흘러내려 우리 문화의 한 부분을 이루고 있는 것을 절감했다.

한국까지 전해진 중앙아시아 문화는 어느 것은 실크로드를 타고 북방길을 지나오기도 했고, 서안을 거쳐서 중국을 통해 들어오기도 했다. 그 어떤 것이든 인도에서 발원한 문화의 큰 맥이 지금도 한국의 사찰 곳곳에 들어와 박혀있다. 그것은 우리가 생활 속에서 늘 보던 모양과 색깔을 갖고 있고, 그런 문화를 타고 넘어온 신앙은 현실과 내세를 바라보는 사상으로 남아있다.

막고굴 안에 그려진 벽화는 4세기부터 천 년 동안 중국의 동진부터 수·당·송·서하·원·명·청 10대조에 걸쳐 만들어졌다. 2m 높이의 회랑을 이으면 25km 가까이 펼쳐진다. 그 안에 부처 등 소상(塑像, 정제한 점토로 만든 상)만도 2천여 개에 달하는데 이 모두를 하루에 본다는 것은 무모한 일이었다. 11일 하루를 막고굴에서 보내면서 나는 돈황이 고비사막 먼 저편에 있는 것이 아니라 우리 가까이 있음을 실감했다.

17굴 장경동에서 나온 혜초의 『왕오천축국전』은 알려지지 않은 한국 고대사의 중요한 단면을 전해주고 있다. 앞으로 중국, 일본 등 동아시아사와 중앙아시아사를 포함하는 넓은 지역을 비교사의 관점으로 연구할 필요가 있다. 한국학 연구를 위해서도 우리 학계가 꼭 다뤄야 할 지역인 것이다.

한국에 돌아오자마자 나는 기관지염을 몹시 심하게 앓았다. 주위 사람들은 성지聖地여행을 하고 와서 귀신이 씌워 아픈 것이라고 놀려댔다. 의사는 폐를 앓았던 내게 무리하지 말라고 당부했다.

이런 상황 속에서 〈동서문명 교차로, 중국 돈황을 가다〉 시리즈가 시작됐다. 오인환 편집국장은 1면과 속지면에 여덟 차례 실린 화보에 내 사진이 자주 들어가자 '가문의 영광'일 것이라고 농을 했는데 평소 연락이 없던 중·고교 대학 친구들이 안부전화를 걸어 온 것을 보면 여러 사람이 본 것은 사실인 것 같다.

여덟 차례(3월 16, 18, 19, 24, 28일, 4월 11, 18, 25일)에 걸친 시리즈를 끝낸 후 기자생활의 한 고비가 지나간 것을 느꼈다. 나는 돈황행을 계획하고 현지에서 취재하는 동안 기자로서 많은 것을 보고 배웠다. 새삼 특종의 지름길은 남보다 오래, 더 열심히, 기를 쓰고 일하는 것에서 나온다는 걸 깨달았다.

내가 돈황행을 결행하는 데 도움을 주었던 데이비드 맥클라란 도쿄 주재 캐나다 참사관 부부, 일본 박물관협회 관계자들의 도움을 잊을 수 없다. 그들이 없었더라면 그 시기 혜초의 길, 고선지장군이 간 실크로드의 돈황을 들어가기는 어려웠을 것이다.

지금 돈황기사를 다시 읽어 보면 안타까운 점이 많다. 의욕만 앞섰지 정리가 채 안 된 글이다. 돈황이 갖는 의미가 제대로 정리되지 않았다. 엄청난 막고굴 벽화를 이해하기에는 공부가 모자랐고, 문명사적 의미를 파악해서 기사로 작성하는 역량도 부족했다. 기자가 모르면 전문가에게 물어서 기사를 쓰는 것인데 그런 노력도 하지 못했다.

그렇지만 할 말이 없는 것은 아니다. 평생을 돈황에 미쳐서 연구해온 돈황 전문가가 한국에는 없었다. 다만 일본의 화보를 보고 그 내용을 설명만 해온 것이 거의 전부였다. 현장에 가본 사람이 없었고, 구체적으로 돈황을 일러줄 전문가가 없었다. 현장을 가서 보고 기사를 쓰려고 시도한 사람은 내가 처음이었다.

돈황은 그처럼 우리에게 멀리 존재했었다. 민영규 교수의 강의도 지금 생각하면 뜬구름을 소개하는 형태였다. 1907년 이후 영국인 스타인과 프랑스인 펠리오, 일본인 오오타니大谷를 말하면서 이들이 가져온 고문헌과 뜯어내온 벽화를 상상 속에서 설명하였다. 우리는 잃어버린 역사를 그 설명에서 찾아내려고 했었다. 그러니 1989년에 그 현장을 갔을 때 벅찬 감회만 나왔고, 기사를 쓸 때도 격한 말을 나열했을 뿐이었다.

그러나 1면에 컬러 사진으로 나간 첫 회분 돈황 기사는 충격적이었다. 내가 보아도 그랬다. 다른 조간신문 문화부 기자들은 이 기사를 보고 멍한 상태에서 퇴근하는 것조차 잊을 정도였다고 한다.

언론계 선후배들과 여러 독자들이 전화로 소감을 전해왔다. '호랑이 꼬리를 밟았네, 돈황을 건드렸구나.' '사진이 정말 대단해!' 등 놀랍다는 반응이었다. 문화계 인사들은 만날 때마다 돈황 이야기를 했다. 그리고 책을 내라고 했다. 부산에 있는 독자는 내 기사를 스크랩해 책자형태로 만들어 간직하고 있다고 알려오기도 했다.

긴 연재가 끝났을 때 다시 일상으로 돌아왔다. 당시 출입처 속 보경쟁은 다른 생각을 못하게 하였다. 취재하고 기사쓰기에 전념해야 했다. 돈황 취재의 후속 작업은 아무것도 하지 못했다.

지금 돌아보면, 이 기사는 국내에 돈황 관심을 불러일으키는 촉매 역할을 했다. 연구자들에게는 중앙아시아와 돈황 자료를 찾아보는 자극제가 되었다고 한다. 중국과 국교가 맺어진 1992년 이후 베이징에서 내륙으로 여행지가 넓혀지며 돈황 가는 사람도 늘어나게 되었다. 지금은 누구나 갈 수 있는 관광지가 돈황이다.

시안에서 란저우를 거쳐 만리장성의 서쪽 끝 지아유관을 지나가는 길은 멀고 험해서 잘 가지 않는다. 우루무치행 비행기를 타고 돈황을 바로 찾아간다. 그 때문에 고생해서 찾아가는 곳이란 생각이 들지 않을 것이다.

24년 전의 돈황, 그 험한 길과 거친 사막의 밤은 이제 내 기자 이력 속의 하나로 남아있다.

다시 싣고 싶은 나의 기사

[메아리]

팍스 아메리카나

미국의 역사는 현대사뿐이다. 고대사나 중세사는 없다. 달리 보면 이민국가인 미국의 역사는 모든 나라의 역사이기도 하다. 그렇기 때문에 온갖 문화가 섞여들었다. 아메리칸 인디언에서 유럽인, 아프리카인, 아시아인 그리고 태평양 등에 사는 수많은 사람들의 문화·전통이 합쳐졌다. 그러나 미국의 세계 정책을 결정하는 중심은 유럽의 가치관이다.

미국 연수 때의 일이다. 미국에서 전문교육을 받는 유학생들에게 '미국은 어떤 나라인가' 물었다. '도대체 지금 세계를 움직이는 최강대국 미국을 어떻게 이해해야 하는가'를 듣고 싶었던 것이다. 대답은 간단했다. 『로마인 이야기(시오노 나나미 작)』 속의 로마가 바로 미국이지요."

워싱턴에 세워진 공공건물을 보면 무언가 낯이 익다. 로마식 건축 때문이다. 우람한 기둥들이 받치고 있는 지붕은 돔 형태를 이루고 있다. 백악관을 비롯해서 국회의사당,박물관, 도서관, 기념관 등은 겉모습이 로마 양식을 따랐다. 흰 대리석과 회백색 사암이 뿜어내는 장엄한 건축미는 지중해를 압도한 패권국가의 상징이기도 하다.

고대 지중해 세계는 로마의 패권 아래서 안정을 누렸다. '로마에 의한 평화'라고 번역되는 '팍스 로마나(Pax Romana)'는 B.C. 1세기 말 제정(帝政)을 수립한 아우구스투스 때부터 5현제(五賢帝)까지 약 200년간 계속되었다. 이 시기는 로마에 도전하는 이민족(異民族)

의 침입도 끊겼으며, 해적도 퇴치되어 무역이 활발했고, 제국 내의 각 도시들이 번창해갔다.

오늘날은 부정할 수 없는 '팍스 아메리카나'시대이다. 초강대국 미국의 영도 아래 전세계 대부분의 국가들이 자본주의 질서 속에 편입되어 국제정치를 비롯 경제·문화의 모든 흐름이 펼쳐지고 있다. 사상 유례없는 생산력과 정보화사회로의 전환도 그 질서 속에 진행된다.

팍스 로마나와 팍스 아메리카나는 서로 비교되지만 한편으론 너무 다르다. 세계의 규모와 교통·통신 사정, 그리고 지식축적 등 모두가 다르다. 로마제국은 그들의 지도력에 도전하는 세력을 철저히 응징했다. 압도적인 군사력으로 왕조를 멸망시키거나 영토를 빼앗았다. 심지어 유태인의 경우처럼 외지추방도 강행했다. 오늘날 서구·동구·터키·북아프리카 등지는 저항을 포기하고 로마의 평화를 받아들였다.

지금 미국은 테러공격으로 치명적 손상을 받았다. 위신은 말할 것도 없고 인명과 물질 피해가 이만저만 아니다. 섣불리 응징할 수도 없는 분위기이다. 전세계인이 TV에서 동시에 목격하는 시대이기 때문이다. 그렇다고 분격한 미국이 응징을 거둬들일 것 같지는 않다. 팍스 아메리카나의 미래를 위해 다시는 도전하지 못하도록 본보기를 보여야 하기 때문이다.

그 원인이 로마인이 남긴 숙제를 다루는 미국의 중동정책인 것을 생각하면 기이하기도 하다. 유태인들은 2차대전 후 그들의 신에게 '약속받은 땅'에 돌아왔다. 2천년 전에 사라진 사람들이 갑자기 나타나 땅을 빼앗자 팔레스타인 사람들은 납득할 수 없었다. 하나 전쟁마다 미국이 지원하는 이스라엘에 지고 말았다.

아랍인이 볼 때 팍스 아메리카나는 유태인의 생존권만 앞세운 질서이다. 이젠 논리가 통하는 차원을 넘어섰다. 반세기를 넘긴 투쟁의 결과 서로 부모와 자식을 죽인 원수가 되고 말았다. 그리고 모든 것에 앞서는 증오만 남아 '하늘을 같이 할 수 없는 원수'들은 각각 다른 종교를 배경으로 결사 항전을 부르짖는다. 더욱이 미국은 이슬람 문화를 이해하려는 자세보다 아랍 땅에서 미국의 이익을 챙기려는 모습만 보여 더 큰 분노를 불러일으키고 있다.

미국이란 우산 속에서 모든 국가와 민족이 평화와 번영을 균등하게 누릴 수 있다면 팍스 아메리카나의 평화는 지속될 것이다. 하지만 증오와 독기로 빚어진 사람들이 속출하면 테러와 응징의 악순환은 그치지 않을 것이다. 팍스 로마나의 유산을 팍스 아메리카나가 어떻게 해결할 것인가. 약소국민은 역사의 흐름을 지켜볼 수밖에 없다.

한국일보, 2001년 9월 25일

2001년 9월 11일, 상상하기 어려운 대사건이 일어났다. 뉴욕의 110층 건물인 세계무역센터 쌍둥이 빌딩이 알카에다의 비행기 자폭공격을 받아 처참하게 무너져 내렸다. 사망자가 2천9백99명, 부상자가 6천2백91명으로 조사된 이 참사는 시시각각 텔레비전 화면으로 전세계에 중계되었다. 모든 언론은 연일 탈취된 여객기로 워싱턴 미 국방부 청사까지 공격한 9·11사건 기사로 가득 찼다. 한국 신문도 현장보도와 분석기사가 잇달았다. 나는 한국일보 논설위원으로 「메아리」 지면에 칼럼을 실었다. 그 제목이 '팍스 아메리카나'였다.

제2부

성차별을 넘어
전문기자로

사람을 만나는 직업,
'세계의 여성' 취재기

**호미초이스닷컴 대표
(전 조선일보 부국장)** 윤호미

1965년 서울대 불문과를 졸업했다. 같은 해 중앙일보에 입사했다가 1983년 조선일보 문화부로 옮겨 프랑스 특파원, 문화부 부장, 생활과학부 부장, 부국장을 역임했다. 또 방송위원회 영화심의위원, 한국여기자클럽 회장, 세계화추진위원회 위원 등을 역임했다. 제5회 최은희여기자상(1988년)을 수상했다. 역서로『퀴리가의 사람들』『저항의 생애 솔제니친』(공역), 저서로『당신은 하루 몇 시간 사십니까』(2000년)가 있다.

월급 받으면서 공부를 했다고 할까. 나의 신문기자 생활을 되돌아볼 때 특히 요즘 부쩍 이런 생각을 많이 하게 된다. 우리의 일상이 배움의 연속이라고 하지만 기자라는 직업이 주는 특혜는 남달랐다.

중앙일보 수습기자 시절 "기자는 누구를 만나도 또 무엇을 물어도 실례가 되지 않는 직업"이라고 일러주셨던 서제숙 선배님의 말씀을 평생 자랑스럽게 새겨왔는데 새삼 '사람을 만나는 직업'에 대한 고마움이 솟는다.

30여 년 기자생활에서 내가 만난 사람들이 아, 얼마나 많은가! 소스라치게 된다. 그리고 감사하게도 내가 주로 문화·여성·생활 관계 취재를 했기에 그들과의 만남이 대부분 기분 좋은 사이였다는 점도 행복하게 회상된다.

아마도 그 절정은 1976년 봄에서 여름까지 장장 5개월에 걸쳐 지구 한 바퀴를 돌면서 '세계의 여성' 취재를 했을 때라고 할 수 있겠다. 세계의 각계각층 여성들을 원 없이 많이 만났다. 그것도 오직 기자로서 내가 만나봤으면 했던 여성들을 찾아가서다.

일부다처제가 허용되고 있는 회교도 가정의 아내들은 어떻게 살고 있나? 아프리카 세네갈의 시골 마을 1부 2처 가정을 찾아가 봤다. 정원사인 당시 60세 남편은 방 두 개 집에서 공정하게 첫째 부인의 방과 둘째 부인의 방을 똑같이 꾸며놓고 각기 이틀씩 드나드는 '교대임무'를 20년간 한 번도 어기지 않았다고 했던 것이 잊히지 않는다. 두 명의 아내와 비록 통역을 통해서지만 유쾌하게 얘기를 나눴다. "우리 두 사람 친구처럼 사이좋아요. 양쪽에서 낳은 아이들 열 명까지 모두 한가족이니까요." 이 나라 수도 다카르에서 만난 지식층 여성들은 일부다처의 구습이 아직도 남아있다는 것에 분노하며 수치스럽다고 고개를 저었지만 이 시골 정원사는 돈의 여유가 생기면 또 젊은 아내를 맞이하겠다고 했고 아내들도 "방 한 칸 증축하면 된다"고 가볍게 대꾸했다.

이들을 만나기 전 나는 스웨덴에서 당시 한창 화제가 됐던 '리브 투게더Live Together' – 동거부부들을 인터뷰했었다. 그들의 결혼관이 궁금해서다. 스톡홀름에서 1남 1녀를 두고 동거 중인 전문직 남녀는 "우리는 언제나 헤어질 준비가 돼 있다"고 말문을 열었다. "동거부부는 대부분 아기를 낳으면 결혼하지만 우리 두 사람은 결혼할 필요를 느끼지 않는다"고 설명을 붙였다. 그리고 "내 남편, 내 가정 이런 표현과 의식이 싫다"고 했다.

나의 '세계의 여성' 취재는 이들 가정 방문에서부터 기자로서 미리 그려두었던 예상을 무색하게 만들어 놓았다. 스웨덴의 또 다른 젊은 부부는 한국 고아를 입양했다고 해서 만났는데 "세계의 고생하는 아이들을 입양하기 위해 우리 아기를 갖지 않기로 했다"고 말해 나를 감동시켰다. 놀라움이었다.

그 당시 기자 경력 10년의 나 자신을 무섭게 돌아보게 만드는 취재여행이었다. 사소한 것에서부터 나의 상식과 예상을 뛰어넘는 세계의 현장에서 스스로 겸손해지지 않을 수 없었던 것이다.

미국 육군사관학교 웨스트포인트의 금녀의 벽을 깨고 입학한 최초의 여성생도들을 찾아갔을 때였다. 나는 남학생들의 반응이 궁금했다. 남녀차별에 대해 의견이 나올 것으로 예상했는데 그러나 대답은 "여자들이 다리가 짧아 제발 우리 분대에 오지 말았으면 좋겠어요"였다. 분대단위 달리기 훈련에서 키 작은 여자가 끼면 손해라는 불평만 가득했다. 최초의 여생도들에 대한 의미 같은 것은 아예 안중에도 없고 그저 당연한 것으로 넘기는 태도에 물어본 기자가 당황했을 뿐이었다. 그 당시 젊은 육사생도들에게 남녀차별이나 여성 지위향상 같은 문제는 이미 낡은 이슈가 돼버렸다는 인상이었다.

1975년 유엔이 정한 '세계 여성의 해'를 보내면서 중앙일보가 야심차게 기획한 〈세계의 여성〉 시리즈. 운 좋게도 이 거창한 해외취재를 맡게 된 나는 이란의 퍼스트레이디 왕비에서부터 아프리카 농부의 아내까지 각계각층 여성들을 만나 그들의 삶과 생각을 인터뷰하면서 이것이 오히려 나에겐 큰 배움의 여행이라는 것을 여러 번 깨닫게 됐다. 상식이지만 취재가 곧 공부라는 생각을 그때 확실하게 터득했다. 정말 많이 배웠고 매번 열광하면서 '사람 만나는' 신문기자 직업에 감사했다. 특히 호기심 가는 남다른 분야의 직장여성들을 만나보면서는 새로운 것투성이여서 너무나도 재미있게 취재했던 기억이 새롭다.

덴마크 코펜하겐의 유명한 담배 파이프 명장 앤 줄리Anne Julie 여사를 만났을 땐 그의 단골 중에 미국의 급진적인 여성 운동가 안젤라 데이비스가 끼어있어 놀랐다. 파이프 담배를 피우는 여성. 남성마초*에 대항하는 강렬한 이미지 효과가 크다는 데 수긍이 갔다. 뒷날 마돈나도 분명 그의 단골이 됐을 것 같다. 세계적인 파이프 디자이너였던 남편이 세상을 떠나자 자연스럽게 이 일에 뛰어들었다는 앤 줄리는 "파이프는 손으로 만지는 물건이기 때문에 피우는 사람의 성격과 생김새, 목소리까지 들어보면서 디자인한다"면서 개인 맞춤 제작이 대부분이라고 했다. 명품 파이프는 한 사람만을 위한 것, 몇 개월 길게는 몇 년에 걸쳐 만든다고 했다. 그에게 이렇게 주문하는 단골이 전 세계에 100명 가까이 있다는데 파이프 하나 주문하기 위해 비행기 타고 코펜하겐에 와서 그를 만나는 경우가 적지 않다고 했다.

런던의 명물 빨간 2층 버스의 여성기사를 인터뷰했을 때도 두

---

*마초macho는 스페인어 machismo에서 온 명사이며 지나친 남자다움을 뜻한다. 남성우월주의 정도로 보면 된다.

시간이 어떻게 흘렀는지 모르게 빠져들었다. 런던의 검은 택시기사는 동네 이름과 위치를 외우는 시험이 유명하지만 2층 버스 기사에겐 까다로운 공공서비스 차량 운전자격시험 중에서도 기름을 뿌려놓은 위에서 버스를 운전하는 시험이 유명하다. 한겨울 얼음판에 대비해 기름을 대신 부어놓고 그 위를 달리게 한다는 것. 내가 인터뷰한 여성기사는 16년간의 차장생활을 거쳐 3년 전에 운전기사가 됐다는데 총 19년 동안 술 취한 승객을 본 적이 없다고 했다. 공중질서의 나라 런던의 상징과도 같은 2층 버스를 새롭게 보게 해주었다.

스웨덴의 사브스카냐 자동차 공장에서 엔진조립공으로 일하는 중년여성을 만났을 때 그는 핀란드 태생인데 열세 명 형제 중의 막내라고 해서 나를 깜짝 놀라게 했다. 선진 북구나라에서 열세 명 형제를 둔 가정이 있다니……. 더 놀라운 것은 장성한 열세 명 형제부부들이 매년 한두 차례 고향에서 가족모임을 한다는 것. 핀란드 사회를 배우게 됐다.

파리 패션의 핵심 크리스티앙 디올점의 모델들을 취재하려고 찾아갔을 때 모델 휴게실 방문을 열었다가 깜짝 놀랐다. 맨몸에 흰 가운 하나씩 입은 그림 같은 패션모델들이 죽 둘러앉아 저마다 담배를 입에 물고 카드 놀이를 하고 있었다. 요상하게도 화투판 벌리는 여성들이 떠올라 기분이 묘했다. 일을 기다리는 사람들의 행태는 동서양이 다름없구나 하는 생각도 들었다. 이 패션모델들은 그 당시 1970년대 한국의 경제성장도 잘 알고 있었으며 서울에 디올의 선글라스와 핸드백 가짜가 많다는 것까지도 훤하게 얘기했다. 당시 한국의 니트 제품 품질이 우수하다는 평도 빼놓지 않았다. 국제적인 패션모델들이었다.

스페인에 여자투우사가 등장했다는 기사를 본 적이 있었기에 마드리드의 여자투우사를 찾아 갔었다. "마지막 칼을 뽑아 소에게 꽂았을 때 소가 죽어간다는 것보다 내가 안전하다는 안도감이 앞선다." 그 당시까지 소 300마리를 시합에서 죽인 것 같다면서 "내가 살이 찌면 소가 놀라서 안 돼요"라며 몸매 유지 다이어트를 한다고 했다. 투우사가 소를 죽이면 귀를 잘라준다고 하는데 멋지게 잘했을 땐 귀 두 개에 꼬리까지 준다고 했다. 투우장에서 죽은 소는 피를 빼서 맛이 더 좋다는 것도 일러줬다. 끔찍해하는 기자에게 "소는 언제나 쇠고기로 팔리니까 오히려 투우장에서는 예술적으로 죽인다는 의미가 있다"며 대범하게 설명했다. 여자투우사로서 제일 힘든 것은 투우가 아니라 남자투우사들이 자신을 소외시킬 때라고 했다. 여자투우사에게 관중이 많이 쏠리니까 그가 나간다면 아예 출전을 안 하겠다는 남성투우사도 있다는 것. 나는 그에게서 '진실의 순간'이라는 투우 용어도 배웠다. 스페인 말로 'El Momento dela Verdad,' 소가 투우사의 칼에 맞아 죽는 순간, 숨 넘어가는 순간을 이렇게 표현한다고 했다.

라 스칼라 오페라 하우스가 있는 밀라노의 국립 주세페 베르디 음악원을 찾아 오페라 가수 준비생들을 만났을 때 그들은 공부에 지쳐 인터뷰할 힘도 없다면서도 특유의 우스개로 기자를 즐겁게 해주었다. 데뷔를 앞둔 신인들은 오페라 열 곡 정도는 처음부터 끝까지 완전히 외우고 있어야 한다는데 "노래 부르는 것은 어렵고 노래 잘 부르는 것은 불가능하다" "머리가 희어지기 전에 자기 목소리를 알면 다행이다" "고운 테너가 되는 것은 수도원에 들어가는 것과 같다" 등등 라 스칼라의 전설들을 전해주었다.

그러나 무엇보다 '세계의 여성'들을 만나보면서 순간순간 뭉클하게 감동받았던 일은 평생의 아름다운 순간으로 생생하게 남아 있다.

프랑스의 50대 전화상담원을 인터뷰했을 때 그는 직장생활을 하면서 매달 책 열 권 이상씩 읽어왔다면서 구청도서관에서 격주로 네 권씩 빌려오는 것이 자신의 생활이라고 했다. 그 당시 일본 작가 가와바다 야스나리*의 소설을 읽고 있다고 했는데 참으로 존경스러웠다. 그의 가계부를 얘기하다가 개를 키우는 데 대한 예산을 따로 세워놓는다는 것도 그때 나로선 처음 들어봤다.

세계적인 영화배우에서 민주투사로 변신한 그리스의 멜리나 메르쿠리** 여사를 찾아갔을 때 그는 인터뷰 도중에 "혹시 우조 OUZO를 들어본 적이 있어요?"라고 기자에게 질문하면서 그리스

---

*가와바다 야스나리(川端康成, 1899~1972). 소설 『설국雪國』으로 1968년 노벨문학상을 수상했다.
**멜리나 메르쿠리(Melina Mercouri, 1920~1994). 영화 〈일요일은 안 돼요〉 〈페드라〉 등에 출연해 유명해졌고, 1960년대 말 그리스 군사정권에 반대하는 운동에 몰입했다. 1974년 군사정권이 붕괴한 뒤 1981년에 그리스 문화부장관이 돼 파르테논 신전의 대리석을 가져간 영국을 상대로 반환 협상을 벌인다. 결국 반환받지는 못했지만 이 일을 계기로 세계 전역에서 약탈 문화재 반환운동이 벌어지게 된다.

멜리나 메르쿠리 자택에서 인터뷰 중

의 전통주를 마시자고 우조를 내왔다. "여기 장롱은 그리스의 고가구로 그리스 장인의 솜씨예요. 기막히죠?" 말끝마다 그리스를 내세우며 나라 사랑을 정열적으로 하는 모습이 아름다웠다. 1976년 당시 민주투쟁 시위가 한창일 때였는데 이미 정치가로 변신한 그에게 연신 길거리 시위를 전하는 전화가 끊이지 않았다. "지금 어느 거리에서도 행진 중이라고 하네요." 흥분해서 전화 내용을 일러주다가 그러나 이내 연극에 대한 그의 사랑을 차분하게 토로했다. "메데는 꼭 야외무대에서 봐야 해요."

수많은 세계 여성들의 목소리를 들어봤던 그 취재에서 또 하나 내가 꼭꼭 물어봤던 것은 "남녀차별이 언제쯤 이 지구상에서 사라질 것 같은가?"였다.

그런데 미국의 쟁쟁한 여성변호사들이며 여성우주인들을 비롯해 전문직 고위직 여성들일수록 멀리 "100년 지나도 글쎄 될

미국의 여성우주인들과

까?" 비관적인 전망이 압도적으로 많았다. 그것도 나에겐 큰 배움이었다.

〈다시 싣고 싶은 나의 기사〉는 25년 전의 글이다. 한국의 예술가들이 세계의 사랑받는 스타가 되면 때맞추어 한국산 자동차와 무선전화와 컴퓨터가 세계로 쏟아져 나갔을 때 이를 알아주는(사주는) 신용보증서 같은 역할을 할 것이라면서 과연 어떤 예술가가 한국의 '상표'로 먼저 나서줄 것인가, 올림픽 이후 우리의 '세계적 스타'를 기다리는 글이었는데 요즘이 바로 그때가 아닌가 하는 생각이다. K팝 스타와 싸이의 출현, 나아가 한류를, 그리고 스포츠 스타들을 그 당시엔 감히 미처 짐작하지 못했었다. 소니를 물리친 삼성과 현대자동차와 LG의 세계 일류 대열도……. 지난 25년 대한민국의 대단한 변화를 실감한다.

다시 싣고 싶은 나의 기사

[데스크 칼럼]
두 올림픽 건축가를 생각하며

3년새 잇달아 他界(타계)

한국인 남자 평균수명이 65세를 넘겼다는데 우리의 건축가 金壽根(김수근)은 55세에, 金重業(김중업)은 66세에 떠나갔는가. 서울올림픽 축제의 한가운데서 새삼 지난 3년 사이 연달아 他界한 이 두 예술가의 짧은 생애가 아쉬움으로 떠오른다.

그들이 입을 모아 '필생의 작업'이라고 혼을 빼 넣었던 올림픽의 시설물들-잠실주경기장과 올림픽 상징조형물 '평화의 문', 그리고 실내수영장과 국제방송센터는 지금 우리 올림픽의 핵심으로 세계를 맞이하고 있는데…

서기 2천 년까지의 개인생활 설계달력을 책상 앞에 늘 붙여놓고 지냈던 건축가 金壽根씨는 10년 전 잠실메인스타디움 설계를 맡으면서 "우리가 올림픽을 열 때가 오겠지…" 아주 먼 날 일로 얘기했었다. '한국을 뛰어넘어 세계인이 돼야 한다'고 누구보다 강하게 주장했던 그의 작품 잠실주경기장은 지금 '조선의 白瓷(백자)를 본뜬 가장 한국적인 운동장'으로 평가받으며 올림픽개막식을 기다리고 있다.

죽음을 예감했을까, 88올림픽 상징 조형물 공모에 나서면서 金重業씨는 '마지막 승부'라는 말을 썼었다. 그가 언제나 감격해 마지않던 우리 절간 대문과 지붕 線(선)을 살린 거대한 조형물을 내놓고는 '기념작을 만들고 싶은 의욕 때문에' 온갖 말썽을 꾹꾹 참노라고 말했었다.

아껴주는 風土(풍토)를

생전의 金壽根씨는 기자들을 만나면 "세종문화회관이 세워졌는데 조명시설이 어떻고 좌석이 얼마고는 다 나열하면서 왜 설계자의 이름을 내세우는 데 그리도 인색하냐"면서 두고두고 항의를 했었다.

3년 전 金重業씨는 그의 올림픽 상징조형물이 당선작으로 뽑혔다가 '당선작가의 기득권은 인정하되 작품당선은 취소'라는 그야말로 괴이한 수난을 당하고 있을 때 "국민의 심판을 받고 싶다"고 정치가처럼 외쳤었다. 열 번이라도 좋으니 당당히 경쟁에서 뽑히는 것 외의 어떤 압력도 그는 인정하지 않겠다고 나섰다.

누가 뭐래도 우리시대 건축문화의 새로운 章(장)을 헤쳐온 두 사람. 우리의 感性(감성)을 열어준 이 선구자들이 세계를 향해 중동에서, 아프리카에서 大作(대작)의 나래를 펴면서 그러나 공통으로 외쳤던 것은 '우리 국민들로부터 사랑받는 예술가'가 되고 싶다는 고백이었다.

주한프랑스대사관 건물을 설계한 金重業씨는 그곳 대사가 바뀔 때마다 '건물창조자'로서 특별초청을 받았었다. "우리도 예술가들을 그렇게 아껴주는 풍토가 돼야 하는데…" 파티에 다녀온 그는 오히려 씁쓸한 표정이었다.

자기 나라 예술가를 사랑하는 풍토─그것은 옛날의 낭만적인 관계를 훨씬 넘어, 이제는 하나의 고급 정치 영역처럼 돼버렸다.

소니라디오와 함께

도쿄올림픽을 치르고 日本(일본)이 치달아온 황금의 길을 가리켜 '소니라디오와 함께'라는 말을 많이들 쓰고 있다. 그러나 그 소니라디오를 선택하게 한 것은 때맞추어 나타난 영화감독 구로자와, 지휘자 오자와 세이지요, 그리고 패션디자이너 겐조, 번역이 잘된 가와바다 야스나리의 소설, 또 미시마 유키오의 이상한 동방의 신비주의였다는 것도 부정할 수 없다. 예술가의 이름이 그를 키운 나라의 상표가 돼 있었던 것이다.

서양 洋裝(양장)의 모방국 일본

이 콧대 높은 패션의 본고장 파리에다 '디자이너 겐조' 한사람을 자리잡게 하느라고 그의 동료디자이너 여러 명이 숨을 죽여가며 여러 해 뒷바라지 했었다는 일화도 물론 오늘의 서양에서 불고 있는 日本붐의 아름다운 요소로 들어가 있다.

우리의 '올림픽 이후', 가장 기대되는 것은 우리의 어떤 예술가가 지금 잠실주경기장이 세계의 안방에 비치듯 한국의 '商標(상표)로 나서주는가, 연달아 바람을 불게 하는가에 있다고 말하고 싶다.

'우리 예술가'를 갖자

朴景利(박경리)의 토지, '저항시인' 김지하, 지휘자 정명훈, 오페라가수 曺秀美(조수미)… 우리의 예술가들을 세계의 사랑받는 스타로, 그리하여 세계로 쏟아져나갈 한국 자동차와 무선전화와 컴퓨터들을 때맞추어 신용해주는, 보증서 같은 '한국 예술가'를 우리는 이제 가져야 한다.

분명한 것은 자기 국민들로부터 사랑받지 못하는 예술가는 세계 이웃의 사랑을 받을 수 없다는 사실이다.

그리고 내 땅의 예술가를 나와 함께 하는 共存(공존)의식 속에서만 '우리 예술가'가 태어난다는 사실이다.

그것은 "저 잠실대경기장은 우리의 뛰어난 멋쟁이 건축가 김수근의 걸작이고, 저 평화의 문은 모방을 모르는 한국작가 김중업이 고집스럽게 지어낸 작품"이라고 세계 사람들에게 설명할 수 있는 데서부터 시작될 것이다. 물론 그것은 관심과 사랑이다.

조선일보, 1988년 9월 9일

꿈과 비전을
주는 사람

KBS 정책기획본부장 류현순

;

1978년에 고려대 중어중문학과를 졸업했다. 1977년 중앙일보와 TBC 보도국에서 일하다 KBS로 옮겨 보도제작국 부장, 과학부 부장, 해설위원, 보도국 전문기자, 제주방송 총국장을 역임했다. 바른말 보도상(1992년), 제16회 최은희여기자상(1999년)을 수상했다.

방송국에 입사한 지 36년 만에 본부장으로 승진했다. 많은 여성 동료들이 축하해주었다. 한국에서 일하는 여성으로 살아가는 일이 얼마나 힘든 일인가? 다행히 집에서는 맏딸에다가 10년 동안이나 무남독녀 외동딸 노릇을 했던 터라 가부장적인 차별은 적었다.

여중·여고를 나온 내가 가장 먼저 맞닥뜨린 차별은 남녀공학 대학교에서였다. 1학기말 시험을 끝낸 후 학과장께서 몇몇 학생을 불렀다. 영문도 모르고 기다리던 내게 학과장실을 먼저 나온 선배 언니가 일러줬다. 가정형편을 물어보면 무조건 어렵다고 하라고. 아니나 다를까 학과장은 집안 형편을 물어봤다. 어렵다고 했다. '할 수 없군.' 학과장은 나보다 성적이 안 좋은 남학생에게 장학금을 양보할 수 없는가를 묻기 위해서 불렀다고 했다. 선배 언니의 조언을 듣지 못했다면 자존심상 없는 척하지 않았을 수도 있고 장학금을 놓쳤을 수도 있었다.

대학을 졸업하면서 취업을 고민하던 시기였다. 대형 언론사에서 기자를 모집하는 공고가 붙었다. 당시 기자 지망생이었던 내가 아무리 눈을 씻고 보아도 아나운서 직종 이외에는 병역필 또는 면제된 남성만이 대상이었다. 고민 끝에 교무처장 교수님을 찾아갔다. 기회라도 달라고 하기 위해서였다. 교수님은 그 언론사에 계시던 선배님께 연락을 했고 어렵사리 원서를 접수했다.

면접시험장에서 받은 첫 질문은 결혼하면 어쩌려고?라는 질문이었다. 당시 결혼은 여성 직장인의 무덤처럼 여겨지던 시대였다. '결혼이요? 운영의 묘를 살려야지요'라는 내 대답에 당시 사장님은 '운영의 묘?'라고 되뇌더니 박장대소하셨다. 물론 그 대답 덕분인지 합격을 했다. 그러나 그 운영의 묘를 살리기도 전에 결혼 직후부터 차별을 받기 시작했다.

결혼 전 사회부에서 열심히 뛰고 있었는데 결혼하자마자 외신부로 내근 발령이 났다. 이른바 물먹은 거*였다. 그러나 어쩔 수 없었다. 결혼하고 회사 다닐 수 있는 것만으로도 감지덕지하던 시대였으니까. 이를 악물고 일하는 수밖에 없었다. 정말 열심히 했다. 지금 생각해도 세 사람 몫은 하지 않았나 싶다. 그 결과 연말에 보너스 100% 추가지급이라는 인센티브를 받았지만 그 또한 선배 동료들로부터 심한 질시를 받았다. 여성이라는 이유도 컸던 것 같

*낙종落種하다, 인사상 불이익을 당하다 등 좋지 않은 상황을 압축해 설명하는 언론사의 은어다.

왔다.

　언론 통폐합 이후 지금의 KBS로 옮겨왔고 여성 선후배가 몇 명 생겼다. 그러나 당시만 해도 여성기자의 영역을 문화부서와 교육, 보사(보건사회부) 분야 등으로 한정하는 분위기였다. 여기자들은 모임을 결성하고 문화부 말고 다른 부서로 보내달라고 요구했으나 잘 이루어지지 않았다.

　여기자들에 대한 조직의 가장 큰 불만은 숙직을 하지 않는다는 것이었다. 당시에는 여성들의 야근을 금지하는 모자보건법도 있었다. 우리는 모자보건법상 이의를 제기하지 않겠다는 각서까지 쓰고서야 숙직에 들어갔다. 비슷한 시기 한 신문사에서는 여기자 숙직실이 없어서 편집국장 방 책상 위에서 숙직 중 눈을 붙였다가 책상에서 떨어져 얼굴을 다친 여기자도 있었다.

　여기자들이 많아지면서 자연스럽게 출입처 발령 범위가 넓어졌다. 신입기자 선발 비율도 자연스럽게 반 정도씩 되고 지금은 여성들의 성적이 너무 좋아서 남성기자 선발을 위해 면접에서 남성들을 배려하는 역차별 현상까지 빚어지고 있다.

　그러나 간부급에 이르면 여전히 여성들이 적다. 국민의 정부가 출범하면서부터 여성들을 많이 발탁한다고 했지만 키워놓은 사람이 없다는 이유로 여성간부의 숫자는 크게 늘지 못했다. 현재 KBS 임원 열 명 가운데 두 명이 여성이고 국장급 간부는 세 사람에 불과하다. 보도국의 경우에는 여성부장이 없어 지금도 남성들만이 편집회의를 하고 있는 실정이다.

사실 인사고과를 할 때 여성은 불이익을 받는 경우가 많다. 그러다 보니 여성들은 승진이 늦는 경우가 많고 아예 승진 대상자에서 제외되는 경우가 많기 때문에 대상자가 없어서라는 이유로 간부가 되는 기회를 놓치곤 한다. 최근 입법화를 추진하고 있는 공기업 여성임원 할당제는 그런 의미에서 여성들에게 유용한 법제라고 생각한다. 간부의 경험이 적기 때문에 여성들이 리더십을 발휘할 기회도 적다.

나는 제주 총국장의 경험이 리더십을 쌓는 중요한 기회였다고 생각한다. 우리 회사로서는 두 번째였고 제주 사회에서는 처음 있는 일이었다. 여다女多의 섬 제주라지만 여성들의 위치는 열악했다. 나의 총국장 발령으로 여성이 기관장 자리에 앉았다는 것이 지역사회에서는 제법 큰 충격을 주었던 것 같다. 다른 기관에서도 여성기관장이 탄생하기 시작했고 여성 지방공무원들의 승진에도 영향을 준 것으로 본다. 나 역시 기관장의 경험을 여성 후배들에게 전달하고 있다. 처음 해보는 일에 대한 시행착오를 줄여주자는 뜻에서다.

물론 여성들에게도 문제는 있다. 치열함이 상대적으로 적은 경우가 있다는 것이다. 우리 회사의 경우 전국적인 조직이 있다. 나도 지방 근무를 세 차례했다. 아주 즐겁게 기꺼이 했다. 제주 총국장 발령도 그런 면에서 조직에서 당연하게 받아들이는 분위기였다. 오히려 환영을 받았다.

그러나 상당수 여성직원들의 경우 지방 발령을 두려워한다. 그만 두는 경우도 있다. 내가 아는 사람이라면 보따리 싸들고 따라다니면서 그만 두지 못하게 말린다. 그렇게 말린 후배 가운데 지금 상당히 괜찮은 자리를 차지하고 있는 여성도 있다. 물론 서울에 가족이 있는 사람들이 지방 발령을 받으면 불편한 점이 적지 않다. 그러나 수십 년 일을 하는 과정에 1, 2년 정도는 감수할 수 있는 부분이라고 생각한다. 이 역시 멘토가 필요한 일이라고 생각한다.

여성들의 일에 관한 어려움은 우리나라만의 문제는 아닌 것 같다. 외국의 여기자들을 더러 만나봤다. 아이가 셋 있다는 신문사 여기자와 이야기를 나누다가 휴가가 얼마나 되느냐고 묻는다는 것을 영어가 짧았던 탓인지 얼마나 쉬냐고 물었나 보다. 아이가 셋인 여성이 어떻게 쉴 수가 있냐는 의외의 대답이었다. 회사에서 죽어라 일하고 집에서도 죽어라 일하느라고 조금도 쉴 수가 없다는 것이었다.

나는 어쩔 수 없이 여성 최초라는 수식어를 비교적 많이 달고 사는 처지가 됐다. 물론 기꺼운 일이다. 여성으로서 처음으로 정책기획본부장이 됐지만 정책기획 파트에서 부장급 이상 팀장 자리를 처음으로 맡았던 덕분에 연착륙이 가능했다. 이 대목에서 나는 여기자 후배들에게 보도국이나 편집국을 떠나는 일을 겁내지 말라는 당부를 하고 싶다. 특히 젊은 시절에 다른 파트를 경험을 해보는 일이 중요하다고 생각한다. 조직은 넓고 할 일은 많기 때문에 되도록 여러 가지 경험을 하는 것이 조직생활을 길게 알차게 할 수 있다는 생각이다. 물론 보도국장도 편집국장도 해야 하지만 경쟁자가 너무 많지 않은가?

물먹는 일은 가슴 아픈 일이기는 하지만 기회이기도 하다. 내 경우는 물먹었을 때 당시 정책기획센터의 T/F 팀장 발령을 받았었다. 당시 열심히 일을 했고 보도본부 이외의 직원들과 교류를 쌓았기 때문에 후에 대외정책팀장·제주 총국장·정책기획본부장을 맡을 때 큰 도움이 됐다. 후배들이여, 물먹을 때가 또한 기회다. 특히 군대 안 가는 여성들은 동기들에 비해 보통 4, 5년 정도 더 길게 회사에 다녀야 한다. 물먹은 기회를 통해 저력을 쌓는 일도 나쁘지 않다고 하면 여우의 신포도 이야기가 될까?

여성대통령을 뽑을 정도로 이제 우리 국민의식은 성숙한 것 같다. 여성으로서 겪어야 할 불이익도 앞으로는 더욱 적을 것 같다. 여성간부로서가 아닌 간부로 여기자 아닌 기자로서 한 몫을 하는 많은 후배들을 보고 싶다. 최은희 선배님의 뜻도 거기 계시지 않을까?

농어촌 쓰레기 대책 시급

KTX가 또 멈췄습니다. 이번에는 철도에 전기를 공급하는 고압 전차선에 폐비닐이 걸려 전력공급이 중단됐기 때문입니다. 올 들어서만도 폐비닐 때문에 KTX 고속열차 운행이 중단된 경우가 전국적으로 다섯 건이나 됩니다. 폐비닐로 인한 문제는 이뿐만이 아닙니다.

최근 전국적으로 각 지방자치단체가 다투어 걷는 길을 만들고 있습니다. 그동안 감추어졌던 풍광들이 많은 사람들의 경탄을 자아내고 있지만 감추어졌던 치부 역시 드러나고 있습니다. 가장 심각한 문제가 폐비닐을 비롯한 걷는 길 주변의 농어촌 쓰레기 문젭니다.

폐비닐은 요즘 농사에서 빼놓을 수 없는 주요 농자재입니다. 식물의 싹을 틔우기 쉽게 하고 잡초를 막는 데도 요긴합니다. 그러나 작물재배가 끝나면 처치 곤란한 쓰레기로 변합니다. 부피도 만만찮은 데다가 폐비닐류를 버릴 장소가 마땅치 않습니다. 그러다 보니 거둔 폐비닐을 논둑 밭둑 옆에 쌓아놓는 일이 많습니다.

돌 같은 것으로 눌러는 놓았다지만 낡아가는 폐비닐 쓰레기는 바람을 타고 날아다니다 전선줄에도 걸리고 나무에도 걸립니다. 썩지 않는 비닐 쓰레기는 농토의 산성화를 가속화시키고 먹이와 함께 먹은 동물들을 죽음으로 몰고 있습니다. 폐비닐 쓰레기에 익숙한 주민들은 아무 곳에나 쓰레기를 버리기도 합니다. 많은 주민들은 폐비닐을 비롯한 쓰레기를 태웁니다. 농어촌 곳곳에 쓰레기를 태운 흔적들을 쉽게 볼 수 있습니다.

쓰레기는 배출하는 사람들이 처리해야 하는 게 원칙입니다. 그러나 농어촌 지역의 쓰레기는 배출하는 사람이 처리하기에 어려운 점이 적지 않습니다. 가까이에 쓰레기를 모아 버릴 곳이 따로 없습니다. 청소차가 다니는 것도 아닙니다. 대부분 노인들이 농사를 짓고 있는 현실 속에 운반 수단이 없는 주민들이 수집 장소까지 쓰레기를 옮기기는 어렵습니다.

마을만의 비밀이었던 농어촌 쓰레기들이 걷는 길 개방에 따라 점점 공개되고 있습니다. 더구나 올해는 세계자연보전총회가 제주에서 열리기 때문에 많은 외국인들이 전국 곳곳의 걷는 길을 찾을 것으로 예상되고 있습니다. 농어촌지역의 쓰레기 수거시스템을 심각하게 고민해야 합니다. 민관이 힘을 합쳐 해결책을 찾아야 합니다. 주민들은 적어도 모아서 쓰레기를 내놓아야 하고 행정당국은 주민들이 불편하지 않게 치워주어야 합니다.

KBS, 2012년 3월 3일

이 해설기사는 농어촌 쓰레기에 관련된 내용이다. 류현순 본부장은 최은희여기자상을 받게 된 공적이 쓰레기 문화를 정착시킨 것이었다고 했다. 1999년에 수상했으므로 그 후 10년 넘게 꾸준히 쓰레기 문제를 파고든 셈이다. 이 기사를 착안한 데는 제주올레길에 방문객들이 버리고 간 쓰레기 문제가 심각하다는 점을 보고서였다고 한다. 류 본부장은 그만큼 올레길 쓰레기 문제가 안타까웠고, 이 보도를 통해 올레길 문화가 정착하는 데도 한몫을 했다고 자부한다고 말했다.

신문기자로 살기 30년

국제존타서울클럽 회장
(전 중앙일보 생활부장, 부국장대우) 박금옥

1968년 이화여대 국문학과를 졸업한 뒤 1988년 이화여대 여성학 석사과정을 졸업했다. 1967년 대한일보에 입사한 후 서울신문으로 옮겼고, 1972년에 중앙일보 여성중앙부 기자로 옮겼다. 이후 중앙일보에서 생활부 부장, 여성부 부장, 생활여성부 부장, 부국장대우 편집위원 등을 역임했다. 또 한국여기자클럽 회장과 '사랑의 친구들' 사무총장으로 일했으며 현재 국제존타서울클럽 회장을 맡고 있다. 제4회 최은희여기자상(1987년), 2006년 국민훈장 목련장(2006년)을 수상했다.

기자가 되다

같은 과를 다닌 대학 동창 일곱 명이 매달 일정한 날에 인사동의 한 한식집에 모여 점심을 먹는다. 올해가 고등학교를 졸업한 지 50년이 되는 해이니까 대학을 졸업한 지도 46년이 되었다. 1995년 경부터 어느덧 20년 가깝게 모인 셈이다.

그때 이미 20년 넘는 경력의 기자였던 내게 친구들은 물었다. "어떻게 기자할 생각을 했니?" "그때 어떻게 공개경쟁 시험을 칠 생각을 했어?" 우리가 대학을 졸업한 1967년경에는 대부분 여학생들이 졸업 후 시험을 거쳐 취직을 한다는 생각을 못했다는 것이었다.

처음 친구들은 신기하고 부럽다며 이런저런 질문들을 했다. 그때 나는 왜 기자가 되었을까를 새삼 생각했다. 6·25전쟁 중 초등학교에 들어갔고, 이어 중·고등학교로 연결된 나의 유년시절에는 서울의 한복판에서 살았어도 읽을거리가 태부족했다.

　엄마의 부탁으로 집과 가까운 단골 구멍가게에 가서 콩나물, 두부 같은 반찬거리를 사오는 심부름을 가끔 했다. 그때는 식품도 잡지나 신문지로 만든 봉지에 담아주던 시대였는데, 때로는 봉지에 실린 글을 읽다가 내용이 재미있어 풀칠해 붙인 봉지 이음새를 물로 적셔 떼어내어 읽기도 했다.

　나의 아버지는 서울시 공무원이셨는데 사람들이 신문을 별로 읽지 않던 시대였는데도 드물게 두 개의 신문을 구독하셨다. 그것이 아버지의 직업적인 필요에 의한 것이었는지는 모르겠으나, 나는 거의 매일 두 개의 신문을 제호부터 광고에 이르기까지 열독熱讀, 숙독熟讀하면서 행복해했다.

　신문 발행면이 4면, 8면으로 적던 시절이어서 가능한 것이기도 했다. 고등학교 때부터인가, 그즈음 나는 막연히 혼자만의 독립된 생활을 꿈꾸고 있었다. 그러나 구체적으로 독립할 방법을 생각한 것은 대학 입학 후였다고 생각된다.

　우선 집을 나가 혼자 살아가려면 경제적인 독립이 가능해야 하니까 직업을 가져야 했다. 국어국문학 전공인 내게 당시 가장 실현가능성이 높은 건 교직이었고, 나는 대학 1학년부터 교직과목을 수강하고 있었지만 적성에 맞지 않는다고 생각되어 과감히 제쳤다.

　신문 기자직이 괜찮을 듯싶었다. 무엇보다 신문이란 매체가 내겐 아주 익숙했다. 활자화된 것을 닥치는 대로 마구 읽어대는 남독濫讀, 다독多讀의 시기를 거쳤던 까닭에 글을 쓰는 것도 할 수 있을 것 같았다.

대학 1학년 2학기가 끝날 무렵 나는 신문기자를 직업으로 하기로 했다. 나는 지금도 생각한다. 맏딸인 나는 모든 것을 혼자 생각하고 결정했는데, 만약 내게 장래에 관해 믿고 의논할 수 있는 멘토가 있었다면 또 다른 생이 펼쳐질 수 있지 않았을까 하는 아쉬움이 있다.

그 나름대로 신문사 입사시험에 필요하리라 생각되는 과목을 찾아 공부했고, 그때부터는 신문 읽기가 재미가 아니라 입사시험 준비였다. 언론사 입사준비를 위한 교내 스터디 그룹도 없었고 많은 신문기자들이 그랬듯이, 교내 학보사 기자 출신도 아니었다.

지금 생각하면 '맨주먹 붉은 피'로 '무소의 뿔처럼 혼자서*' 목표를 향해 달려갔다. '한국의 언론 창달에 헌신하고……'와 같은 거창한 목표는 애초부터 없었다. 단지 내가 좋아하는 일, 내가 할 수 있을 것 같은 일에 단순하게 열정적으로 매달렸다.

당시 나는 '자유와 독립'을 내 인생의 모토로 삼았다. 지금도 그렇다. 그러나 대학을 졸업하면 취직하고 독립하겠다는 꿈은 몇 차례의 낙방을 거친 후 수습기자 시험을 통과하여 기자가 되었지만 이룰 수 없었다.

소박하게 살아도 일주일 내지 열흘이면 바닥이 드러나는 박봉

---

*불교 경전 『숫타니파타』에 나오는 표현이다. '사방으로 돌아다니지 말고, 남을 해치려 들지 말고, 무엇이든 얻은 것으로 만족하고, 온갖 고난을 이겨 두려움 없이, 무소의 뿔처럼 혼자서 가라'는 형식으로 여러 구절이 나온다. 무소의 뿔이 양쪽에 뻗어있어 서로 만나지 못하듯이 모든 욕망을 끊어버리고 홀로 진리를 추구하라는 뜻이다.

으로는 집에서 나가 독립해 살고 싶다는 꿈도, 용돈을 부모에게 빌리지 않겠다는 다짐도 물거품이 되었다. 6개월의 수습기간이 지나 받은 월급이 1만 5천 원 쯤이던가? 모두들 어려운 시절이었지만, 신문기자직이 대기업의 직원 등 다른 직종에 비해 특히 월급이 적었던 것 같다.

문화부, 말뚝 매다

요즈음은 많이 달라졌다고 한다. 여기자들의 숫자가 크게 늘면서 활동부서도 다양해졌지만, 아직도 태반은 문화부 또는 생활부 소속이다. 당연히 신문사 내의 부서 배정도 성별이 아니라 개개인의 적성과 능력에 맞게 정해져야 하지만 현실은 그렇지 않다.

내 경우는 클래식한 문화의 제 현상, 이른바 '여성 문제'에 관심이 많았던 까닭에 희망부서를 배치받기가 크게 힘들지는 않았다. 남기자들은 원하지 않는 부서였기 때문이다. 따라서 30년 가까운 기자생활 중 내가 일을 했던 부서는 문화부, 생활부, 여성부로 지극히 한정적이다.

이름은 조금씩 달라도 내가 다룬 내용은 크게 다르지 않았다. 신문사 안의 부서에 우열이 있고, 기사 내용의 가치가 다르다고는 생각하지 않는다. 국가적으로, 개인적으로도 어려운 시기를 지내는 과정에서 나는 내가 좋아하는, 관심이 있는 분야를 취재하고 기사를 쓰면서 즐겁게 기자생활을 했다고 생각한다.

일을 했던 부서는 한정적이지만, 매체의 종류는 다양했다.

일간지 신문사 기자로 입사한 뒤 주간지, 월간지, 무크지(Mook, magazine+book의 합성어, 일정한 발행 기간 없이 필요에 따라 주제를 정해 편집하여 만드는 잡지)에서도 일을 했다. 인쇄매체를 다양하게 섭렵했다고 하겠다.

인쇄매체의 기획, 취재, 집필, 레이아웃(layout, 편집)을 했던 경험들은 후에 자원봉사로 대학 동창회보를 만들 때 등에 유용하게 활용할 수 있었다. 월간지에서 일을 한 것은 2, 3년으로 비교적 짧은데, 한 달에 열흘 가까이 야근을 하면서 쌓은 끈끈한 동료애는 지금까지도 이어진다.

출판국에서 무크지를 만들 때는 세 권의 요리책을 만들었다. 요리연구가 한복려 씨와 만든 『한국음식』 한 권과 요리연구가 한정혜 씨와 만든 『서양요리 1』 『서양요리 2』였다.

여기자라서 구체적인 음식 만드는 과정이나 재료 선택 등 요리에 관해 많이 알고 있어서 친절한 과정설명과 사진, 구체적인 팁 등을 담은 책을 만들 수 있었다. 상당히 유용한 요리책이라는 칭찬을 들었고 책도 비교적 많이 팔렸다.

출판국에서 월간지를 편집하고 무크지를 만들었던 경험은 언젠가는 나도 독립하여 출판사를 운영할 수도 있겠다는 막연한 자신감을 가질 수 있게 했다. 실제로 출판국 후배 중에는 여기자 동료 두 명이 퇴직한 후 여성잡지를 창간하여 성공하고 규모 큰 출판사로 발전시킨 케이스가 있다.

그러나 실제로 내가 기자로서 즐겁게 일하고 대부분의 시간을 보낸 것은 일간지 기자로서였다. 1988년 최은희여기자상 제4회 수상자로 결정된 것은 오랜 기간 동안 여성 관련 기사를 써왔기 때문이었다고 했다. 사실상 내가 생활문화부 기자로 열심히 뛰던 1970~90년대에는 대부분의 여기자들에게 이른바 '여성 문제'가 가장 큰 이슈였다.

불평등한 가족법, 고정된 남녀의 성역할sex role, 여성들의 자아 찾기와 취업, 정신대 문제, 생활경제와 소비자의 권익 등이 주로 관심사였다. 여성기자들은 그런 문제들을 찾아내어 이슈화하는 여성단체, 운동가들과 이른바 여성들끼리의 동지애sisterhood로 취재하고 기사화했다.

> "멋진 여성 파트너를 빌려드립니다……"
> 레저기업 광고에 여성단체들 발끈
> 대한 YWCA 주부 클럽 연합회 등 조사 나서
> 초대졸 이상 여성 공채, 출장도 보내
> "물건 취급한 표현은 여성인격모독"

지금 읽어도 여성 비하 분위기가 있는, 일간 신문의 한 광고를 보고 취재해서 쓴 나의 기사 제목인데, 이 기사가 이른바 '특종'이 됐다. 내가 근무하던 중앙일보의 1983년 9월 28일자 기사였다. 그 후 대부분의 일간지와 방송이 연이어 이 기사를 받아쓰면서 완벽한 특종을 만들어주었다. (그 기사가 나간 후 회사는 문을 닫았는데 3개월 뒤쯤

한 말쑥한 젊은 남자가 회사로 찾아왔다. 그는 자신이 그 회사 사장이었다며 나를 한번 보고 싶었다고 해서 황당했던 기억이 있다.)

그 당시 생활부 근무 기자로는 흔치 않은 케이스였다. 그리고 이것은 몇 년 후 최은희여기자 상을 받게 된 원인遠因이 되지 않았나 생각한다. 그 당시 여성운동을 했던 해방 후 1세대 여성들은 현재 대부분 은퇴했고 남아있는 원로들은 그때를 그립게 회상한다.

"그때 여기자들은 우리 실무자들과 함께 여성 문제를 해결하는 데 힘을 합한다는 동지 같은 마음으로 일했다고 생각해요. 세상이 달라지고 의식도 달라져서 요즈음은 여기자들 얼굴도 몰라요. 특별히 여성 문제에 관심이 많은 여기자도 많지 않은 것 같고……."

나는 내가 신문기자 생활을 했던 1960년대 말부터 1990년대 말까지, 오늘날에는 외국에서도 부러워할 정도로 법률상의 남녀 평등을 이뤄낸 호주제 폐지 등의 가족법 개정의 전 과정을 지켜보고 보도했던 일 등을 보람으로 생각한다. 정신대 문제, 호주제 폐지 등과 관련된 기사를 쓸 때는 편집국 내부에서의 견제도 적지 않았다. "박 부장! 여성면이 여성해방운동하라는 지면이 아니에요……" 대놓고 내게 역정을 내던 편집국장도 있었다.

아마도 우리 또래가 김활란, 이숙종, 이태영, 고황경*, 최은희 등 한국이 독립한 후 애국심과 열정으로 여성운동에 뛰어든 1세대 여성운동가들을 만나고 취재해서 기사를 쓴 마지막 세대가 아닌가 싶다. 특히 최은희여기자상을 제정한 언론계의 대선배 최은희 여사를 서울 종로구 송월동 국립관상대(현재의 기상청) 앞의 작은 한옥을 찾아가 인터뷰했던 것은 지금도 기억에 생생하다.

해외연수, 더 넓고 큰 세계를 알게 되다

언제나 산적한 일과 마감시간에 쫓기고 사는 신문기자들에게 재

---

*김활란(1899~1970). 이화학당 대학과를 1918년 졸업해 우리나라 최초의 여성대학 졸업생이 됐다. 보스턴 대학에서 문학석사, 컬럼비아 대학에서 우리나라 최초로 철학박사 학위를 받았다. 대한여자기독교청년회연합회(YWCA)를 창설하였고, 우리나라에서는 처음으로 코리아타임스(The Korea Times)라는 영자신문을 발행했다. 하지만 이러한 선각자적 활동이면에 일본 황민화운동과 내선일체운동, 일제의 침략전쟁을 지원하는 관변단체의 임원으로 활동한 사실이 드러나 논란이 됐다.
- 이숙종(1904~1985). 숙명여고를 나온 후 동경제대 미학과를 졸업했다. 이후 성신여학교를 설립했다. 광복 후에는 교육정책 수립에 적극 참여했고, 우리나라의 사립대학 발전에도 기여했다. 1959년에 김활란·박에스터 등과 함께 한국 여성단체협의회를 설립하여 부회장 및 회장직을 역임했다. 1963년에는 성신여자실업초급대학을 설립했다. 이 학교는 1982년에 성신여자대학교가 된다. 1973년에는 국회의원이 되어 여성의 사회적 차별 철폐와 '가족법' 개정에 일익을 담당했다.
- 이태영(1914~1998). 우리나라 최초의 여성법조인이며 인권 및 여권운동가이다. 1949년 여성으로는 처음으로 서울대학교 법대를 졸업했다. 1952년 제2회 고등고시에 최초의 여성합격자가 됐고, 최초의 여성변호사가 됐다. 호주제 폐지, 이혼 때 재산분할청구권과 부모친권, 동성동본불혼제 등의 내용을 담고 있는 '가족법 개정'(1989년)을 일궈냈다. 정대철 전 민주당 대표의 어머니이다.
- 고황경(1909~2000). 경기여고와 일본 도지샤 대학을 나왔다. 일제 때 친일 행위를 했다는 이유로 비판을 받았으나 해방 이후에는 여성교육에 앞장섰다. 1945년 경기여자고등학교 교장을 거쳐 이화여대 사회학과 교수와 학과장을 거쳐 서울여자대학교 학장을 역임하였고, 이후 서울여자대학교 명예학장과 총장을 지냈다.

충전의 시간은 반드시 필요하지만, 좀체 갖기 어려운 것이었다. 특히 일정기간 이상 해외에 머무르면서 공부할 수 있는 해외연수의 기회는 극히 한정적이었다.

나는 신문기자를 하면서 해외연수 기회를 세 번 가졌다. 큰 행운이었다고 생각한다. 첫 번째는 1983년 6개월간 한국 언론재단 장학금으로 영국 본머스에 있는 영어학교에서 공부했다. 두 번째는 89년에 독일 브레멘에서 독일 정부 초청으로 4개월간 독일어 연수를 할 기회를 가졌다. 세 번째는 1998년 9월부터 재팬 파운데이션 장학금으로 일본 도쿄의 오차노미즈 국립 여자대학 젠더 연구센터에서 1년간 공부했다.

오차노미즈 여자대학에서는 객원연구원 자격으로 「한국과 일본의 편집국 안에서의 여기자의 위치와 역할 비교」란 논문을 썼다. 일본의 신문사를 방문할 기회도 많았고, 여기자들도 여럿 인터뷰하면서 보람 있고 즐겁게 보낸 1년이었다. 내가 일본에 도착하자 곧장 한국이 IMF 외환위기를 맞아 난처하기도 했다.

남들은 한 번도 가기 힘든 해외연수를 어떻게 세 번이나 갈 수 있었느냐고 묻는 사람들이 있다. 대답은 명쾌하다. 내가 열렬히 소망했고, 그를 위해 준비했기 때문이라고 생각한다. 해외연수는 내게 더 넓고 큰 세계를 보고 생각하고 활용할 수 있도록 한 인생의 전환점이 되었다. 30년 기자로 살아온 세월의 보너스라고 생각하고 군말없이 보내준 남편과 주변 사람들 모두에게 깊이 감사한다.

가족은……두 딸은 말한다

20년 전 쯤, 신문사 여자 선배 중의 한 분이 내게 한 말이 있다. "얘, 나는 남편과 아이까지 있으면서 너처럼 자유로운 사람은 처음 봤다." 철들면서부터 나의 인생 모토가 '자유와 독립이었다'는 말을 하지는 않았다. 그러나 나와 같은 입장의 다른 여성들과 비교한다면 확실히 그럴 것이라고 생각했다.

이제 장성하여 독립한 나의 두 딸들은 나를 '상대적으로 모성이 좀 부족한 여자'라며 때로는 놀리고, 때로는 비난한다. 내가 아이들로부터 가끔 당하는 황당(?) 케이스는 대개 이렇다.

가끔 아이들에게 전화를 걸 때가 있다. 그들은 자주 작은 목소리로 "엄마! 회의 중, 나중에 전화할게" 한다. 두말하지 않고 전화를 끊는다. 그러고는 이제나저제나 전화를 기다린다. 야속한 딸은 밤이 늦어도 전화를 하지 않는다.

전화를 하고 싶어도 참는다. 얼마 뒤 나는 지나는 말처럼 "얘! 넌 나중에 전화한다더니 하지 않더라." 딸은 예외 없이 주저하지 않고 속사포처럼 쏟아낸다. "엄마! 엄마는 신문사 다닐 때 우리들 전화도 못하게 했던 거 알지? 그랬으면서……." 거기다 대고 무슨 말을 하랴.

아이들한테 엄마 회사에 전화를 하지 말라고 한 것은 사실이었다. 긴급한 일이 있으면 아빠에게 전화하라고. 긴급상황도 아닌데 어린애들이 직장에서 일하는 부모에게 전화를 걸어 극히 사적인 이야기를 큰소리로 주고받는 것은 경우에 어긋난다고 생각했다.

　게다가 여자들의 경우엔 흔히 '회사에서도 애들과 통화만 하는 직업의식 부족한 비전문인'이라는 딱지를 붙이는 것이 싫었다. 사실상 집에서의 전화라면 우선 불안했고, 급한 일이라도 곧 달려갈 수 없을 경우도 있다.

　그러나 엄마의 글 쓰는 DNA를 물려받아 광고회사 카피라이터가 된 것 같다는 둘째, 역시 사진과 광고 쪽 일을 하는 큰애, 그래, 지금 생각해보니까 아이들에게 미안했다. 그러나 또 같은 상황이 되면 예전에 내가 했던 것과 똑같이 생각하고 행동할 것 같다.

신문기자가 좋다

'자기가 좋아하는 일을 직업으로 하는 사람이 가장 행복하다.' '일을 할 때 가장 행복하다.' '신문기자 일은 그 자체만으로도 재미있는데 돈(월급)까지 받고 일하니 얼마나 좋으냐.' 이런 류의 말을 나는 좋아한다. 그리고 믿는다.

　그래서 신문기자를 그만둔 지 15년도 넘은, 다른 종류의 일을 10년쯤 하고 난 후인데도 지금도 나는 아파트촌을 찾아다니며, 거리에서 호객하며 신문을 구독해달라는 보급소 사람들과 마주치면 민망해 눈길을 피하고 가슴이 아프다. 어떻게 할 것인가. 어린이, 젊은이들에게 신문을 읽힐 방법은 무엇일까. 생각하고 또 생각한다.

**다시
싣고 싶은
나의 기사**

"멋진 여성 파트너를 빌려드립니다…"

"○○○ 레저서비스가 한국 최초의 전문레저 파트너 대행업을 시작했습니다. …여성 파트너와 레저 및 스포츠를 즐기고 싶어도 마땅한 상대가 없어서 즐기지 못하고 있던 분들에게 저희 ○○○ 레저서비스가 멋진 여성 파트너를 빌려드리는 회사입니다…."

26일자 서울에서 발간되고 있는 한 일간지의 이상과 같은 광고가 많은 여성들로부터 "여성을 물체화한, 여성인격에 대한 모독"이라는 등으로 비난의 소리가 크게 일자 여성단체들이 진상조사를 하여 문제화할 움직임이다.

○○○ 레저서비스 측에 의하면 그들은 22~25세의 미모의 初級大(초급대) 졸업 이상의 학력을 가진 여성을 공개채용하여 고객의 요청에 따라 출장을 보낸다는 것이다. 테니스부터 볼링, 요트, 승마, 스키, 스킨스쿠버, 다이빙까지의 기능을 갖춘 여성을 사진과 함께 비치, 고객이 선택하도록 한다고.

회원입회비는 1인당 25만 원. 파트너는 아침 9시부터 저녁 5시까지 동반하는데 회원은 1만 5천 원, 비회원은 3만 원을 지불해야 한다. 지방출장은 3인 이상이 되어야 가능한데, 5인 이상 단체요청일 경우에는 출장비의 15%가 할인된다는 것이다. 그밖에도 정회원이 되면 항공권과 제휴호텔의 숙박료 할인 등 혜택이 따른다고 설명한다.

또 회사측은 賣春(매춘)과 동일시하는 등 윤리적인 문제를 제기하는 사람들이 있지만 자신들은 어디까지나 건전하고 즐겁게 스포츠와 레저를 즐길 수 있도록 돕기 위한 것일 뿐이라고 해명. 만일의 경우를 위해 고객으로부터 물리적인 도에 어긋난 행위는 않겠다는 서약서를 받겠다고 말한다.

대한주부클럽연합회 金天柱(김천주) 사무처장은 산하 소비자고발센터에 문의가 들어와 이 광고내용을 알아봤다고 말하면서 "말은 건전한 레저와 스포츠 운운하지만 결과적으로는 賣春행위를 공공연히 인정하고 양성화하는 것과 다를 바 없다"고 비난한다. 따라서 대한주부클럽연합회는 사회정화위원회, 보사부 부녀과, 교통부 등에 여성을 道具化(도구화)한 이 같은 사업이나 광고내용의 시정을 요구하는 건의문을 보낼 것이라고 한다.

한편 대한YWCA연합회 金甲順(김갑순)회장은 "여성 파트너를 빌려드리다니, 이렇게 여성을 전적으로 物體化(물체화)한 표현은 여성 인격의 모독이 아닐 수 없다"고 개탄한다. 나아가 대한YWCA연합회의 사회문제부에 이 광고내용을 넘겨 眞相(진상)을 조사케한 후 여성 전체의 이름으로 정식 문제화할 것이라고 한다.

작가 尹男慶(윤남경) 씨는 "사람을 물체화하여 거래하는 장사꾼도 문제지만, 광고내용이 사실이라면 初級大 졸업의 학력과 미모를 지닌 젊은 여성이 돈만 준다면 노리갯감으로 이용돼도 좋다는 퇴폐적이고 향락 위주의 정신상태가 더 큰 문제"이라고 개탄한다.

사실상 테니스, 골프 등 젊은 여성 파트너를 필요한 사람에게 출장시키는 것을 業(업)으로 하고 있는 레저파트너 클럽은 가까운 일본의 경우 최근 2~3년 사이 신종 기업으로 크게 각광을 받고 있다.

현재 일본 도쿄와 그 주변만 해도 20여 개의 회사가 있어 각종 스포츠와 레저파트너를 출장시키고 있는데, 최근에는 밤시간의 宴會(연회) 파트너를 원하는 경우도 많아 주로 기업인들에게 이용되고 있다는 것이다. 한국의 재빠른 商魂(상혼)이 어느덧 일본 것을 그대로 도입, 장사에 나선 것이라고 하겠다.

중앙일보, 1983년 9월 28일

앞의 회고담에 나와 있듯이, 〈다시 싣고 싶은 나의 기사〉는 박금옥 회장이 기자 시절 특종을 한 기사이다. 한 일간지에 실린 광고를 흘려버리지 않고 여성의 시각에서 파고듦으로써 당시 사회의 여성관을 바꾸어 놓는 데 기여했다고 박금옥 회장은 회상했다. 이 기사가 말해주듯이 기사거리로 삼을 수 있는 소재는 사회 곳곳에 널려 있다고 해도 지나친 말이 아니다. 그걸 포착해내는 눈을 갖고 있느냐, 없느냐가 결국 좋은 기자냐, 아니냐를 구분 짓는 잣대가 된다. 밝은 눈을 갖고 비판적으로 사물을 바라보는 좋은 관점을 가져야 한다는 것이다. 그러자니 기자들이 세상에는 까칠한 존재로 비칠 수밖에 없다.

만약 내가 다시 방송기자가 된다면

전 KBS 이사 남 승 자

1968년 고려대 사범대 교육학과를 졸업하고 같은 해 KBS에 입사한 뒤 사회부, 경제부, 문화부를 거쳐 문화부장, 보도위원, 라디오 편집주간, 국장급 해설위원을 역임했다. 또 한국여기자클럽 회장, 제2건국 범국민추진위원회 위원, 교육인적자원정책위원회 부위원장, 방송위원회 보도교양 제1심의위원장 등을 역임했다. 제8회 최은희여기자상(1991년), 제10회 위암 장지연상(특별상, 1999년)을 수상했다.

요즘 TV를 보면 정말 격세지감을 느낀다. 내가 처음 방송을 시작했던 1960년대는 그야말로 호랑이 뭐 하던 시절 같다. 그때는 TV가 귀하고 낯설고 우리 생활과는 멀리 떨어진 소수만을 위한 매체 같았다. 퇴직했을 때인 10여 년 전과 비교해도 옛날 얘기 같다는 생각이 든다. 감성매체인 방송은 여성들의 활동이 활발하지만 보도부분만은 그렇지 않았다. 그러나 요즘 TV 뉴스 시간은 여기자들이 꽉 잡고 있는 것 같기도 하다.

우선 여기자들이 엄청나게 늘었다. 내가 다녔던 KBS의 경우 입사해서 12년 동안 여기자는 나 혼자였다. 대한민국의 TV 방송 여기자가 1970년대 중반까지는 한 명이었다는 얘기다. 1970년대 중반이 돼서야 민방 TV에서도 여기자가 등장했다. 1980년 민방과 통합되면서 KBS의 홍일점 여기자 시대도 끝나고 다섯 명으로 늘었다. 그 뒤 해마다 숫자가 늘어나면서 여기자도 숙직을 하게 됐다. 그래도 여전히 열세가 지속되었는데 요즈음 신입기자 모집에서는 역전현상 직전까지 왔다고 하니 그야말로 격세지감이다. 어떤 때는 여기자의 리포트가 더 많은 날도 있고 전달력도 훨씬 더 명확하고 좋을 때가 많다. 방송 여기자의 전성시대로 접어든 게 아닌가 하는 생각도 든다.

취재영역도 사회 전 분야를 섭렵하고 있는 것 같다. 그때는 남자들의 출입처와 여자들의 출입처가 관행적으로 거의 정해져 있었다. 크고 잘 먹히는 기사가 나오는 곳은 남자들의 출입처였고 기사도 별로 없는 달갑지 않은 곳이 여자기자들의 몫이었다. 방송에서는 여기자가 거의 없었으니 그런 문제가 크게 두드러지지는 않았지만 분위기는 다를 바 없었다.

나는 한 명뿐인 여기자라는 배려로 보건사회부를 출입했었고 여기자로서는 처음으로 농수산부에도 출입했었다. 지금 같으면 웃을 일이지만 그때는 그게 큰 특혜처럼 여겨졌다. 보사부 출입 22명 가운데 여기자는 두 명이었는데 나처럼 특별배려를 받은 사람과 취재력이 뛰어났던 신동식 선배가 고작이었다. 신 선배는 자사 신문 사회면을 혼자 다 메우다시피 하며 특종을 도맡아하는 실력을 발휘했었다. 그런데도 승진에서는 너무나 가슴 아픈 대우를 받았다.

그랬었는데 요즘은 특히 방송 여기자들의 취재활동은 눈부실 정도로 다양하고 활발하다. KBS의 경우 청와대 출입 여기자도 배출했고 현재 도쿄 특파원 세 명 가운데 두 명이 여기자일 정도로 달라지고 있다.

　방송여건의 변화에도 놀라지 않을 수 없다. 지금은 영상과 음향이 같이 녹화되고 취재현장에서 녹화한 것을 바로 직접 방송사로 보낼 수 있지만 내가 한창 일할 때는 동시녹음도 안 될 뿐더러 지방에서 취재한 영상을 버스나 기차로 날라야 했다. 일이 얼마나 많고 힘들고 시간이 걸렸는지 모른다.

　1973년 천마총 발굴 때는 경주의 시외전화선은 아홉 개 밖에 없는데 기자는 수백 명이 몰렸고 송고시간은 거의 동시이니 전화연결 전쟁이 어떠했는지 짐작이 갈 것이다. 나는 하는 수 없이 경주에서 택시를 타고 KBS 포항방송국으로 가서 녹음해 서울로 보냈다. TV 아침방송 출연 때는 대구에서 밤 12시에 출발하는 기차를 타고 아침 6시에 서울에 도착해 방송출연하고 또 경주로 내려가 취재하는 일을 며칠 동안 거의 매일 반복한 적도 있다. 지금은 발달된 첨단 전자기기들이 기자들의 취재를 도와주고 있지만 그래도 방송기자들은 늘 바쁘고 일이 많다. 큰 기사 하나 터지면 밥 먹을 시간도 없게 된다. 방송기자는 어느 면에서는 중노동이다.

　지금은 워낙 각종 매체가 많고 정보를 쉽게 접할 수 있어서 기자들이 특종하기가 쉽지 않을 것이다. 그러나 전에는 기자라면 몇 번씩의 특종을 해야 축에 끼는 분위기였다. 그 특종이라는 것이 마음먹는다고 되는 것도 아니고 하고 싶다고 되는 게 아니지만 우연하게 될 때가 종종 있다.

　나는 여기자였기 때문에 취재원의 호의에 의해서 특종을 한 적이 있다. 1974년 제23회 국전* 때다. 그때는 국전기사가 사회면 톱을 장식하는 것이 관례였고, 각 방송사는 방송에 출연시킬 입상자를 섭외하느라 쟁탈전이 치열했다. 국전 심사 마지막날 밤 10시쯤 나는 심사장인 경복궁 민속박물관에 갔다. 헌병이 지키는 문을 무사히 통과해 들어가니 심사위원들이 놀라면서 칠판에 적어놨던 입상자 명단을 지우기에 바빴다.

담당국장은 통금시간**직전의 젊은 여기자가 걱정이 돼서 입상자 명단 보안은 뒷전이었다. 그 국장은 택시까지 태워서 나를 안전하게 보내줬다. 집에도 못 가고 방송국에서 밤을 새운 나는 새벽잠을 깨우는 결례를 무릅쓰고 통금이 해제되자마자 입상자 12명에게 일일이 전화를 걸어서 대통령상 수상자 2명을 찾아냈다. 그때의 수상자가 박영성 화백***과 양진니 서예가****다.

박영성 화백은 새벽 5시에 처음 통화할 때부터 라디오 뉴스에 직접 연결하는 오전 7시까지 무려 두 시간 동안이나 수화기를 내려놓지 않고 들고 있었다. 다른 기자들의 취재를 막기 위한 여기

* '대한민국 미술 전람회'의 준말이다. 문화예술진흥원 주관으로 1949년부터 1981년까지 실시되던 미술 전람회이다.
** 자정(밤 12시)부터 새벽 4시까지 사람의 통행을 단속했던 것을 말한다. 1945년 9월 7일 미군정 포고령 1호에 따라 치안 및 질서유지를 명목으로 시작됐고, 1982년 1월 6일 폐지됐다. 이를 위반하면 경찰서에서 하루 유치장 신세를 져야 했다. 그래서 밤 12시를 넘기게 되면 아예 술집이나 다방에서 밤을 새는 일이 잦았다.
*** 1926~1996. 한국 수채화의 개척자. 1967년 이후 국전에서 6번의 특선 끝에 제23회 추계 국전에서 대통령상을 수상한 뒤 국전 추천작가, 초대작가를 역임했다. 수채화의 표현영역에 주목해 수채화 장르가 지닌 표현성을 한 단계 높였다는 평가를 받았다.
**** 1928~ . 호 우죽友竹. 1974년 국전 대통령상 수상, 서예협회 이사장 역임했다. 복원된 남대문 상량식 휘호에 참여했다.

만약 내가 다시 방송기자가 된다면 217

자의 간절한 부탁을 들어준 것이다. 오래전에 작고하신 그분께서는 지금도 감사하고 있다.

방송이 나가자마자 밤샘을 한 시경기자실이 난리가 났다. 이 기사가 어떻게 샜는지 따지느라고. 문공부 기자실도 소란스럽기는 마찬가지였다. 나는 바로 출입처를 바꿔서 난처함을 피했다.

방송은 일요일에도 뉴스 시간이 그대로 있기 때문에 일요일용 기사를 미리 써놓는 게 반 의무이다. 일요기사를 써놓지 않으면 토요일에 퇴근하기가 민망하고 미안하다. 그날도 토요일이었는데 나는 일요일용 기사를 준비하지 못했다. 기자실에서 스크랩 찾고 옛 자료를 뒤졌는데도 기사거리를 건지지 못했다. 고민 끝에 공무원들이 다 퇴근한 사무실이라도 한 번 더 돌아보자는 마음으로 복도를 나서는데 한 공무원이 다음 주 월요일 차관회의에 올릴 인쇄물을 들고 들어오는 게 아닌가.

그동안 논란이 많았던 국민의료보험(현 국민건강보험)*을 1977년 7월 1일부터 500명 이상의 사업장부터 시행한다는 내용이었다. 퇴근도 못하고 기사 찾아다니는 여기자의 모습이 딱했는지, 취재에 순순히 응해주었다. 내 일요기사는 다음날 모든 석간에 1면 톱이 됐고 그 다음날 모든 조간에도 1면 톱이었다. 나는 출입처가 바뀌

---

*1977년 박정희 대통령의 지시로 시작된 국민의료보험제도는 당시 소수만 혜택을 본 제도였다. 500인 이상 사업장이 많지 않던 시절이라서 전 국민의 8.7%만 대상이었던 것이다. 이로 인해 대다수 국민이 아니라 특수층을 위한 혜택이라는 비판이 제기됐다. 그래도 국민복지시대를 열었다는 평가는 유지된다. 이후 1979년 300인 이상 사업장, 1981년 100인 이상 사업장을 거쳐, 1988년 5인 이상 사업장으로 확대됐다.

자마자 운 좋게도 특종을 두 건 연달아 했는데 얼굴이 알려진 방송기자의 이점 덕이었을 것이다.

우리나라의 방송 역사는 올해로 86년이 됐고 1961년에 개국한 KBS TV가 52년이 됐지만, 여기자의 역사는 길지 않다. 첫 방송 여기자는 1963년 동아방송 개국 때 탄생했다. 김지자 씨인데 불과 2년도 안 돼 퇴직하고 서울교육대학 교수로 재직했다.

TV에서는 KBS의 카메라 기자인 김문자 씨가 국방부를 출입하면서 취재도 겸한 첫 여기자였는데 2~3년 정도 근무하고 퇴직한 뒤에 내가 들어가서 정년까지 하게 됐다.

앞에서도 얘기했지만 방송기자는 카메라기자와 함께 직접 현장에 가야 취재가 되고 영상자료 준비하고 편집도 직접 해야 되며 TV와 라디오 방송출연까지 해야 하기 때문에 일이 많고 바쁘다. 하루 종일 뛰어서 쓴 기사를 1분 30초에 실어 허공에 보내고 나면 남는 것도 쌓이는 것도 없는 허무한 직업이란 생각이 들 때도 있었다.

그러나 방송만이 갖는 독특한 매력 때문에 방송기자들은 힘든 줄 모르고 열심히 뛸 것이다. 만약 내가 다시 방송기자가 된다면 이것저것에 연연하지 않고 어느 한 분야만 깊이 파고드는 전문기자가 되겠다.

다시 싣고 싶은 나의 기사

[해설기사]
서울지하철 파업 철회해야

서울지하철 노조 파업이 3일째 계속되고 있습니다만 정상화의 기미는 보이지 않고 있습니다. 오늘까지는 대체인력 투입으로 큰 혼란 없이 그런대로 운행되고 있습니다. 그러나 내일부터는 감축운행이 불가피한 상황입니다. 정비와 보수 쪽에는 대체인력이 더욱 부족하기 때문에 안전문제가 크게 우려됩니다. 이번 파업에 대한 시민들의 시선은 예전 같지 않습니다.

서울 시민들은 지하철의 재정이 부실할 때 요금을 올려 보전해주고 그래도 발생하는 적자에 대해서는 세금으로 메워주는 등 갖가지 지원을 다하고 있는데도 잦은 파업으로 시민을 골탕 먹이는 데 염증이 난다는 반응입니다.

서울지하철의 파업과 태업은 지난 88년부터 11년 동안 아홉 번 강행됐습니다. 거의 해마다 있어온 셈입니다. 게다가 하루가 멀다 하고 고장 나서 멈추고 지옥철로 표현될 만큼 서비스도 좋지 않았습니다.

그런 지하철 공사의 노조가 명분도 설득력도 약한 요구조건을 내세우며 법적인 절차도 거치지 않고 파업에 돌입하자 시민들이 분노하고 있는 것입니다. 이번 파업의 가장 큰 쟁점은 구조조정에 따른 인력감축과 노동시간 문제입니다.

서울지하철의 사측은 늘어나는 적자와 쌓이는 빚을 줄이기 위해 정원의 약 18%인 2천여 명을 3년에 걸쳐 단계적으로 줄이자는 것입니다. 그리고 근무시간도 현재의 한 달 18일에서 20일로 이틀 늘리자는 안입니다. 그렇게 해야 적자를 10%씩 줄여 나갈 수 있다는 계산입니다.

이에 대해 노조 측은 오히려 1천4백명을 더 늘리고 임금은 현 상태를 유지하면서 근로시간을 줄이자고 주장하고 있습니다. 노조는 현재 주당 근무 44시간에서 40시간으로 줄이고, 그 시간을 채울 인원을 새로 뽑아 고용을 창출해야 된다고 맞서고 있습니다. 서울지하철의 경영상태로 보아서는 납득하기 어려운 노조의 주장입니다.

서울시 지하철은 현재 빚이 무려 3조 5천억 원 가까이 됩니다. 적자는 하루에 10억씩 납니다.

그래서 서울지하철은 수용자가 부담하는 지하철 요금 외에 서울 시민이 낸 세금에서 적자의 3분의 2를 매년 지원받고 있습니다. 경영 악화의 정도가 심각한 지경에 있는 것입니다.

구조조정을 하지 않으면 살아날 길이 없습니다. 2천여 명의 감축이 문제가 아니라 전 직원 모두가 어려움에 처하게 됩니다. 또한 국민에게도 큰 부담으로 돌아오게 됩니다. 서울지하철은 인력의 효율성면에서도 도시철도공사나 외국에 비해 많이 뒤떨어지고 있습니다.

지하철 5호선에서 8호선까지를 운영하는 도시철도공사는 km당 55명이 일을 하는 셈이고 런던은 46명, 도쿄는 66명인 데 비해 서울지하철공사는 85명입니다.

이런 실정인데도 노조가 구조조정을 위한 인원 감축을 반대하며 파업을 하는 것은 어느 누구의 공감도 얻을 수 없는 것입니다. 국가적 과제이고 사회적 합의이기도 한 구조조정은 피할 길 없는 현실입니다.

서울지하철 노조는 시민을 볼모로 한 파업을 철회하고 협상에 응해야 할 것입니다. 그리고 조속히 업무에 복귀함으로써 단기적인 고통이 장기적으로 모두에게 이익이 되는 길을 찾아야 될 것입니다. 감사합니다.

KBS, 1999년 4월 21일

현장에서의 분노,
일에 쫓겨 삭일 수밖에 없었다

한국여성언론인연합 대표
(전 서울신문 논설위원) 신동식

1961년 연세대 정치외교학과를 졸업하고 영국 헐Hull대학 대학원 사회복지정책 석사과정을 이수했다. 1963년 서울신문에 입사했으며 사회부 차장, 생활과학부 부장, 스포츠서울 수석부국장, 서울신문 논설위원 등을 역임했다. 한국여기자클럽 회장과 성공회대 신문방송학과 겸임교수, 언론중재위원회 감사 등도 역임했다. 제1회 최은희여기자상(1984년), 자랑스런 연세 여동문상(1996년), 제13회 올해의 여성상(1997년), 연세언론인상(2002년)을 수상했다.

❝ 당신 뭐요?" 하며 가슴 떠밀렸던 일은 아직도 잊을 수 없다. 마감에 쫓겨 기사부터 불러놓고 보자고 한 대판 싸움을 기어코 못하고 말았다. 그때 분통을 터뜨렸더라면 지금껏 남아있는 가슴속 체증은 가셨을 것이다.

  1963년 2월 8일부터 사회부 일선 취재처로 내몰린 곳이 서대문·마포경찰서 관할 구역이었다. 새벽부터 나와 병원 영안실, 응급실을 돌고 두 경찰서 형사계에 들러 밤새 일어난 사건기록을 보는 일부터 되풀이하던 때다. 그날도 서대문 적십자병원 영안실과 응급실부터 점검했다. 젊은 청년이 옆집 아주머니에게 장문의 연서를 써놓고 음독자살, 영안실 쇠침대 위에 홑이불도 안 덮인 채 뉘여 있었다. 옆에서는 영천시장 난전에서 나물을 팔던 어머니가 초췌한 모습으로 원통한 하소연을 곡으로 쏟아내고 있었다. 조금 있다 들어선 큰어머니도 머리에 수건을 두른 막일 옷차림이었다.

아버지가 영등포구에서 국회의원에 출마했던 정치인이고, 나이 어린 셋째 부인과 잘살고 있다는 내용은 전실*들의 생활고와 비교되어 후속취재가 필요했다.

병원에서 대각선으로 내달려 서대문서 형사계로 들어섰다. 영안실을 거쳐간 형사를 찾아 청년의 아버지 신상 확인을 시도하던 때다. 이른 아침이라 조심스러웠지만 마감시간에 대어야 하는 조급함으로 형사의 철필 기록을 바짝 다가서 보게 됐다. 느닷없이 앞가슴을 떠밀리며 형사가 기록을 덮어버리는 수모를 겪어야 했다. 이른 봄 바바리 코트 위 떠밀림이지만 분노가 머리끝까지 치올랐다. "저 새끼 죽여야 하는데⋯⋯." 내 표정에 자리를 피하는 그 작자를 쫓았지만 마감시간이 코앞이었다. 시경캡에게 보고하고 사회부에 기사 부르고 사진 찾아 현저동 판잣집 동네를 내달려 오전판 마감**을 하고서야 그자를 찾아나섰다. 대판 해붙이고 사회부장이 하명한 화제박스를 쓰려던 것이 그날 하오 내 눈을 피한 그로 인해 틀어졌다. 서울신문이 석간이던 때라서 하오 내내 3판까지 기사를 갈아 써야 했고 심층 화제박스를 마감하는 일에 매달려야 하기도 했다. 그 다음날도 기사마감에 쫓기기는 마찬가지여

*전실前室. 전처前妻를 일컫는다.
**방송사와 달리 신문사는 신문을 하루에 3~4차례 찍어서 판版을 달리해 각 지역별로 송부한다. 그 판마다의 마감시간이 다르다. 조간신문의 경우 보통 오후 5~6시에 초판 마감을 해서 초판이 나오고, 이후 오후 9시 반, 오후 11시 반, 밤 12시 반, 새벽 3시에 마감을 해서 각 판을 영남, 호남, 강원, 충청, 수도권 등으로 나누어 배송한다. 이 신문이 새벽 3~4시쯤 각 지역별 지국에 도착하면 지국 직원들이 독자들에게 배부한다. 초임 기자들은 기사마감을 지키지 못하면 아무리 좋은 기사라도 신문에 실릴 수가 없기 때문에 마감시간을 생명처럼 여기라는 조언을 많이 듣는다.

서 일주일 내내 분노를 해소할 틈이 없었다.

신혼부부 '복상사*' 취재, 배밑이 축구공보다 크게 부풀어 알몸으로 응급실에 실려왔던 총각 성병환자 사건 등 남녀 성문제와 관련한 사건취재에서 겪어야 했던 언어수모 또한 여기자에게는 분통터지는 일이었다. 병리학적으로 설명하면 되는 것을 여기자에게는 역겨운 말로 애를 먹이는 의료인도 보아 넘겨야 했다. 법원·검찰 취재 때에는 "시집이나 가지……", "여자가 무슨 기자야……"라는 말로 여기자 기죽이던 법조인들을 대면해야 했다. 그 중에는 당시뿐 아니라 지금도 한국 법조인맥을 거론할 때면 거명되는 유명인사도 있다.

구태舊態가 있던 때여서 고시 패스하고 갓 배치된 새파란 판사, 검사에게도 '영감님**'이라는 칭호를 붙여 부르던 때이기도 했다. 하지만 남자기자에 대해서는 금세 나온 신출이라도 일어서서 맞으면서 여기자는 우습게 아는 인격이 한심스러웠다.

지금은 어느 만큼은 그런 분위기가 가셔졌을 것이다. 그렇지만 근년 있었던 서울동부지검 출입기자에 대한 검사의 성추행 사건은 구태가 아직도 유전되고 있음을 감지케 한다.

행정부처 취재에서도 여기자들은 별것 아닌 것에도 신경을 써

---

*복상사腹上死 배위에서 죽는다는 뜻으로, 남녀 간 성행위 도중 급사急死하는 것을 말한다.
**조선시대 고위 관리를 부르던 호칭이다. 본래는 정2품 이상의 판서判書나 의정議政 등 당상관堂上官을 대감大監이라 부르고, 종2품 정3품의 당상관을 영감令監이라 불렀다. 일제강점기 때는 판사, 검사, 군수 등을 영감이라 불렀고, 광복 후에도 이어졌다. 노인을 뜻하는 말로 바뀐 것은 그 이후이다.

야 했다. 아침 일찍 여기자 방문을 꺼리는 문교부(현 교육인적자원부) 고위 관리가 있어 그 방은 혼자 확인해야 할 특종감이 있어도 선뜻 들어설 엄두를 못 냈던 방송국 여기자 예도 있다. 걸핏하면 '여자가' '여자가' 하던 일부 중앙부처 고위 공직자들 사고가 지금은 얼마나 개명되었는지도 궁금하다.

 보건사회부(현 보건복지부)의 한 이사관은 취재차 들러서 악수하는 내 손바닥을 엄지손가락으로 간질어 아연케 했다. 한번은 오전에 급히 마감한 사회면 톱기사에 관련한 간지 해설기사 때문에 점심시간 지난 다음 해당 이사관 방을 들렀을 때다. 요점 확인을 마치고 일어서는 기자를 뒤에서 느닷없이 껴안는다. "왜 이래 이거, 이거 어디서 배워먹은 행티야." 뿌리치고 기사 쓰기 바빠 사과받는 것으로 끝내고 말았지만 분노와 불쾌감은 오랫동안 지속됐다. 당시 심신이 건강하고 일에 대한 당당한 자신감으로 임하던 때여서 그런 관용으로 대처할 수 있었다고 생각한다. 당시는 성희롱이나 폭력에 대한 공개 거론이 어렵기도 했지만 떠들어 이슈화하고 나면 내 기자생활만 귀찮아질 것이 뻔한 사회 분위기였다. 혼자서 당사자를 대면해 대차게 해붙이고 나서 아무 일 없었던 것처럼 다른 기자들과 함께 취재하는 것이 나의 해결방법이었다. 어느 부처 중견 서기관은 당시로서는 시중에서 구할 수 없던 플레이보이 잡지를 몇 권씩 책상 서랍에 넣고서는 업무시간에 책상 위에 펼쳐 들여다보고 있기 다반사였다. 그는 보던 책을 기자들에게도 잘 보여주는 행태를 여기자에게도 연출했다. 그 과에는 여직원도 있었고 과장의 그런 행태는 소속 과와 국에 알려져 있었는데도 그 버릇을 고스란히 보고만 있었다.

　기자실에서의 언론계 동료들은 어떤가. 지금도 사회부처나 정치·경제부처에는 여기자가 적은 수일 것이다. 당시 한두 명 끼는 기자실이 몇 있었다. 오전이나 오후 취재전쟁이 끝나고 나서의 기자실 화제에 언제나 안심할 수는 없었다. 화제가 남성 위주로 흐르는 것은 이해할 수 있는 일이다. 하지만 여기자가 들어내기 어려운 수모스런 말들을 기자실에서 즐기듯 하는 것에는 한계가 있어야 한다. 그리고 경찰 취재 때나 법원·검찰, 여러 부서 출입에서 있게 되는 취재원과의 식사나 술자리에서 난감한 때가 한두 번이 아니었다. 그런 자리 왜 갔냐고 하겠지만 혹시나 중요 취재씨앗이 그런 데서 잡히는 게 아닌가 하는 염려를 기자라면 하게 되는 것이다. 여러 번 낭패를 겪고 나서 낌새가 이상해진다 싶으면 도망치는 요령도 터득했지만 어떤 때는 가운데 껴앉아 오도가도 못하고 고스란히 곤경을 당해야 했다. 최근 여러 번 있었던 술자리에서의 여기자 성추행 곤경도 옆에 있던 기자들이 동업자로서 조금만 도왔어도 낭패를 면할 수 있었을 것이다.

　기사취재에서는 경쟁하는 입장이라 서로 간 친밀에도 한계는 있을 것이다. 그렇지만 한 기자실에서 매일 만나다 보면 동류애도 느낄 것이다. 상대의 입장을 헤아려주는 인정은 있을 수 있고, 당연히 있어야 한다고 본다. 기자들은 자타가 공인하는 지성인들이다. 바삐 뛰는 취재마당이라 해도 마땅히 상당한 수준의 기본 의

1992년 영국 북동부 헐HULL시 기차역 앞 광장. 한국 전쟁 참전 영국군 기념비 제막식에서

식은 지닐 만한 사람들이다. 그런데도 취재전선에서 겪는 동료의 곤경에 무심한 것은 알 수 없는 행태다.

요즘 모임에서나 길에서 지난 시절 기자실 타사 동료들을 자주 본다. 서로 간 얼굴에서 세월의 흔적을 보며 피식 웃음으로 반기기도 하지만 당시 고약했던 친구는 그 행티가 뇌리에서 지워지지 않는다. 여기자가 특히 사회부에서 일하다 보면 여러 취재현장에서 별꼴을 다 보게 된다. 취재원도 그렇지만 같은 기자사회로부터도 귀에 담지 못할 말도 듣게 되고 가슴을 비수로 찌르는 것 같은 상처도 입게 된다. 참다 못해 기자실에서 티껍게 구는 타사 선배 따귀를 올려붙인 여기자도 있었다.

이제는 직장에서의 성차별, 성희롱을 용납지 않는 토대도 형성됐고 대 여성 의식이 밝게 잡혀가는 도정에 있다. 내 잘못이 아닌 해프닝으로 상심하거나 기죽어서는 안 된다. 좀더 참아내며 당당하고 구김 없이 임하는 것이 아직은 왕도일 것인가.

"기자는 기사로 말한다"는 좋은 원칙*이 있다. 한 매체를 대표해서 기자로 취재하는 것이다. '여기자'로 대하는 사람에 대해서는 기사로 본을 보여야 한다. 그 어설프던 시절 건방지고 우습던 취재원에게 기사로 말하며 내 위치를 잡아나갔었다.

---

*법원에도 '법관은 판결로 말한다'는 격언이 있다. 사건에 대한 개인적인 의견을 외부에 노출시키지 않고 오로지 엄정한 법적 판단인 판결로 법원의 사건에 관한 공식적 입장을 표출한다는 의미이다. 이와 똑같이 기자도 공인으로서 특정 사안에 대해 기자 개인의 사견을 대외적으로 공개하기보다 기사 형태로 공기公器인 신문이나 방송에 담아 표출한다는 것이다. 미국의 유명 신문사 기자들이 다른 언론사의 취재에 응하지 않는 경우가 있는데 개인적 사견을 표명할 수 없도록 한 사규 때문이다. 영국의 이코노미스트라는 유명한 잡지가 기자들의 바이라인(byline, 기명)을 달지 않는 것도 같은 이유에서다. 모든 기사가 이코노미스트라는 잡지의 공식입장이지 기자 개인의 의견이나 식견이 아니라는 뜻이다.

다시 싣고 싶은 나의 기사

1. 韓·越(한월)의료원 '사이공'서 開院(개원)

한국 정부가 세운 한월의료원(메디칼센터)이 2일 월남의 수도 '사이공'에서 문을 열었다. 이날 상오 '사이공'시 '쵤론' 지역 병원건물 앞에서 열린 개원식에는 한국 측에서 高在珌(고재필) 보건사회부장관을 수석대표로 하는 정부대표단 4명과 류양수 전 주월 한국대사, 한국의료사절단원들이, 월남 측에서는 '구엔 반 티우' 대통령 내외, '우엔 반 후옹' 보건성장관을 비롯한 정부 각료와 관계관 및 사이공 주재 외국사절들이 참석했다. 이 메디칼센터는 한국이 처음으로 외국에 세운 종합병원이다.

개원식은 티우 월남 대통령의 치사, 고재필 장관의 기념사, 월남 보건상장관 축사, 의료원 상징판 제막의 순으로 진행됐다.

티우 대통령은 축사를 통해 "월남 국민들의 건강을 돌보기 위해 국군을 파병까지 했던 한국에서 의료원을 이곳에 세워 문을 열게 된 것은 매우 뜻깊은 일이다"고 전제하고 "한국과 월남은 앞으로 의료원을 통한 인술의 가교 외에도 여러 방면에서 서로 협조, 우의를 증진시킬 것으로 믿는다"고 밝혔다.

고 장관은 기념사에서 "한월 양측은 유사한 역사와 공통된 과제를 지니고 있는 나라로서 최근 다같이 크나큰 시련을 겪고 있다"고 말하고 "한월 양측의 두터운 우정의 상징으로 박정희 대통령과 티우 대통령의 합의에 의해 이루어진 한월의료원이 앞으로 교육병원으로서 또 종합병원으로서 월남 국민의 보건 향상에 크게 이바지하고 발전할 것을 믿는다"고 밝혔다.

개원식이 끝난 후 우엔 반 후옹 월남 보건성장관은 의료원개원을 축하하는 다과회를 베풀었다. 이어 한국 대표들을 위한 디너파티도 베풀 예정이다. 한월의료원은 지난 69년 5월 30일 한월 양국 수뇌의 공동성명과 71년 6월 '한월경제기술협력에 관한 협정'에 의해 한국 정부가 285만 달러(한화 11억 4천만 원)를 들여 건립한 것이다. 지난 72년 1월 1일 착공, 73년 말 완공됐다. 연건평 1만 4천997제곱미터(4천4백99평)의 6층 콘크리트 현대식 건물이다.

병상은 250개이며, 내과 외과 소아과를 비롯, 10개의 진료과목과 마취 임상병리 방사선 등 3개 기초과를 갖추고 있다.

이 병원에는 한국인의료사절단 21명(의사10명, 간호원 등 의료요원 11명)과 월남의료요원 400여 명(의사 26명, 간호원 255명, 약제사 10명, 기타요원 100여 명)이 근무한다. 병원운영은 양국 의료인으로 구성된 운영위원회에서 맡는다.

이 병원은 사이공에 있는 유일한 국립종합병원으로 월남의과대학 졸업생들의 수련도 맡아보게 된다.

현재 월남에는 의과대학이 사이공에 2개, 후에 1개 있는데 의사 수련을 맡을 국립종합병원은 이 한월의료원 뿐이다.

한국 정부는 이 의료원의 진료사업을 위해 앞으로 3년간 해마다 28만 5천 달러(1억1천4백만 원)를 지원하며 주월 '유세이드'는 100만 달러 규모의 장비를 지원하기로 되어 있다.

월남 정부는 이날 의료원 개설에 공이 큰 독고영 전 주월 대사관 노무관 등 5명에게 훈장을 주었다.

서울신문, 1974년 3월 2일

2. '戰後(전후)의 상처 보살필 따이한 仁術(인술)'

지난 2일 사이공에서 문을 연 한월 의료원은 월남에서 가장 짜임새 있게 지어진 병원이다. 월남 정부와 의료인들은 이 병원이 자기들에게 가장 알맞은 병원이라고 좋아하고 있다. 병원은 수도 사이공 중심가에서 4km 떨어진 빈함 투, 조용한 주택지에 자리잡고 있다. 너비 4m 쯤 되는 도로에 면한 넓은 철책문을 밀고 들어서면 5만 평 병원 경내 한가운데 하얀 6층 건물이 가장 먼저 눈에 들어온다. 이 건물이 본관이다. 1층에는 소아과 등 10개 과목의 외래진료실, 약제실, 검사실, 입퇴원계, 서무실 등이 있고 2층에는 수술실과 원장실, 의사집회실, 3층에는 입원실이 들어서 있다.

본관 평면건평은 394평, 6층 연면적은 2천665평이다. 본관 뒤편으로 공급실(154평), 응급실(97평)이 있는 단층 부속건물이 달렸다.

공급실에는 한꺼번에 250명분의 세탁을 할 수 있는 세탁기계와 소독기계, 자동다리미 등 시설이 갖추어져 있고 부엌에도 증기밥솥 등 최신 취사기구가 마련되어 있다.

응급실은 한꺼번에 응급환자 12명을 받을 수 있게 시설되어 있다. 한국의료사절단 숙소는 본관 왼쪽에 별채로 있다(461평).

병원건물 외벽은 모두 깨끗한 흰색이나 내부는 크림색, 핑크색, 하늘색 등으로 층마다 벽의 색조가 다르다. 이 건물을 설계한 金東珪 씨(김동규, 56)는 "병원의 단조로움을 없애고 아늑하고 부드러운 분위기를 이루기 위해 색조를 달리했다"고 말했다.

2일 개원식 직후 병원 내부를 돌아본 키엠 수상 등 월남 정부 각료들은 깨끗하고 밝은 건물과 최신 장비에 칭찬을 아끼지 않았다. 특히 키엠 수상부인은 티우 대통령 부인이 지은 5백 병상 규모의 비단 병원에도 없는 세탁시설에 놀랐다.

스팀과 보일러 시설도 월남에서 처음 갖춘 것이다. 병원 건물공사는 대림산업이 맡았는데 1평에 4

만 원의 건립비가 들었다.

병원 경내에는 옛날 '초광' 병원 때 있던 낡은 건물이 몇 채 남아있으나 주위에는 한창 꽃이 피고 있는 화초와 야자수 부겐베리아 등이 숲을 이루고 있어 오히려 별장 같은 느낌을 준다.

2일 개원식을 마치자마자 16명이 입원했다. 첫 외래환자는 볼거리를 앓는 어린이 환자였다. 이 아이를 데리고 온 어머니는 자기 아이의 생일도 몰라 담당의사 孫澈(손철) 박사는 투약처방을 내는 데 애를 먹기도 했다.

한국 정부 및 의료인들이 이 병원을 특히 좋아하는 이유는 갖출 것은 다 갖추었으면서도 그 규모가 크지 않아 월남 재정형편으로 능히 감당할 수 있고 우리 의료사절단의 지원으로 짜임새 있는 진료를 할 수 있기 때문이다.

월남에는 지난 69년 이후 외국원조로 3, 4개의 큰 병원이 건립돼 있으나 어느 것 하나 큰 성과를 못 거두고 있다.

69년 서독이 다낭에 지은 1백 병상 규모의 병원은 건물만 지어주고 말아 아직도 의료장비와 의료요원을 확보 못해 운영하지 못하고 있다.

지난 71년 호주가 빈호아에 지어준 1백 병상 규모의 병원, 뉴질랜드가 퀴논에 지어준 1백 병상 규모의 병원, 마담 티우가 2, 3개 국의 외국원조로 지은 5백 병상의 비단 병원 등은 모두가 월남 재정형편으로는 너무 부담스러운 규모이고 건물만 지어주고 시설 등은 월남 정부에 맡겨버려 제대로 운영되지 못하고 있다. 일본이 경제원조의 하나로 지난 71년부터 1천5백만 달러를 투입, 사이공 교외 초테이에 짓고 있는 병원도 그 규모가 병상 1천개나 되어 너무 크고 병원건물만 지어준다는 조건이기 때문에 월남인들은 크게 달가워하지 않고 있다. 이 병원의 현재 공정은 70%로 75년 12월에 개원 예정이다.

한국의료사절단장 安秉勳(안병훈) 박사는 "규모는 작아도 최신장비를 완전히 갖추고 있어 짜임새 있는 진료를 할 수 있다"고 말했다. 이 병원 운영책임자인 원장 팜학 박사(52, 정신과)도 "월남 실정에 가장 알맞은 병원이다. 환자도 충실하게 진료할 수 있고 의과대학 수련의 교육도 실시할 수 있다"며 크게 흡족해 했다.

월남에 오래 있어 이 나라 사정을 소상히 알고 있는 AP통신 사이공 지국장 조지 에스퍼 씨(41)도 "한국이 월남에 가장 알맞은 원조를 했다. 미국은 수백만 달러를 쏟아 넣고도 큰 성과를 거둔 것이 없는데 한국은 참으로 현명하게 선택을 했다"고 평했다.

월남 보건성은 이 병원에서 많은 국민들이 충실한 실비 진료를 받을 수 있도록 국고에서 비용을 지원하고 진료에 필요한 의약품 등 일체를 직접 공급키로 했다.

아쉽다면 산부인과와 산실이 없는 것이다. 이는 월남 의료제도가 프랑스식을 채택하고 있어 산부인과는 따로 독립해서 운영해야 되기 때문이다. 그래서 월남 안의 어느 종합병원에도 산부인과는 없다.

서울신문, 1974년 3월 6일

월남 패망(1975년) 직전 여기자가 월남 출장을 가는 기회는 흔한 게 아니었다. 한월의료원 개원 현장을 '신동식 특파원'이 취재보도한 것 자체가 이례적인 일이었다. 신동식 기자는 이 기사를 취재할 당시 11년차 기자로 이미 중견기자 반열에 오른 상태였다. 하지만 이 기사를 끝으로 1년 뒤 월남이 패망하면서 월남은 다시 갈 수 없는 나라가 되고 만다. 기억에 남지 않을 수 없는 기사다.

닮고 싶은 사람이 있다는 것

세명대 초빙교수
(전 한국경제신문 수석논설위원) 박성희

;

1977년 서울대 가정관리학과를 졸업했고, 2000년 연세대 언론홍보대학원 석사과정을 졸업했다. 한국경제신문 문화부 부장, 수석논설위원을 역임했다. 또 관훈클럽 편집위원과 한국신문방송편집인협회 부회장, 한국방송통신심의위원회 보도교양분과위원장을 지냈다. 현재 한국외국어대 언론정보학부에서 학생들을 가르치는 한편 한국청소년상담복지개발원 이사, 한국간행물윤리위원, 삼성복지재단 이사와 한국영상자료원 이사 등을 맡고 있다. 제12회 최은희여기자상(1995년)을 수상했다. 저서로『문화가 경쟁력이다』(2000년)『공주를 키워주는 회사는 없다』(2004년)『가방 속에서 벗어나기』(2009년)『맛있는 인생』(2007년)『곁에 두고 싶은 책』(2012년)이 있고, 역서로『왜 나를 말하기를 두려워하는가』(1998년)가 있다.

인연이란 참 묘한 것이다. 추계 최은희 선생님을 만난 건 1977년 사회 초년생 때였다. 잡지기자 시절 서울 종로구 행촌동 자택으로 인터뷰를 하러 갔다. 대문 안에 마당이 있고 마루 아래 댓돌이 놓인 작은 ㄷ자형 한옥에서 만난 선생님은 소박한 한복 차림이셨다.

자그마한 체구에 흰머리, 눈가와 이마의 주름에도 불구하고 선생님에게선 여전히 반짝이는 총기와 일생을 당당하게 살아온 이의 품격이 넘쳐났다. 칠순이 넘은 연세에 아랑곳없이 한국 근대 여성사를 정리하시는 모습은 놀라움 그 자체였다. 뿐이랴. 인터뷰 내내 국가와 사회, 이 땅 여성들은 물론 1남 2녀에 대한 사랑과 안타까움까지 그대로 묻어났다.

선생님과 헤어져 돌아오는 길에 속으로 다짐했다. "나도 저렇게 살아봐야지. 여성이란 굴레나 한계에 매이지 말고 힘차게 열심히!

나와 내 가족만이 아닌 다른 사람도 생각하면서. 내가 살다 간 흔적이 세상에 남을 수 있도록 노력해야지. 뭐든 최선을 다해야지."

신문사로 일터를 옮긴 뒤 매년 5월이면 부러움과 기대로 가슴이 차오르곤 했다. 최은희여기자상을 받는 선배들을 볼 때마다 존경스러웠다. '나는 언제쯤 상을 받을 수 있으려나. 어떻게 해야 저런 영예를 누리게 되는 걸까.' 그때마다 스스로를 돌아보곤 했다.

누구에게도 내색하지 않았건만 간절함이 전해졌을까. 문화부장이 된 1995년, 당시 여기자협회장이던 김영신 선배로부터 상에 도전해보라는 연락을 받았다. 데스크가 되면 현장에서 멀어지고 자연히 기사도 덜 쓰게 되니 어쩌면 상을 영영 받지 못하게 될 수도 있다는 조언이었다. 최은희여기자상은 공로상이 아니라 업적상, 특히 해당연도에 뛰어난 기사를 쓴 사람에게 주는 것이니 데스크가 된 이후엔 수상할 확률이 뚝 떨어진다는 얘기였다.

막연하게 상을 받고 싶다는 생각만 했지 어떻게 해야 하는지 모르던 터에 김 선배의 조언은 섬광 같았다. 편집국장과 의논하자 즉석에서 추천서를 써주며 격려했다. 관련 자료를 챙겨 국장에게 가져갔더니 심사위원들이 보기 좋도록 좀더 체계적이고 깔끔하게 정리하라고 일렀다. 국장에게 두 번이나 점검을 받은 뒤에야 비로소 자료를 제출할 수 있었다.

그렇게 제12회 수상자가 됐다. 경제지 기자로선 첫 수상이었다. 시상식이 열린 1995년 5월 9일은 지금도 잊지 못한다. 편집국 선후배는 물론 타국에서도 박수를 아끼지 않았다. 평소 알던 이들은 말할 것도 없고 한 번도 만난 적 없는 사람들까지 전화 혹은 전보로 축하해줬다. 상이 얼마나 좋은 건지 솔직히 그때 처음 알았다. 일한답시고 밤낮이 따로 없던 아내를 지켜봐준 남편과 두 아이를 돌보며 집안일까지 맡아주신 친정엄마에게도 낯이 섰다.

고맙고 행복했다. 상을 제정해준 추계 선생님의 아들 이달순 교수와 그 지인들은 물론이요, 상의 관리와 운영을 맡은 조선일보 관계자, 일간지 최초로 문화면에 건축과 문화산업 관련 기획기사를 쓸 수 있도록 기회를 준 국장과 부장, 결코 구순하지 않은 여기자를 참아준 동료들, 기자의 극성을 열정과 성실성으로 받아들여준 취재원까지 모두 고마웠다.

기쁨과 감사로 가슴이 뻐근한 만큼 단단히 다짐했다. "더 좋은 기자가 되겠다. 매체 파워에 상관없이 기사로 승부하는 기자, 같은 재료로 시장 상품이 아닌 백화점 명품관 상품을 만들어내는 데스크가 되겠다!" 그 이후 내내 상에 합당한 기자가 되기 위해 애썼다. 실제는 어땠는지 모르지만 늘 누군가가 눈 크게 뜨고 나를 지켜본다고 믿었다.

그러니 힘들다고 주저앉거나 포기할 수 없었다. 때로 적당히 넘어 가자거나 '그만 두자' 생각했다가도 매년 시상식 날이 되면 정신이 번쩍 들곤 했다. 최은희여기자상 수상자란 사실은 언제 어디서나 '노력했다'를 넘어 능력과 검증의 징표가 됐기 때문이다.

매년 연말이면 수상자들을 초대해 격려해주는 이달순 교수와 지인들의 정성 또한 단신 하나도 대충 쓰거나 적당히 내보낼 수 없도록 만들었다. 야간 국장* 당번 때면 새벽 3시에 퇴근하고도 아침 9시면 출근했고, 휴가는 1년에 사흘 이상 가본 적이 없다. 논설위원으로 일한 14년 동안 2~3일에 한번 꼴로 '천자 칼럼'을 써내고 4년 넘게 기명칼럼을 가질 수 있었던 데도 최은희여기자상 수상자로서의 이름값을 해야 한다는 사명감이 크게 작용했다.

무엇보다 기자로 일하면서 일본 와세다 대학 법학 강의를 듣는 등 끊임없이 공부하고 팔순이 넘도록 펜을 놓지 않은 추계 선생님을 닮고 싶었다. 언론사를 정년퇴직한 뒤 대학 강단에 서면서 중앙선관위원 등 중책을 맡아 활동하는 김영신 선배의 길도 따라가고 싶었다. 추계 선생님은 더이상 뵐 수 없었지만 김 선배는 늘 곁에서 "잘한다, 할 수 있다"며 용기를 줬다. 뒤늦게 야간대학원에 다니게 된 것도, 대학 강의에 관심을 갖게 된 것도 모두 추계 선생님을 닮으려 애쓰면서 김 선배를 멘토로 둔 덕분이다.

외로움은 종종 힘이 된다. 편집국을 떠나온 뒤에 맞닥뜨린 주위의 미묘한 시선, 경제지 문화담당 논설위원으로 회사 안팎에서 느

---

*조간신문의 경우 야간에 새로운 뉴스가 발생했을 경우 기존에 만들어둔 판을 바꾸어 새로 지면을 꾸미는 경우가 많다. 편집국장이 퇴근하고 없는 늦은 밤에도 이렇게 판을 바꾸도록 지시하고 관리·감독하는 일을 하는 국장급 인물이 편집국에는 있어야 한다. 그래서 편집국장을 대신할 국장급 인물 가운데 당직 순번을 정해놓고 돌아가며 야간의 편집국을 지키게 하는 것이다. 이때 당직 순번을 서는 간부(보통은 부장급 기자)를 야간 국장이라고 부르는 것이다.

긴 소외감은 더 열심히 쓰게 만들었다. '써야 살아 있는 것'이라 여겼다. 잘 쓰기 위해 부지런히 읽고 사물에 대한 호기심과 관찰력도 키웠다.

'기자는 기사로 승부한다. 글쟁이는 글로 승부한다. 추계 선생님은 팔순에도 쓰셨다'는 생각은 논설위원실로 옮긴 뒤 인터넷신문(한경닷컴) 커뮤니티에 '맛있는 인생' '워니의 일기' 등 칼럼과 에세이 및 우화소설을 연재하게 만들었다. 독자의 반응이 시시각각 전해지는 인터넷은 신문과 다른 매력을 느끼게 했다. 바쁜 틈틈이 삶과 꿈, 월간 에세이 등 잡지의 시리즈물도 맡았다.

정년을 코앞에 두고도 문화면 독서페이지에 주 1회 북리뷰를 쓰겠다고 자청했다. 『문화가 경쟁력이다』 『맛있는 인생』 『곁에 두고 싶은 책』 『가방 속에서 벗어나기』 등 네 권의 책은 이렇게 해서 세상에 태어났다. 자기계발서 『공주를 키워주는 회사는 없다』는 남성 중심적 조직에서 아무 것도 모른 채 천둥벌거숭이처럼 살아오는 동안 얻은 깨달음을 바탕으로 펴낸 것이다. 후배들은 나 같은 시행착오를 겪지 않았으면 하는 생각이 너무 간절했었다.

상은 또 관훈클럽 임원과 한국신문방송편집인협회 부회장으로 일할 수 있는 계기도 만들어줬다. 그리고 이 모든 일들은 '편집국장은 못됐을망정 주필이 되겠다' '여성임원으로서 회사를 다른 차원으로 이끌어보겠다' '여성후배들에게 또 다른 비전을 주겠다'던 꿈과 달리 임원이 못된 채 퇴직한 뒤에도 기죽지 않고 대학 강단에서 학생들을 가르치면서 칼럼과 소설도 쓰는 제2의 인생을 씩

씩하게 살아갈 수 있는 거름이 됐다.

추계 선생님의 삶에 다가서고 싶다는 소망은 최은희여기자상 심사위원에 위촉되는 영예로까지 이어졌다. 언론계 대선배이자 한국 시단의 거목인 심사위원장 김후란 선생님(문학의 집 서울 이사장)과 과거 내게 상을 주신 건 물론 한국방송통신심의위원장 시절 분과위원장을 맡겨준 박명진 교수님(전 서울대 부총장)을 심사회의에서 만났을 때의 감격은 그 어떤 말로도 표현할 길 없다.

30여 년 전 문학기자 시절 처음 만난 이래 언제 뵈어도 한결 같이 단아하고 품격 있는 모습을 유지하는 김 선생님과 한국 언론학계와 언론계 전반이 공정함을 잃지 않도록 늘 앞장서온 박 교수님과의 인연 또한 여성이자 기자로서, 같은 길을 먼저 걸은 선배로서 어떻게 살아가야 할지 되새기고 마음을 가다듬으며 자세를 바로잡도록 이끌었다.

그분들을 닮아보려는 다짐과 노력은 이처럼 사는 내내 희망의 끈을 놓지 않고 긍지와 자부심을 지닌 채 앞을 향해 나아갈 수 있는 의욕과 용기를 심었다.

기자생활 만 35년 6개월을 마친 지 10개월. 어느새 이순耳順의 나이가 됐다. 가끔씩 허리와 어깨가 쑤시고 무릎도 시큰거린다. 책과 컴퓨터 화면을 계속 보려면 눈도 아프다. 그러나 나는 '다시 시작이다' 여긴다. 늦게 따둔 석사학위 덕에 맡게 된 대학 강의는 보수에 상관없이 즐겁고, 오래 전부터 소망하다 드디어 발을 들여놓게 된 방송 내레이션은 더더욱 즐겁다. 이제부터 쓰게 될 칼럼의 내용은 보다 자유로워질 게 틀림없다.

뿐이랴. 여성을 주인공으로 한 역사추리물을 쓰는 한편 추계선생님의 뒤를 이어 한국 여성사를 정리하고 '언론 속의 여성' 또한 체계적으로 정리해볼 참이다. '의욕 과잉'이라며 걱정할 이들이 있을지 모르지만 상관없다. 내게 보이는 건 70대 중반을 넘어서도 펜을 놓기는커녕 산더미 같은 일 앞에 앉아 계시던 추계 선생님의 단호한 모습인 까닭이다.

어디 그뿐이랴. 언론사를 떠나 더 활발히 활동한 김영신 선배의 짱짱함, 얼굴로나 일로나 나이를 짐작하기 어려운 김후란 선생님의 조용한 리더십, 언제 어디서나 솔직한 박명진 교수님의 당당함을 좇아가자면 아직도 한참을 더 달려가야 한다고 믿는다.

이 땅 최초의 여기자로서, 세 자녀의 어머니로서, 시대를 앞선 여성으로서 팔순이 넘도록 쉬지 않은 추계 선생님 앞에서 '퇴직 = 휴식' 혹은 '나이 60 = 휴식'을 들먹이는 건 사치스런 투정이다 싶다. 선생님은 결혼 13년 만에 남편을 잃고 홀몸으로 세 자녀를 모두 박사로 키워내고 당신 또한 쉼 없는 공부와 국가 사회에 대한 헌신으로 명예박사 학위를 받으셨다.

자신과 가정, 가족을 추스르는 것만으로도 벅찼을 법한데 일생동안 우리 사회의 모순과 여성 문제에서 한시도 눈을 떼지 않으셨다. 일찍이 공공성과 사회성에 대한 문제의식을 지녔을 뿐만 아니라 그것들을 해결하기 위한 실천과 실행 노력 또한 아끼지

2006년 '주한 외국대사 및 외국기업 CEO 대상 개성공단 투자설명회 및 현지 방문' 취재 중

앉으셨다.

추계 선생님은 물론 내게 길을 제시하고 열어준 선배나 윗분들의 삶에 얼마나 더 가까이 다가갈 수 있을지는 알 길 없다. 분명한 건 누군가 닮고 싶은 사람이 있다는 것, 그럴 수 있는 계기를 갖게 된다는 것은 한 사람의 삶을 무한대로 확장시킨다는 사실이다. 내겐 추계 선생님과 최은희여기자상, 그 상으로 만나고 인연을 쌓은 모든 분들이 그랬다.

나도 누군가에게 그렇게 꿈과 비전을 갖게 하는 사람이고 싶다. 그러자면 도리 없다. 나이 따위에 주눅들지 않고 앞으로도 열심히 쓰고, 누구에게나 먼저 인사하고 손 내밀고, 후배 여기자와 이 땅 많은 여성들을 위해 할 일을 실천하고, 우리 사회 모순에 대한 정직한 분노 또한 잃지 않는 수밖에!

다시 싣고 싶은 나의 기사

똥주가 완득이를 불렀을 때

완득이가 신났다. 영화 〈완득이〉(감독 이한)가 개봉 한 달 만에 400만 명 이상을 동원, 외화 대작들을 누르고 승승장구 중이다. 화려한 컴퓨터그래픽(CG)도, 톱스타도 없는 제작비 47억 원짜리가 8천만 달러짜리 〈리얼 스틸〉과 1억 2천만 달러짜리 〈신들의 전쟁〉을 이긴 것. 120만 명이 손익분기점이라니까 완전 대박이다.

이유는 간단하다. 잘 버무렸다. 가난한 장애인, 결혼 이주여성, 외국인 근로자 등 소외계층과 무너진 공교육 등 사회적 이슈를 담아냈으되 어둡거나 무겁지 않게 비볐다. 12세 등급가가 무색하지 않게 선정적 장면이라곤 없다. 원작에 없는 러브라인이 있지만 뽀뽀에 가까운 키스가 나오는 정도다. 폭력이라야 킥복싱 대결이고, 욕설 또한 특정인의 두어 단어에 한정된다.

착한 영화가 흔히 범하는 구차함이나 늘어짐도, 현실 고발영화가 지니는 살벌함과 칙칙함도 없다. 세상의 악과 편법을 강조해 분노를 조장하기보다 바르게 살아가려 애쓰는 모습을 그려냄으로써 정치적 요소를 걷어낸다. 화합과 희망을 얘기하지만 하루아침에 모든 게 해결될 수 있다는 식의 섣부른 환상은 배제한다.

가난하고 외로운 완득이를 일으켜 세우는 건 '투쟁하라'는 선동이 아니라 가난을 쪽팔려 하지도, 가난 때문에 무너지지도 말라고 이르는 스승의 사랑이요, 가족의 바탕은 혈연보다 서로에 대한 이해와 존중이요, 따뜻한 세상을 만드는 건 장애, 피부색, 국적, 학력에 상관없는 어울림을 전한다. 원작에 바탕을 둔 스토리는 탄탄하고, 대사는 공감을 자아낸다.

"야간자율학습을 면제해준다는 게 말이 돼. 야간강제학습이라면 몰라도." "가난한 게 부끄러운 게 아니라 굶어죽는 게 부끄러운 거야." "장애를 갖고 일하는 게 쪽팔려? 멀쩡한 몸뚱이로 일하지 않고 방에서 뒹구는 게 훨씬 쪽팔리고 한심한 거야." '요즘엔 보이는 것 모두가 너를 닮았다'는 촌스러운 연애편지 또한 남녀노소 관객 모두를 활짝 웃게 만든다.

배우들의 연기도 한몫 한다. 고약한 듯 따뜻한 교사 동주 역을 능청스럽게 해내는 김윤석과 일찌감치 애늙은이처럼 돼 또래들에겐 관심도 없지만 나름 순진한 완득이를 진짜같이 연기한 유아인은 물론, 타고난 욕쟁이 같은 이웃집 아저씨 역의 김상호, 예쁜척하지 않고 주어진 역을 소화하는 여배우들까지 흡인력을 높인다.

디테일도 중요한 요소다. 촬영 기간보다 더 오래 찾았다는 장소, 곧 완득이와 동주 선생이 사는 집이 마주보고 골목도 있고, 햇반을 던지는 거리와 각도도 맞고, 작은 교회도 있는 동네는 현실감을 더한다. 빗나간 햇반을 찾아오라는 동주 선생의 횡포와 이웃의 욕설이란 웃음장치가 거저 만들어진 게 아닌 셈이다.

그러나 영화 〈완득이〉의 힘은 무엇보다 뒤처진 학생을 끌어안으려는 교사의 노력과 열정에 있는 것처럼 보인다. 막말에 회초리를 드는 통에 '똥주'로 불리는 담임은 교실에선 아픈 가족사를 들춰내고 집에 오면 학교에서 받은 햇반을 내놓으라고 소리치지만 반 꼴찌에 외톨이인 완득이가 빗나가지 않도록 지켜보며 챙기고 존재조차 모르던 엄마를 만나도록 주선한다. 스승의 사랑은 엄숙하지도 간지럽지도 않다. 그저 밤낮없이 불러제낀다. "얌마 도완득." "완득아."

그는 학생들을 벌하면서 말한다. "찍어서 올려라." 똥주는 분명 바로잡아줘야 하는 일인데도 불구,

구설에 휘말릴까 봐, 싫은 소리를 들을까 봐, 엮여서 귀찮아질까 봐 모른 체 못본 체 지나치지 않고, 불러 세우고 간섭하고 혼내고 다독거리는 스승의 모습을 보여준다. 영화는 통합과 소통에 필요한 건 주장이 아니라 책임과 사랑, 배려, 협조임을 일러준다.

극장문을 나서면서 김춘수 시인의 〈꽃〉이 떠오른 것도 그런 까닭이다. "내가 그의 이름을 불러 주기 전에는/그는 다만 하나의 몸짓에 지나지 않았다./내가 그의 이름을 불러주었을 때/그는 나에게로 와서 꽃이 되었다./내가 그의 이름을 불러준 것처럼/…누가 나의 이름을 불러다오/…우리들은 모두 무엇이 되고 싶다."

한국경제신문, 2011년 11월 22일

박성희 위원은 '칼럼은 어떠해야 하느냐'는 생각을 바탕으로 쓴 기사였다고 했다. 14년 반 동안 논설위원으로 일한 박 위원의 지론인즉, 칼럼은 모름지기 독자에게 편하게 다가가야 한다는 것이다. 주제의 경중 여부에 상관없이 술술 읽혀야 하고, 그러자면 이해하기 쉽게 써야 할 뿐만 아니라 소재도 독자들이 공감할 만한 것이어야 한다는 얘기다. 〈다시 싣고 싶은 나의 기사〉로 이 칼럼을 떠올린 건 한 사람의 성장과정에서 선생님의 역할이 얼마나 지대한지 또한 일깨우고 싶었기 때문이라고 했다.

한번 기자면
영원한 기자다

해외문화홍보원 전문위원
(전 연합뉴스 외신국장) 이정희

1962년 이화여대 영문학과를 졸업한 뒤 1966년 서울대 신문대학원을 수료했다. 1962년 동화통신 외신부 기자를 시작으로 동양통신 외신부 차장, 연합통신 생활부 부장, 외신국 국장, 이사대우, 고문 등을 역임했다. 또 LG상남언론재단 이사, 이화언론인클럽 초대회장, 한국청소년상담원 홍보위원, 민주평통 자문위원으로 일했다. 제9회 최은희여기자상(1992년)을 수상했으며, 현재는 문화체육관광부 산하 해외문화홍보원 외신담당 전문위원으로 일하고 있다. 역서로 『화이트호텔』『혼자 살기』『파계』가 있다.

원스 어폰 어 타임once upon a time, 그러니까 반세기 전, '여기자'란 이름이 신기한 진품珍品처럼 여겨지던 시절이 있었다. 희소성 때문이었다. 주류 종합일간 언론매체들은, 극단적으로 말하면, 대체로 '1사 1여기자一社一女記者' 관행을 유지하고 있었다. 그것도 그 이전까지 여기자는 이미 문단에서 활동 중이던 시인, 소설가, 수필가 등 여류문인 또는 사회활동가들을 언론사 차장, 부장, 논설위원, 칼럼니스트로 영입해 온 경우가 많았던 터라 이른바 공채 출신, 즉 수습 기수가 붙는 '여기자'는 정말 가뭄에 콩 나기였다. 오죽하면 최초의 '공채 수습 출신 여기자 1호', '공채 수습 출신 여자부장 1호', '최초의 공채 수습 출신 뉴스룸 여자국장', '최초의 공채 수습 출신 여자주필' 등 지금 생각하면 좀 웃기는 칭호가 나왔을까. 동업 매체에서 인터뷰까지 해가서 사진과 함께 크게 소개하는 일도 벌어졌다.

단 주요 종합일간지에 공채 수습기자 출신 여사장(한국일보 장명수 전 사장, 현재 이화여대 재단이사장)이 탄생한 것은 당시나 마찬가지로 지금도 변치 않는 절대 희소가치인 것만은 틀림없다.

이런 예외 경우를 제외하고는 오늘날 여기자 비중은 입사시험 합격률에서나 취재영역에서나 많게는 50대50 전후에 근접하고 있다. 언론사 입사시험은 사법·외무·행정 등 주요 국가고시에 맞먹는 '언론고시'로 통한다. 그 어려운 관문을 통과하는 여성기자들은 일선 취재보도 및 리포트는 물론 논평, 논설, 칼럼 등 그 역할 범위에서도 제한이 없을 뿐더러 경쟁력도 강하다. 과거 문화부·생활부·과학부가 주종이었던 여성기자들의 배치 부서도 정치·경제·사회·외교안보·군사 등 전 분야로 확대되었다. 반세기 전과는 확연히 다르다. 다만 고위 의사결정 책임자 자리의 여기자 비율은 아직도 상대적으로 낮은 수준이긴 하다.

어쨌거나 여기자 비중이 이처럼 높아진 오늘 여기자란 이름은 구시대적 표현처럼 들린다. 그냥 기자면 된다. 굳이 '여'를 붙이는 것은 '남기자'가 생경한 것처럼 어색하다. 그러나 '여기자'가 아닌 '여성기자'는 충분한 의미를 지닌 개념이라 생각한다. 현장에서 갈고 닦아 빛낼 수 있는 이름이다. '남성기자'라는 표현도 쓸 만하다. 태생 본질에서 여성과 남성은 같은 사람이면서 같지 않은 독립된 존재들이다. 선천적인 차이는 후천적인 가정환경, 교육환경, 사회환경, 생태환경 속에서 긍정적으로나 부정적으로나 더 큰 차이들을 만들어 낸다.

다른 것은 다 젖혀두고, 아니 잘 모르는 영역들이라서 언급을 피하는 게 안전하겠지만, 여성기자 개념에서만 그리고 긍정적인 측면에서만 말하자면, 대체로 여성은 상대적으로 사고의 굴곡이 더 모세혈관처럼 길게 가늘게 얽혀 있다. 감각은 더 예민하고 더 치밀하다. 허점을 메울 수 있는 요소이다. 더욱이 어떤 대상에 대한 이해와 공감대가 더 깊지 않을까 생각된다. 남성기자가 큰 줄기와 큰 덩치 중심으로 접근한다면, 여성기자는 세밀한 가지들과 강의 지류들까지 놓치지 않는 특성을 가지고 있다고 생각한다. 깊은 통찰력과 예지로 문제를 파고들 수 있는 강점이다. 남성기자와 동일선상에 있기보다는 차별화된 존재로서 여성기자는 가치가 있다.

상황을 날카롭게 관찰하고 균형 있게 판단하며 개선점을 지향하는 접근자세와 취재보도 의식에서도 여성기자는 설 자리가 탄탄하다. 게다가 요즘 후배들은 아날로그 선배들보다 디지털 세계의 능력도 출중하고 다양한 스펙도 쌓고 있다. 앞에서 언급한 특질적인 강점에다 후천적으로 축적한 역량을 더할 때 후배들은 자신감을 가질 수 있으리라 생각한다.

어떤 대상인물과 현실과 상황을 문제 삼고 비판할 때 무자비하고도 가혹한 비난 일변도를 지양하고 예리하면서도 비판 자체를 위한 비판이 아닌, 대상인물과 현실과 상황에 대한 깊은 이해에 기초한, 그래서 진정으로 그 개선을 희망하는, 명철하되 따뜻한 마음의 비판을 가하는, 말하자면 "인간의 얼굴을 가진 기자정신

(journalism with a human face)"은 현역이나 퇴역이나 함께 공유하는 불변의 가치라고 생각한다.

그런 정신에 녹이 슬지 않는 한, '여성기자들'은 빛날 것이다. 우리나라 해병대에서 "한번 해병대는 영원한 해병대다*"라는 캐치프레이즈가 자랑거리이다. 나는 여기서 "한번 기자면 영원한 기자"라고 말하고 싶다.

현역을 은퇴한 지 수십 년이 지난 나 같은 '퇴역' 또는 '퇴기(?)'들도 "영원한 기자, 영원한 언론인"의 영예를 누릴 수 있을까?

---

*미 해병대의 'Once a marine, Always a Marine'이란 표현이 한국 전쟁때 우리나라에 유입됐다는 설이 유력하다. 해병대의 일원으로서 자부심과 긍지, 명예심을 잊지 말라는 뜻으로 쓰이며 1987년부터 우리나라 '해병대 정신'의 표어로 사용되고 있다.

다시 싣고 싶은 나의 기사

민주화 1년 새 질서 모색하는 중·동구
폭정 대신 자유, 예속 대신 독립 추구

"마르크스는 죽었고 고르비*는 살아 있다."

이론에서 실용으로, 이념에서 현실로 눈을 돌리게 된 중·동구인들의 의식의 한 단면을 웅변하는 말이다.

지난 1989년의 평화적 혁명을 통해 45년간의 전체주의 굴레를 벗어던진 중·동구인들은 스탈린주의의 무덤을 딛고 일어서 잃어버린 과거를 되찾으려 하고 있다. 스탈린주의가 이식되기 이전의 유럽 아이덴티티로 회귀하려는 이들의 염원은 특히 '동구'로 불리기를 거부하고 '중구(中歐)'임을 자처하는 헝가리, 체코슬로바키아, 폴란드 등에서 더욱 두드러진다.

"우리를 동구로 부르지 마시오." 체코, 헝가리, 폴란드인들은 한결같이 강경한 어조로 말한다.

동구혁명으로 일컬어지는 89년의 대변혁 이후 중·동구 국민들의 의식세계에 일어난 변화를 살펴볼 때 헝가리, 체코, 폴란드를 포함하는 중구 그룹과 루마니아, 불가리아 등 발칸 그룹, 그리고 공산주의의 본영 소련 사이에서 흥미 있는 차이를 발견하게 된다.

옛 소련 블록에 속했던 다른 국가들과는 달리 민중봉기나 항의데모 없이 집권세력이 스스로 자가개혁을 단행, 민주적 다당제와 시장경제 도입을 선언하고 나선 헝가리의 경우 2차 대전 이전에는 이미

* 1990년 소련 대통령을 지낸 미하일 고르바초프의 애칭. 페레스트로이카(개혁)를 추진해 소련 내 개혁, 개방 및 동구권의 민주화 바람 등을 불러와 세계질서 변화에 영향을 미쳤다.

자본주의 사회였고 전후 강요된 공산주의체제 아래서조차 중부 유럽에서는 경제가 비교적 앞선 나라였다는 점을 감안하면 이 나라 사람들의 사고방식을 이해할 만하다.

헝가리의 미술·자연과학대 객원교수인 사회학자 자보 일디코 박사는 헝가리가 집권층의 협력으로 순조롭게 공산체제에서 이탈한 대표적 국가라고 지적한다. "지난 1956년 헝가리 반공의거 이후 이 나라 국민들의 의식 속에는 소련에 대한 반감이 축적돼 왔고 이 나라의 강경독재는 온건독재로 이행해 왔으며 이 과정에서 공산체제는 강력한 뿌리를 내릴 수 없었다"고 자보 박사는 분석한다. 헝가리 국민이 사회주의를 싫어한다는 것은 선거에서 이미 명백히 드러났고 최근의 한 여론조사에서도 과반수가 자본주의를 지지했다고 그는 전한다.

동구권 사상 전후 최초로 자유노조에 의한 비 공산정부를 탄생시킨 폴란드인들은 과거 공산치하에서 빼앗겼던 미래를 이제 되찾았다고 확신한다. 바르샤바 소재 사회학연구소 소장 안토니 카민스키 박사는 국민의 일상생활, 행동, 여론 등 모든 면에 변화가 도래했다면서 "공산당 정책은 희망을 줄 수 없으나 현재 우리는 희망을 가질 수 있게 됐다"고 말한다.

폴란드 PAP통신에 근무하는 언론인 마레크 푸테크도 폴란드인들은 "전후 스탈린주의 시대를 전쟁 당시보다 더욱 비극적이라 생각한다"고 힘주어 말한다. 폴란드인들은 또 이념보다는 "폴란드가 至上(지상)"이라는 민족정기와 애국심을 고취시키려 하고 있으며 개혁의 가속화와 혁명적 사고를 요구하는 세력도 있다.

특히 폴란드인들에게는 7백만 내지 8백만 명에 이르는 재미 동포들이 크나큰 정신적 지주이다.

북경 특파원을 지냈고 북한을 28번이나 방문했으나 89년 2월 기사에 불만을 품은 북한 당국에 의해 추방됐다는 PAP통신의 중견기자 예르지 바이어 씨는 동구권 정신세계의 변화를 이렇게 설명한다. "중·동부 유럽인들의 사고는 크게 바뀌고 있다. 그들은 공산독재의 탄압 이전의 정신적 가치로 돌아가려 한다. 폴란드인들도 2차 대전 이전의 '좋았던 옛 시절'로 복귀하려는 욕구에 사로잡혀 있다. 그러나 이것이 현대적 사고와 일치하는 것은 아니다."

중·동구 국가 중 가장 생활 형편이 좋은 것으로 알려진 체코 사람들은 유럽의 문화와 역사와 전통을 가진 국민으로서의 자부심을 거침없이 내비치고 있다. 지난 40여년간의 스탈린주의 시대는 타의에 의한 "이상한 間奏曲(간주곡)"이었다고, 그 자신 생존을 위해 공산당에 입당했다가 수년전 탈당했다는 한 지식인은 되풀이한다.

불가리아와 루마니아 국민들의 의식은 학생, 지식층과 평균적인 일반인들 간에 다소 차이를 보인다. 전자는 보다 신속, 과감한 개혁과 개방을 촉구하고 있는 데 비해 후자는 불안한 변화보다는 현상유지와 안정을 원한다.

생활 위에 군림하는 이념보다는 삶의 질 그 자체에 비중을 두려는 경향을 보이고 있는 중부 유럽인들의 의식은 소련인들의 그것과는 다르다.

페레스트로이카나 철의 장막의 붕괴를 논할 때 많은 소련인들은 "사회주의로부터의 결별이 아닌 사회주의의 완성"이란 기본인식 틀 안에서 생각하고 말한다. 소련의 국립 모스크바대 부총장인 사회학자 블라디미르 도브레니코프는 "소련인들이 근본적으로는 사회주의를 신뢰하되 민주적, 인간적 사회주의로의 발전을 원한다"고 전제하고 "그러나 소련 국민의 심리는 대체적으로 보수성을 띠고 있으며 정신의 변화속도는 경제변화 속도만큼 빠르지 않다"고 설명한다.

한 서방 외교관의 말처럼 소련의 비대한 구조와 체제의 변화는 "큰 강의 흐름처럼 천천히 흐르는 것이며 투명하게 밑바닥이 보이는 개울물의 소리 나는 흐름과는 다른 것"인지도 모른다.

지난 4월 22일 레닌 탄생 120주년 기념일에 모스크바의 유명건물과 붉은 광장 등 곳곳에 나붙은 거

대한 레닌 초상화, "레닌과 함께 앞으로"라는 구호, 그리고 붉은 광장 레닌묘에 헌화하는 참배객의 물결… 이 모든 것은 개혁, 보다 빠른 변화, 보다 많은 생필품의 공급, 시장경제 도입 등을 요구하는 외침에도 불구하고 1917년의 혁명정신이 살아 있음을 보여준다.

소련인들은 그러나 "1917년 혁명의 영광과 전승국으로서의 프라이드"가 심각한 경제난으로 잠식당하는 것이 아닌가 안타까워하고 있다. 모스크바 방송국 한국어방송부의 노치근 씨는 요즘 소련인들 간에 "전승국인 우리가 왜 패전국의 밑에 들어가야 하느냐"는 짜증섞인 목소리가 들린다면서 그들은 "경제 예속은 정치 예속을 부른다"는 말을 상기시키고 있다고 전한다.

소련 과학아카데미 회원이며 세계사회주의체제 경제연구소장인 O. 보고몰로프는 코뮤니스트 89년 제11호에 실린 「변모하는 사회주의의 실상」이란 논문에서 "사회주의 세계에서 파고를 높이고 있는 혁신의 물결은 혁명적 변혁의 불가피성을 입증하고 이 개혁물결의 근저에는 스탈린주의, 네오-스탈린주의, 사회구성 모델의 위기 등이 깔려 있다"고 인정한다. 그러나 그는 "사회주의가 사회주의에서 유토피아적 요소를 제거하고 여기에 일반 민주주의와 휴머니즘의 가치관을 회복시킴으로써 인류문명이 달성한 가장 훌륭한 것을 받아들이자는 레닌 만년의 구상에 입각하자는 정신사상적 염원은 강력하다. 소련과 기타 사회주의 국가에서 페레스트로이카를 움직이는 것도 이 같은 염원이다"라고 갈파했다.

보고몰로프는 이러한 전제하에서 사회주의의 새로운 모델로 이행한다는 것은 과거의 오류를 수정하는 것이며 환상 때문에 진보의 요구에 합치될 수 없었던 상황을 거부하는 것이라고 강조한다.

지금 거대한 변혁의 물결을 타고 있는 중·동구 유럽은 그것이 중구든, 발칸이든, 소련이든 적어도 한 가지 점에서 공통된다.

그들은 아시아, 아프리카와 대칭되는 서양세계이다. 그들은 지난

45년간 냉전의 세계에서 "이스턴 블록"으로 불리었고 중앙집권적인 전체주의 독재체제하에서 소비재와 경화의 부족으로 일상생활에 숱한 불편을 겪었다손 치더라도 서양 사회로서의 전통과 가치관과 문화유산, 그리고 역사의 뿌리를 굳게 지키고 있다. 이 뿌리 위에 서있는 그들의 세계를 줄서기와 암달러의 잣대로 잴 수는 없다는 것이 많은 지식인들의 목소리이다.

흔히 1989년의 중·동구 상황을 해석할 때 범하기 쉬운 오류의 하나는 이것이 서방의 번영과 소비재를 부러워하는 그곳 사람들에 의한 '소비자주의적' 혁명이었다는 결론이라고 인터내셔널 헤럴드 트리뷴지의 한 논설은 지적하고 있다. 이 같은 해석은 부분적으로 사실일 수도 있으나 서방 소비재에 대한 욕구가 89상황의 동기였다는 단순화된 판단은 옳지 않으며 진정한 동기는 폭정 대신 자유, 예속 대신 독립을 찾고 근 50년 전 단절된 유럽 사회로 복귀하려는 용틀임에 있었다는 것이다.

연합통신, 1990년 6월 30일

1989년 베를린장벽 붕괴를 도화선으로 봇물처럼 터진 소련 – 동구권의 민주화 열기로 세계공산주의 체제는 마침내 붕괴했다. 이 기사는 전체주의 공산체제에서 자유시장 경제체제로 바뀌는 대전환의 경계를 넘어가는 소련 – 동구를 순회취재한 결과물이다.

퇴직이 새로운
시작이었네요

가천대 언론영상학과 초빙교수 김영신
(전 연합뉴스 출판국장)

1965년 고려대 법대를 졸업하고 같은 해 조선일보에 입사한 뒤 1975년 합동통신을 거쳐 연합통신 기자로 활동했다. 연합통신에서 생활부 부장, 문화부 부장, 부국장, 논설위원, 출판국장 등을 역임했다. 또 대통령자문 21세기위원·정책기획위원, 한국간행물윤리위원회 심의위원, 감사원 부정방지대책위원회 위원, 중앙선거관리위원회 위원, 대통령직속 사회통합위원회 본위원 등을 역임했다. 제7회 최은희여기자상(1990년), 국민훈장 동백장(1998년)을 수상했다. 저서로『주요 선진국의 여성정책과 남녀평등법제도』(공저, 2000년)가 있다.

존경하는 K선배님께.

며칠 전 선배님과 마주 앉게 돼서 반갑고 즐거웠습니다. 그게 몇 년 만이었습니까. 저 같이 새까만 후배에게 해마다 연하장을 보내주시는 선배님! 그날 저는 참 무심하게도 살았구나 하는 후회와 함께 선배님의 행복한 노년생활에 귀를 기울이며 시간 가는 줄 몰랐습니다. 그래서 오늘은 그때 하지 못한 저의 퇴직 후 사는 이야기를 말씀드리려 합니다.

그러니까 2000년 가을, 정년퇴직을 6개월여 남겨놓고부터는 정든 직장을 떠나야 한다는 서운함 속에 카운트다운이 시작되더라고요. 한마디로 기분이 말이 아니었어요. 불안하기도 하고 쓸쓸하기도 하고 퇴근길 운전하다가 느닷없이 눈물이 핑 돌기도 하고요. 이런 심경을 친구에게 호소했더니 용하다는 도사를 소개해줬어요. 점집을 찾아가기는 좀 무엇해서 커피숍에서 만났습니다. 도

사는 사주와 한자 이름을 달라더니 한참 뭐라고뭐라고 쓰대요. 점괘인즉 "지금 낭떠러지에 서있는데 저쪽 언덕으로 뛰어야 하는지, 그리고 뛸 수 있을지 재며 망설이고 있다"면서 "아마 팔짝 뛰어서 골짜기로 폭 빠지지는 않을 것 같다"고 했어요. 저는 더이상 아무것도 물어보지 못한 채 복채만 아깝다고 중얼거리며 씁쓸한 마음으로 그 자리를 떴어요. 그러나 그 후 '팔짝 뛸 것 같다'는 그의 점괘가 이따금 되살아나곤 했어요.

퇴직을 목전에 둔 3월부터 겸임교수로 일주일에 두 번, 대학에서 강의를 시작했어요. 신문방송학과 1, 2학년생 40여 명을 앞에 두고 강단에서 진땀깨나 뺐습니다. 세 시간짜리 한 강좌를 위해 꼬박 여섯 시간 이상 준비하곤 했어요. 교무과에 제출한 강의계획서에 맞춰 한 학기 16주 중 중간고사와 기말고사를 제외한 14강좌를 거의 외우다시피 해서 가르쳤습니다. 교안을 가끔 들여다보면서 말하는데도 실수할까 봐서요. 제가 참 소심해요. 충분히 준비했다고 생각돼야 자신이 생기지, 준비부족이라고 느끼면 말을 더듬어서 당황하게 되더라고요. 강단에서는 정말 '아는 것과 가르치는 것은 별개 문제'입니다. 기자란 직업이 말하기와 너무 멀어서 그랬을까요? 아니면 제가 원체 언변이 없어서일까요.

교통비 정도의 봉급을 받고는 기가 딱 찼습니다. 급여가 얼마나 되냐고 차마 물어보지 못한 채 그냥 일하게 된 것만 뿌듯해한 결과였어요. 보수가 적어도 스스로 대견스러웠습니다. 회사에서 물먹었을 때 '위기를 기회로 바꾼다'면서 받아둔 석사 학위와 정년 퇴직한다고 미리 광고해서 구한 자리였으니까요.

지금까지 두 대학에서 강의했는데 어느 대학이나 연구실은 따로 없어요. 외래강사 서너 명과 같이 쓰는 방에는 컴퓨터, 전화 그리고 커피 등 음료가 마련돼 있는 좀 삭막한 분위기지요. 가끔 조교와 차 한 잔 나누면서 이야기를 나누긴 해도 좀 외로워요. 3, 4교시를 마친 후 식당에서 먹는 점심은 꿀맛이지요. 큰소리로 말하기가 얼마나 힘든 일인지 증명하는 거죠. 그래도 캠퍼스는 녹지가 풍부해 경치가 좋고 공기도 맑아 학교에 있으면 기분이 쇄신됩니다. 강의를 마친 뒤 나른함 속에 느껴지는 성취감과 할 일 다 했다는 후련함은 이루 표현할 수 없을 만큼 행복감을 안겨줍니다.

서너 과목의 강의는 연륜이 쌓이면서 큰 걱정이 없어지고 대여섯 시간 걸리던 강의준비는 두 시간 정도로 단축됐지만 채점은 항상 골칫거리였습니다. 절대평가라면 점수계산만 하면 간단한데 상대평가라서 A+, A, B+에서 F까지 일정비율로 배분해야 하니 여간 복잡하고 힘든 게 아닙니다. 오죽하면 어느 잡지의 원고청탁을 받고 '채점만 없다면……'이란 수필을 썼을까요. 기자가 '기사만 안 쓴다면……'이나 다를 바 없지요.

일주일간의 성적 공시기간에는 어디로 도망가고 싶답니다. 학생들로부터 전화와 메일이 쏟아지니까요. 어느 해인가 연말에 엄청 많은 메일이 와 있어서 연하장인줄 알고 열어보니 전부 채점에 대한 불만이었어요. "같이 공부했는데 그 친구는 A학점인데 저는 왜 B학점입니까?"라고 말도 안 되는 항의를 하는 학생도 있었어요. "그 친구 답안을 커닝했는가? 서울대 법대 나오면 모두 판·검사인가?"라고 응대했어요. 참을 수가 없었어요. 혹시라도 그런 질문이 나올까 봐 시험 전에 답안 작성 요령과 채점에 대해 설명해 줬는데도요.

겸임교수 2년을 거쳐 초빙교수로서 지금까지 대학에 적을 두고 있습니다. 3년 전부터 젊은 강사들 눈치 보이고 힘도 들고 그래서 정규강의는 맡지 않습니다.

그 점쟁이 표현대로 '낭떠러지 팔짝 뛰어넘기'는 퇴직 1년이 채 안 된 시점인 2002년 2월에도 있었습니다. 법대를 나왔다지만 30년 이상 법률과 상관없는 일을 했는데도 기라성 같은 법조인들의 합의제 기관인 중앙선거관리위원회 위원*이 됐어요. MB 대통령 때도 그랬지만 요즘 박근혜 대통령 취임 후에도 장관 후보들의 청문회 때문에 난리잖아요. 전 그걸 2002년에 거쳤습니다. 당시 국회청문을 받은 인물은 이한동 총리, 윤관 대법원장, 윤영철 헌법재판소장뿐이었어요. 중앙선거관리위원에 대한 청문회도 그때가 처음이었습니다. 지금처럼 장관, 국세청장, 경찰청장 등이 청문을 받게 된 것은 2006년 이후입니다.

들도 보도 못한 청문회를 마치고 나니 겨울인데도 온몸이 땀으

---

* 9명(대통령 임명 3명, 국회 선출 3명, 대법원장 지명 3명)의 위원으로 위원회가 구성되며 위원의 임기는 6년이다. 위원장과 상임위원은 위원 중에서 호선互選하며, 관례상 대법관이 위원장으로 선출된다. 위원은 정당에 가입하거나 정치에 관여할 수 없다.

로 흠뻑 젖었더라고요. 부동산 투기도, 위장전입도 한 적 없는 요량머리없는 범생이에게서 어디 흠잡을 게 있겠습니까. 결국 각종 위원회에 많이 참여한 일을 꼬투리잡아 "어떻게 그리 줄을 잘 서는가"라고 공격하대요. 줄 선 게 아니고 여성인력이 부족해서 그리된 것인데 말이지요. 저는 남한테 아쉬운 소리 못하는 성격이거든요. 입바른 소리는 잘할지언정. 그 후로 저는 국회청문회에 대해 관심을 갖게 됐습니다.

헌법기관인 중앙선거관리위원회 위원은 저로서는 꿈도 꾸지 못한 공직입니다. 그 무렵 대법관, 판·검사, 변호사 등으로만 구성돼서는 여론을 반영하기 어렵다고 보고 언론 출신, 특히 여성이면 좋겠다는 분위기가 조성됐었다네요. 제가 운이 썩 좋았어요.

선거법은 빈번히 개정되고 복잡해서 난해한 부분이 적지 않습니다. 특히 법조문의 주어가 너무 길어서 술어와 연결이 힘들었어요. 기자는 대체로 단문을 선호하는 때문인지 문장이 길면 이해가 더디더라고요. 하여간에 잘 모르니까 열심히 했지요. 독서백편의자현讀書百遍義自見*을 실천했습니다.

지금도 기억에 생생한 것은 2004년 3월 노무현 대통령의 선거법 위반 결정이었습니다. 열 시간도 넘는 마라톤 회의 끝에 내려

---

*삼국지 「위략」 편에 나오는 고사성어이다. 후한 말에 동우董遇라는 사람이 집안이 가난하여 일을 하면서도 부지런히 공부하여 높은 벼슬에 올라 왕의 글공부 상대가 되었다. 그러나 조조曹操의 의심을 받아 한직으로 쫓겨났다. 그런 동우에게 사람들이 몰려와 글을 배우겠다고 하자 "집에서 혼자 책을 몇 번이고 자꾸 읽어보게. 그러면 스스로 그 뜻을 알게 될 걸세" 하고 거절했다는 이야기이다.

진 판정은 국회에서 대통령 탄핵*으로 비화됐고, 바로 뒤이은 4월 총선에서는 탄핵 역풍이 불어 여소야대與小野大 현상이 나타났지요. 그 후에도 선관위의 결정은 매스컴을 많이 탔고 저는 항상 중요한 역사의 현장에 서있다는 긴장감과 사명감 속에서 6년 임기를 마쳤습니다. 중앙선관위원은 금고禁錮** 이상의 형을 받지 않으면 6년 임기가 헌법에 보장돼 있습니다. 긴 세월인 것 같던 6년도 지나고 보니 잠깐이었습니다.

그 후에도 그 도사의 말처럼 골짜기로 떨어지지는 않고 2009년 12월 출범한 대통령자문기구인 사회통합위원회 위원으로 3년 남짓 일했습니다. 우리나라는 남북분단과 압축성장 탓으로 OECD 회원국 가운데 세 번째로 사회갈등이 심각한 것으로 나타났습니

---

*대통령 탄핵은 국회의원 전체의 3분의 2 이상이 국회에서 찬성투표해야 탄핵소추의결이 이루어진다. 이때 대통령의 직무는 바로 정지된다. 그 후 헌법재판소 재판관 9명 중 6명 이상이 탄핵에 찬성해야 최종적으로 대통령 탄핵이 이루어진다. 일반국민이 대통령을 탄핵할 수 있는 방법은 없다.

노무현 대통령에 대한 탄핵은 2004년 1월 5일 새천년민주당의 조순형 대표가 언급하면서 본격화됐다. 같은 해 3월 5일 새천년민주당은 대통령이 선거중립의무 위반과 측근 비리 등에 사과하고 재발방지를 하지 않을 경우 탄핵소추안을 발의하겠다는 특별기자회견을 했고, 대통령이 사과를 거부하자 3월 9일 한나라당과 새천년민주당이 공동으로 탄핵소추안을 국회에 제출했다. 대한민국 헌정 사상 최초의 탄핵소추안 가결에 대해 야당에 대한 국민들의 비난이 쏟아지면서 4월 15일 치러진 제17대 국회의원총선거에서 열린우리당이 과반이 넘는 152석을 차지하고, 제1당이던 한나라당은 121석에 그쳤다. 제2당이던 새천년민주당은 9석, 자유민주연합은 4석을 얻었다. 이 탄핵안은 5월 14일 헌법재판소에서 기각됨으로써 종결됐다.

**징역은 범죄인을 일정기간 교도소 내에 가두고 강제노동하게 하는 형벌을 말한다. 그와 달리 금고는 과실범이나 정치범, 사상범에게 강제노동을 부과하지 않고 수형자를 구치소에 구금하는 것이다. 구류는 수형자를 한달 이내 구금할 경우, 징역이나 금고는 한달 이상 25년 이하 구금할 경우에 쓰는 용어이다.

다. 계층, 지역, 이념, 세대 갈등이 대표적 양상으로 꼽힙니다. 한국의 경제적 위상과 걸맞지 않은 극심한 갈등이 완화돼서 조속히 사회통합이 이뤄졌으면 합니다.

선배님! 이젠 저도 바빠도 힘들고, 그렇다고 너무 한가하면 여기저기 쑤시고 아픈 데가 생깁니다. 결혼과 동시에 퇴직해 7년 가까이 애들 기르며 집에서 살림만 했고, 모두 40년 넘게 집밖에서 활동했습니다. 이제 소일거리라도 챙겨봐야 할 것 같습니다. 늘 건강하시고요, 따뜻해지면 점심 한번 모시겠습니다.

2013년 3월

김영신 올림

'비전@한국'은 2001년 4월 40~50대 교수들을 주축으로 교사, 의사, 변호사, 약사, 금융인 등 전문 지식인 300여 명이 창립한 모임이다. 매주 월요일 당시의 핫 이슈를 선정해 인터넷에 입장을 표명하는 글을 올렸다. 〈다시 싣고 싶은 나의 기사〉는 2001년 7월 23일 '언론사 세무조사'의 부당성에 관해 쓴 글이다. 이 발표내용을 받아 조선일보가 7월 24일자 1면과 4면에 기사를 실었다.

다시 싣고 싶은 나의 기사

[정책대안 8]
언론정국, 어디로 가야 하나?

최근의 '언론정국'을 보면 한심하다 못해 나라의 장래가 자못 걱정스럽다. 언론개혁인지, 언론탄압인지, 언론사 간의 전쟁인지, 사회 내분인지 분간이 되지 않는다. 방송사와 마이너 신문사의 보도태도로 인해 초점이 '신문사 탈세'로 옮겨지면서, 언론개혁의 본질에 대한 시민들의 판단조차 흐리게 하고 있다. 국민들의 정확한 판단을 흐리게 하는 일들이 언론계 내부에서 자행되고 있는 것이다.

지난 6월 20일 국세청은 세무조사 대상 23개 언론사에 대해 5천56억 원의 세금을 추징하겠다고 발표했다. 언론사 법인에 대해서 무가지 배포, 탈세·탈루, 수입축소, 계열사간 부당행위, 비업무용 부동산 등과 관련해 모두 3천229억 원의 세금을 물리고, 대주주에 대해서는 주로 증여와 관련해 1천 827억 원의 세금을 부과했다. 국세청의 이 발표를 KBS, MBC, YTN 등 방송사는 이례적으로 생중계 보도했다. 수적으로 다수인 마이너 신문들은 자신들은 마치 비판에서 자유로운 듯 메이저 신문을 비난하고 나섰다.

'언론개혁'을 요구해온 시민단체들의 행동도 이상스러워졌다. 그들은 지난 2월 언론사에 대한 국세청의 세무조사가 시작된 이래 모든 결과의 투명한 공개를 요구해왔다. 당사자를 고발하는 경우를 제외하고는 법률상 세무조사 결과를 공개할 수 없다는 당국의 설명에도 불구하고, 그들은 "국민의 알권리가 납세자 개인의 정보보호에 우선한다"는 주장을 거듭했었다. 4개월여 동안 이런 내용을 담은 성명을 쏟아냈고, 각종 집회를 열기도 했다. 그 후 국세청은 6개 신문사를 검찰에 고발하면서 세무조사 결과를 공개하였고, 나머지 17개 언론사에 대한 조사내역은 비밀에 부쳤다. 그러나 대부분 시민단체들은 더이상 이를 문제 삼지 않았다. 그들이 주창한 '결과의 투명한 공개'와는 거리가 먼데도 예상된 반발은 없었고, 있다 해도 그 목소리는 극히 낮고 미온적이었다.

언론개혁을 둘러싸고 언론계 내부가 이처럼 갈라져 있고, 시민단체들의 잣대도 고무줄처럼 되어버렸다. 게다가 언론개혁에 대해 다수 시민들은 냉소적인 모습을 보이고 있다. 언론사 세무조사 결과 발표를 계기로 우리 사회는 더욱 분열되고, 대립이 격화되는 양상이다. 국제적으로도 국제언론인협회(IPI), 세계신문협회(WAN)를 포함한 언론단체와 타임지, 월스트리트 저널 등 유력지, AP·로이터 통신사 등이 '비판언론에 재갈물리기' '햇볕정책 싸고 언론과 대립' '노벨상 대통령 타격' 등의 표현으로, 언론개혁을 둘러싼 일련의 과정에서 한국의 언론자유가 위축되지 않을까 우려하고 있다.

정부의 '언론개혁'은 과연 올바르게 시행되고 있는가? 언론개혁 정책의 일환으로 세무당국이 "조세정의를 실현하겠다"는 대의에 반대할 사람은 많지 않다. 그러나 "개혁과정에서 정부가 언론의 자유, 취재보도의 자유를 훼손해도 무방하다"고 생각하는 사람도 적다. 그런데, 지금 중요한 것은 일련의 세무조사와 검찰수사가 정부의 언론정책을 반영하고 있다고 생각하는 사람들이 다수라는 사실이다. 더욱이 '작금의 정부 측의 대 언론 행태가 어딘지 개운치 않은 느낌을 준다'는 견해가 점차 그 힘을 얻어 가고 있는 것 같다. 이것은 한마디로 '언론의 자유와 비판이라는 본질적 기능에 대한 충분한 인식이 없는 한 어떤 정부의 언론정책도 성공적일 수 없다'는 역사인식이 점차 확산되고 있기 때문이 아닐까? 돌이켜보건대, 1961년 군사정권이 단행한 '언론사 일제정비'와 1980년 '언론통폐합'이라는 정부의 언론개편이 모두 '언론탄압'이란 오명만 남기고 실패했음을 알 만한 사람은 다 알고 있다.

이처럼 불행한 언론사태가 반복되는 원인은 어디서 찾을 수 있을까? 무엇보다도 다양성을 인정하지 않으려는 우리 사회와 정부의 특성 때문이 아닌가 한다. 언론의 다양성을 용납할 수 없는 것은 자신의 의견과 다른 생각은 모두 반개혁, 수구세력으로 매도하면서 획일적인 생각만 강요하려고 하기 때문이다. 여당 의원이 정권에 비판적인 글을 게재한 작가를 매도한 것은 다양성을 인정하지 못하는 가장 비근한 사례일 것이다. 법을 모르는 필부도 아니면서 헌법에 규정된 표현의 자유를 인정하지 못하는 것에 대해 국민들은 의아스러움을 넘어 실망을 금할 수 없다. 또 지식인들이 신문에 기고한 이런저런 글을 보고 언어폭력으로 대항하는 일부 네티즌의 행태나 특정신문 불매운동 전개도 역시 다양성을 인정하지 않는 소이라고 보아야 할 것이다. 그러나 대다수 국민들은 스스로 판단할 수 있는 여러 시각의 자유로운 언로가 보장되기를 바라고 있다.

지금 '언론개혁 세력들'은 비판적인 신문들에 대해 '수구언론'이라는 '낙인'을 찍고 있다. 그렇게 함으로써 이들 신문이 부당하다는 여론을 형성하자는 의도일 것이다. 이 역시 다양성을 무시하는 처사가 아닌가? 이런 식으로 하자면 이러한 매도로부터 자유로울 수 있는 신문이 과연 있을까? 지금 이 시점에서 우리는 21세기 정보사회에 앞서가기 위해서는 무엇보다도 사회 각 영역을 다양화하고 그 다양성을 인정하는 것이 중요하다는 사실을 다시 한번 되새겨보아야 할 것이다. 정부 언론개혁의 참뜻이 '독과점 방지'이든 무엇이든 간에 언론의 감시·비판기능을 위축시키는 조치는 결코 바람직하지 못하다. 따라서 현 '언론정국'을 주도하고 있는 정부는 후일 언론자유와 민주주의를 후퇴시켰다는 비판을 받지 않도록 보다 신중하고 공명정대한 길을 가야 할 것이다.

신문과 방송의 잘못된 관행을 바로잡아야 한다는 데는 이론의 여지가 있을 수 없다. 동시에 공권력의 집행에 따라 결코 언론의 비판적 감시 기능이 훼손돼서도 안 된다. 또한 정부의 언론정책 수행이 지금과 같은 언론매체 간의 싸움을 야기해서도 안 될 것이다. 나아가 그것이 국론분열로 이어져서는 더더욱 안 된다. 그렇다면 이처럼 '있어서는 안 될 사태'를 예방 내지 극복하고, 민주적인 토양 위에서 자유언론이 꽃피게 하기 위해서 언론정책의 기본방향은 어떠해야 할 것인가?

첫째, 언론개혁의 논리가 무엇이든지 정치권력이 언론의 자율성을 침해해서는 안 되며, 그로 인해 언론이 위축돼서는 더더욱 안 된다는 점이다. 서구에서 민주주의의 발달은 늘 언론자유의 신장과 보조를 함께 했으며, 언론자유의 핵심은 어떠한 경우에도 정치권력이 언론의 자유를 침해해서는 안 된다는 것이었다. 언론은 사회의 공기(公器)이다. 그러므로 언론의 자율성을 해치고 신문의 입지에 타격을 주면서까지 정부가 주도하는 언론개혁은 결코 바람직하지 못하다. 국민 어느 누구도 조세권을 부정할 사람은 없다. 그러나 신성한 조세권이 다른 목적으로 오용 또는 악용되는 일만은 결코 없어야 한다. "신문 없는 정부보다 정부 없는 신문을 택하겠다"는 유명한 미국 토머스 제퍼슨 대통령의 말을 새삼 되새겨보아야 할 때이다.

둘째, 이 시점에서 정부가 우선적으로 해야 할 일은 신문발행 부수의 객관적인 공사(公査, ABC)를 제도로 정착시키는 일이다. 발행부수 공개야말로 언론개혁 조치의 요체인 독과점 방지, 합리적 광고료 책정, 조세정의확립 등의 근본적 개혁을 위한 첫 단계이기 때문이다. 정부가 이런 소임은 다하지 않은 채 독과점 운운하며 스스로 폐지했던 신문고시를 부활시키고, 일부 언론사의 존립을 위협하는 과도

한 세금추징을 강행한다면, 언론개혁의 진의에 대한 의혹을 떨치기 어려울 것이다. 독자만이 언론개혁의 주체이다.

셋째, 언론사들은 이번 사태를 존립의 위기로 보고 분개할 것이 아니라, 경영의 투명성을 확보하고 잘못된 관행을 바로잡는 새로운 발전의 계기로 삼아야 할 것이다. 언론이 사회적 공기의 역할을 다하기 위해서는 시대적 환경변화에 따라 스스로 끊임없는 자기개혁을 이루어 나가야 한다. 일부 언론의 잦은 오보와 불공정, 권력기관화, 잘못된 경영상의 관행 등 국민들의 지탄을 받아온 일들을 자율적인 자정과 개혁을 통해 바로잡아야 한다.

넷째, 특히 공공재산인 전파를 국민으로부터 위탁받아 경영하는 방송사들은 방송의 공정성에도 시급히 개혁되어야 할 부분이 많다는 사실을 시청자들도 다 알고 있음을 명심하고 자기개혁을 게을리하지 말아야 할 것이다.

다섯째, 사회세력들의 경우에도 시민단체의 순수한 개혁주의가 권력의 포퓰리즘이나 정치권의 정략적인 정쟁에 악용되지 않도록 '참민주주의실현을 위한 언론개혁'이란 대의명분에 충실해야 할 것이다. 자칫 작은 것을 얻고 큰 것을 잃는 우를 경계해야 할 것이다. 진정한 시민단체의 역할은 시민사회를 균열, 대립, 갈등시키는 것이 아니라, 다양성의 바탕 위에 성숙한 시민사회를 실현하는 것임을 기억해야 할 것이다.

지금이야말로 언론정국으로 파국 직전에 있는 '대한민국'호를 구해내기 위한 대통령, 정부, 정치권, 언론계, 시민단체, 독자 등의 자율적이고 현명한 선택이 필요한 때이다. 이제 모두가 긴 안목으로 국가와 역사를 보는 여유를 되찾아야 하겠다.

비전@한국, 2001년 7월 22일

♣ 추계 최은희의 인생과 어록

'최은희여기자상'은 1920년대에 여기자로서 명성을 날린 추계 최은희의 치열한 기자정신을 기념하기 위해 제정되었다.

1983년 최은희는 평생을 절약하여 모은 원고료 5천만 원을 "한평생 기여하고자 했던 언론창달에 대한 꿈과 뜻이 길이 이어지길 바란다"며 후배 여기자들을 위해 조선일보에 기탁했고, 조선일보는 이 상을 제정했다. 조선일보는 이후 추계의 높은 뜻을 기리기 위해 이 상의 관리를 맡아 1984년 6월부터 일간신문, 방송·통신에서 해마다 뛰어난 역량을 보여온 여기자를 선발, 시상하고 있다.

최은희 선생은 1904년 황해도 연백에서 출생했다. 경성여고보 시절 3·1독립만세운동에 투신, 두 번이나 옥고를 치렀으며 일본여대에 재학 중인 1924년 조선일보에 입사·정치부·사회부·학예부 기자로 활약했다. 1927년 신간회의 자매단체인 근우회를 시작으로 1960년대 말까지 항일운동가로, 여성운동가로 폭넓은 삶을 살았다. 만년에는 여성운동사를 정리하는 데 심혈을 기울이다 1984년 8월 별세했다. 1990년 정부는 은관문화훈장을 추서했으며 현재 대전 국립묘지에 안장돼 있다.

이와 함께 1984년 최은희 선생의 아들 이달순 교수 등이 설립한 '추계문화사업회'는 1990년부터 신문방송학을 전공하는 우수한 여학생들에게 장학금을 수여하고 있다.

추계문화사업회는 추계의 치열한 삶과 고결한 정신을 알리는 데도 앞장서 1991년 추계의 유고집인 『추계 최은희 전집』을 발간했으며 대학 도서관을 포함해 사회 각계에 배포했다. 전집은 1905년부터 1945년 조국을 찾기까지 40년간의 여성항쟁사를 정리한 『한국 근대 여성사』(전3권)과 『한국 개화여성 열전』 『여성 전진 70년』 등 다섯 권으로 구성돼 있다. 또한 정부에도 애국애족과 여성 지위 향상을 위해 한평생을 살아온 추계의 높은 뜻을 알려 1990년 5월 추계가 은관문화훈장을 추서받을 수 있도록 하는 데 기여했다.

"나는 3·1운동을 일으킨 독립운동자들이 일제의 식민지 교육정책이 실패로 돌아간 생생한 증거를 보여주기 위하여 제1일 데모에 경성여고보를 꼭 참가시킨 것은 매우 현명한 계책이라고 생각하였습니다. 그날 우리들은 대한독립만세를 신나게 외치며 천도교 총본부를 지나 우리 학교 정문에 당도하여 교장 이하 남녀 교직원, 서무, 사환들까지 늘어서 있는데 우리들은 과감히도 두 손을 그들 턱밑까지 바싹 치켜들고 대한독립만세를 힘차게 불렀습니다. 실로 통쾌한 노릇이었습니다."

1960년 3·1 여성찬하회에서

"내가 신문사에 들어간 동기는 좀 특이했습니다. 여기자로 알려진 이가 없을 때예요. 李光洙(이광수) 씨라고 한국 개화기에 유명한 작가가 있었습니다. 그 부인이 산부인과 개업을 하고 있었어요. 나는 일본대학 3학년 재학 중 하기방학으로 서울에 와 있었는데 어떤 날 그 부인집에 놀러 갔다가 요새 큰 부잣집에서 출산 경비를 지불하지 않고 턱없이 깎으며 말썽을 부려 부아가 치민다는 말을 하기에 내가 자원해서 받아 왔어요. 아침 9시에 가서 저녁 7시까지 끈덕지게 앉아서 기어이 받아 오고 말았어요. 李光洙 씨에게 그 이야기를 들은 조선일보 편집국장이 그만한 뱃심을 가진 여자면 훌륭히 기자 노릇을 할 거라고 하여 발탁된 것이지요."

『추계 최은희 전집』 중에서

"나는 만약 조선에 처음인 여기자로서의 나의 생활이 일천만 여자계에 큰 공헌이 없다면 아무 가치없는 직업이라고 생각되었습니다. 그렇기 때문에 여기자란, 수줍은 태도를 떠나서 아주 대담한 마음으로, 동으로, 서로, 남으로, 북으로, 정처도 없고 청함도 없는 발길을 멈출 사이 없이 자꾸 돌아다녀야 좋은 기사를 쓸 수 있다고 당부하고 싶습니다."

후배 여기자들과의 대담에서

"우리는 어머니들의 생활향상, 체위향상, 어머니 자신의 교양문제, 일반 아동 및 특수아동의 보육문제 등에 대하여 다각적으로 토의하고 실천할 상설기관을 설치하여야 합니다. 어머니는 위인을 낳습니다. 어머니는 한 집의 거울입니다. 어머니는 평화의 주인공입니다."

        1952년 5월 8일 어머니날을 제정하면서

♠ 최은희여기자상 역대 수상자

제1회 | 1984
신동식 申東植
연세대 정치외교학과 졸업
수상 당시 서울신문 수도권부 부국장급 기자
현재 한국여성언론인연합 대표
수상공적 : 20년간 신문사 사회부에서 기자로서의 직무를 성실히 수행했으며, 특히 지난 1년 동안 남보다 뛰어난 활동으로 정확하고 유익한 서울 시민들의 생활정보인 부동산 관련기사를 개발하여 보도함으로써 새로운 보도분야의 정립에 크게 기여했음.

제2회 | 1985
장명수 張明秀
이화여대 신문방송학과 졸업
수상 당시 한국일보 문화부장
현재 학교법인 이화학당 이사장
수상공적 : 20여 년 사회부·문화부 기자로 근무하는 동안 탁월한 능력을 보여주었고, 특히 1982년 7월 23일부터 한국일보에 '장명수 칼럼'을 집필, 700여 회를 넘기면서 우리의 삶과 주변의 정치·경제·사회·문화·교육 등 모든 분야의 문제들을 예리하게 파헤쳐 우리 사회를 보다 깨끗하게 변화시키는 데 많은 노력을 쏟아왔음.

제3회 | 1986

강용자 姜容子

서강대 영문과 졸업

수상 당시 경향신문 논설위원

현재 작가

수상공적 : 여성·가정·교육문제에 관심을 갖고 여성의식의 개발과 가정의 행복을 지키는 지혜를 제시하려 노력했음. 특히 지난 1년 동안에는 경향신문에 자신의 고정란인 가정에세이 '행복찾기' '여기자 생활칼럼' 등을 집필. 현대 가정이 안고 있는 여러 문제점을 진단하고 행복한 가정을 이끌기 위한 지혜와 밝은 삶의 추구를 위한 방법을 모색, 제시하는 등 우리 사회를 보다 맑고 밝게 변화시켜나가는 데 많은 노력을 쏟아왔음.

제4회 | 1987

박금옥 朴今玉

이화여대 국문과 졸업

수상 당시 중앙일보 문화부 차장

현재 국제존타서울클럽 회장

수상공적 : 문화부 기자로 20년 가까이 근무하는 동안 여성문화 창달에 탁월한 능력을 보여주었고 여성인권 옹호 및 남녀차별문제에 투철한 사명감을 발휘하여 가정 복지와 여성의 의식 개발에 앞장서는 등 우리 사회와 가정을 맑고 밝게 지켜가는 데 많은 노력을 쏟았음.

제5회 | 1988

윤호미 尹浩美

서울대 불문과 졸업

수상 당시 조선일보 문화부장

현재 호미초이스닷컴 대표

수상공적 : 지난 3년간 여성으로서는 최초로 조선일보 프랑스 상주특파원으로 활약. 여기자의 취재분야에 새로운 지평을 열었으며 20년 이상 문화부 기자로 근무

하면서 문화 창달에 크게 기여했음.

제6회 | 1989
전상수 田常秀
부산대 영문과 3년 수료, 동아대 졸업
수상 당시 부산일보 논설위원
전 부산여성가족개발원 원장
수상공적 : 30년 가까운 기자생활을 통해 평등하지 못한 여성지위의 현실을 다각적으로 심층 취재, 여권신장에 크게 기여했으며, 여성논설위원으로서 논설분야에 탁월한 역량을 발휘했음.

김운라 金雲羅
연세대 영문과 졸업
수상 당시 KBS 문화과학부 차장대우
전 KBS 창원방송 총국장
수상공적 : 20여 년간 일선기자로 활동하면서 여성문제를 포함한 각종 사회문제를 심도있게 다뤄왔으며, 특히 88년 백화점 속임수 세일을 추적보도, 새로운 사회 문제로 부각되고 있는 소비자 권익 보호에 크게 기여했음.

제7회 | 1990
김영신 金英信
고려대 법학과 졸업
수상 당시 연합통신 생활부장
현재 가천대 언론영상학과 초빙교수
수상공적 : 1989년초 〈이런 것은 고치자〉시리즈를 통해 생활주변의 비합리성을 개선하는 데 힘썼고, 상수원 오염 사태에 대한 계도성 기사와 90년의 '산성 눈' 피해 보도로 시민의 환경과 건강을 지키는 데 크게 기여했음.

제8회 | 1991
남승자 南勝子
고려대 교육학과 졸업
수상 당시 KBS 보도제작 3부장
전 KBS이사
수상공적 : 23년간 꾸준하고 다양한 취재보도를 통해 문화 발전에 크게 기여했음. 특히 90년 초 발족된 정부부처 문화부의 출범에 즈음해 우리 사회의 문제를 문화부문에서 예리하게 진단하면서 문화계의 나가야 할 방향을 제시한 공이 매우 컸음.

제9회 | 1992
이정희 李貞熙
이화여대 영문과 졸업
수상 당시 연합통신 외신국장
현재 문화체육관광부 해외문화홍보원 전문위원
수상공적 : 외신기자로 활약하면서 폭넓은 시야와 뛰어난 국제감각으로 한국 언론계 최초의 국제뉴스담당 국장직에 오른 여기자로서 특히 1991년에는 걸프전과 소련의 구체제 붕괴 등 국제 사회의 격변기를 맞으며 연합통신 국내외 기자 60여 명을 지휘해 국제뉴스를 신속하고 다양하게 보도하고 이 사태가 한국에 미치는 영향 등을 심층적으로 논평하는 데 크게 기여하였음.

제10회 | 1993
김징자 金澄子
이화여대 국문과 졸업
수상 당시 문화일보 부국장 겸 생활문화부장
현재 칼럼니스트
수상공적 : 취재와 비평 활동을 통해 문화와 여성분야 발전에 기여했으며 특히 부장으로 데스크 역할을 수행하면서 '김징자의 말결' '글밭' 등 고정칼럼을 꾸준히 집필하여 건전한 사회 여론 형성에 이바지했음.

제11회 | 1994

이진숙 李眞淑

경북대 영어교육과, 한국외국어대 동시통역대학원 졸업
수상 당시 MBC 국제부 기자
현재 MBC 기획홍보본부장

수상공적 : 투철한 기자적 사명감으로 진취적인 취재활동을 수행해왔으며 특히 1993년에는 2차 걸프전과 소말리아 내전의 현장에 직접 뛰어들어, 위험을 무릅쓰고 우리의 시각으로 본 전쟁의 의미와 전황을 생생히 보도하는 등 뛰어난 활약을 보였음.

제12회 | 1995

임영숙 任英淑

이화여대 신문방송학과 졸업
수상 당시 서울신문 문화부장
전 서울신문 주필

수상공적 : 문화담당 기자와 논설위원으로 일하면서 우리 문화 발전을 위해 노력했으며 특히 각 분야의 세계화가 요청되던 95년 1월부터 4월에는 '21세기의 국력 문화상품 개발전략'을 기획·연재, 한국 문화를 세계에 알리는 데 크게 기여했음.

박성희 朴聖姬

서울대 가정관리학과 졸업
수상 당시 한국경제신문 문화부장
현재 세명대 초빙 교수, 한국청소년상담복지개발원 이사

수상공적 : 문화담당 기자로 일하면서 우리 문화 발전을 위해 노력했으며 특히 1994년 문화부장을 맡은 이후 건축, 인테리어, 디자인분야를 집중 기획·보도, 문화생활의 저변 확대에 크게 기여했음.

제13회 | 1996
최성자 崔成子
연세대 사학과 졸업
수상 당시 한국일보 생활부장
현재 문화재청 문화재위원
수상공적 : 문화재 전문기자로 활약하면서 우리 전통문화의 계승과 발전을 위해 노력했으며 특히 '이름에 남은 일제 오염'이라는 칼럼을 통해 '국민학교'라는 단어에 황국신민 양성기관 뜻이 있음을 지적, 이를 '초등학교'로 바꾸는 계기를 제공하는 데 기여하였음.

제14회 | 1997
김혜원 金惠媛
연세대 신문방송학과 졸업, 미주리주립대 사회학 석사
수상 당시 코리아헤럴드 정치부장
전 한국국제교류재단 사업이사
수상공적 : 외교·안보 전문기자로 활약하면서 남북한 및 국제관계 보도에 탁월한 능력을 발휘했으며 특히 여기자로서 언론사상 최초로 정치부장직을 맡아 여성언론인의 활동영역을 넓히는 한편 현장감 있는 정확한 보도를 통해 기사로 말하는 기자상을 정립하였음.

제15회 | 1998
이희정 李熙晶
서울대 신문학과 졸업
수상 당시 한국일보 사회부 기자
현재 한국일보 선임기자
수상공적 : 1997년 6월 캄보디아에 살고 있던 한국인 '일본군 위안부' 훈 할머니를 찾아내 '버려진 50년' 등 일련의 기획기사를 연재. 종군위안부에 대한 범국민적 관심을 불러 일으켰으며 이를 통해 한·일 양국의 오랜 현안인 정신대 문제의 진상 규명과 배상 요구의 명분을 높였음.

제16회 | 1999
류현순 柳賢順
고려대 중문과 졸업
수상 당시 KBS 보도제작국 부주간
현재 KBS 정책기획본부장
수상공적 : KBS를 대표하는 시사 보도 프로그램 〈시사포커스〉의 여기자 최초 팀장으로서 '군 사고 문제' 등 민감한 사회적 문제들을 신속하고 깊이있게 취재·제작. 이 프로그램이 공영성 지수 평가에서 1위에 오르게 하는 등 탁월한 뉴스 제작 역량을 발휘했음.

제17회 | 2000
전경옥 全敬玉
한국외국어대 중국어과 졸업
수상 당시 매일신문 문화부장
전 매일신문 논설위원
수상공적 : 1999년 건축 문화의 해와 2000년 뉴밀레니엄을 맞아 '한국 건축의 미학 선과 공간' '여기자가 바라본 새백년 새천년' 등 시의적절한 특집기사를 기획 보도, 탁월한 취재역량을 발휘했음.

제18회 | 2001
조수진 趙修眞
고려대 불문과 졸업
수상 당시 국민일보 사회부 기자
현재 동아일보 정치부 차장
수상공적 : 우리 사회가 소홀하게 다뤘던 해외 입양 문제를 1998년부터 지속적으로 취재, 대안을 제시함으로써 입양에 대한 사회적 인식을 긍정적으로 전환시키는 등 뛰어난 취재역량을 발휘했음.

제19회 | 2002

박미현 朴美賢
강릉대 국문과 졸업
수상 당시 강원도민일보 문화부장
현재 강원도민일보 기획국장
수상공적 : 일제 강점기 중국 용정에서 민족성과 저항성이 강한 시편을 풍부하게 남기고 요절한 심연수 시인을 사후 55년 만에 발굴, 추적 보도해 심 시인의 문학사적 위상을 정립하는 데 크게 기여함.

강승아 姜昇娥
연세대 불문과 졸업
수상 당시 부산일보 문화부 기자
현재 부산일보 국제부장
수상공적 : 우리 사회의 소외계층인 청소년, 노인, 장애인들에 대해 지속적인 관심을 가지고 실태와 문제점을 짚어내는 시리즈들을 기획해 이들에 대한 사회적 인식을 변화시키는 데 크게 기여함.

제20회 | 2003

임도경 林度京
이화여대 신문방송학과 졸업
수상 당시 중앙일보 뉴스위크 한국판 편집장
현재 한국영상자료원 부원장, 경희대 언론정보학과 객원교수
수상공적 : '최규선 게이트'를 비롯한 일련의 특종보도를 통해 권력의 부패에 대한 사회적 경각심을 높이고 탐사보도의 전범을 보였음.

제21회 | 2004
강인선 姜仁仙
서울대 외교학과 졸업
수상 당시 조선일보 워싱턴 특파원
현재 조선일보 국제부장
수상공적 : 2003년 3월부터 40일간 이라크전 종군기자로 활동하면서 취재기를 연재해 국내외에 큰 반향을 불러일으켰으며 전쟁이라는 악조건 속에서도 여기자의 활동영역을 넓혔음.

제22회 | 2005
이연섭 李蓮燮
중앙대 신문방송학과 졸업
수상 당시 경기일보 문화부장
현재 경기일보 논설위원
수상공적 : 2004년 한 해 동안 국토 문화의 정체성 찾기 일환으로 특집기획 〈한반도의 보고 한탄강〉을 총 38회에 걸쳐 연재했다. 이를 통해 역사, 문화 유산, 생태계 문제는 물론 지질학적 접근까지를 총체적으로 다뤄 지역의 경계를 뛰어넘어 새로운 가치를 발견해내고 자료를 집대성하는 성과를 거뒀음.

제23회 | 2006
김순덕 金順德
이화여대 영문과 졸업
수상 당시 동아일보 논설위원
현재 동아일보 논설위원
수상공적 : 예리한 통찰력으로 시대의 현안들을 명쾌하게 분석하고 지향할 바를 제시해주는 빼어난 평론을 써왔으며 또한 신랄하면서도 유머와 비틀기가 넘치는 독특한 스타일의 문체로 사회적 통념을 깨는 논지를 과감히 제시. 여성칼럼의 고정관념을 뛰어넘어 여기자의 활동 영역을 넓혔음.

제24회 | 2007
이미숙 李美淑
연세대 교육학과 졸업
수상 당시 문화일보 정치부 차장
현재 문화일보 국제부장
수상공적 : 외교안보팀장 겸 청와대 출입기자로 활동하면서 안보분야에 대한 전문성을 갖추고 북한 핵실험, 6자회담, 국내외 외교안보 전문가 심층 인터뷰 등 한반도 주변 정세에 관해 적극 보도함.

제25회 | 2008
박선이 朴善二
이화여대 영문과 졸업
수상 당시 조선일보 편집국 전문기자
현재 영상물등급위원회 위원장
수상공적 : 여성전문기자로 한국 사회 곳곳에서 발견되는 성차별 현상을 예민하게 짚어냈을 뿐 아니라 우리 사회의 발전적 전망을 제안해왔으며, 문화예술 전반에서 여성의 목소리와 시각을 발굴하고 등장시키는 데 앞장서왔음.

제26회 | 2009
유인화 劉仁華
이화여대 교육공학과 졸업
수상 당시 경향신문 문화1부장
현재 경향신문 논설위원
수상공적 : 20여 년간 문화부에 근무하면서 문화·예술 발전을 위한 언론인의 사명과 역할을 충실히 해왔고 특히 공연전문기자로 활동하면서 공연계의 발전과 공연예술의 대중화를 위해 기여했음.

제27회 | 2010
이은정 李恩貞
서울대 미생물학과 졸업
수상 당시 KBS 보도본부 과학전문기자
현재 KBS 보도본부 과학전문기자
수상공적 : 혹한과 열악한 환경을 극복하고 남극 대륙 탐사보도를 성공리에 일궈 냈으며, 과학전문기자로 활동하면서 언론인의 사명과 역할을 충실히 하여 과학발전에 기여했음.

제28회 | 2011
최현수 崔賢洙
연세대 정치외교학과 졸업
수상 당시 국민일보 정치부 군사전문기자
현재 국민일보 정치부 군사전문기자
수상공적 : 여성전문기자가 드문 우리 언론 상황에서 여기자의 영역을 군사분야로까지 확대했을 뿐만 아니라 천안함 폭침사건과 관련한 여러 특종 등을 일궈냈음.

제29회 | 2012
정성희 鄭星姬
서울대 국사학과 졸업
수상 당시 동아일보 논설위원
현재 동아일보 논설위원
수상공적 : 교육, 환경, 여성, 복지 문제를 전문적으로 기사화해 사회 이슈로 만듦으로써 셧다운제와 같은 중요 정책 입안에 기여하고 찬반양론이 거센 원자력의 명암을 예리하게 분석해 원자력과 대체에너지의 합리적 이용과 나아갈 방향을 제시했음.

세상은 바꾸고 역사는 기록하라
끈질기고 당차게 오늘을 달리는 여기자들의 기록

1판 1쇄 인쇄 2013년 05월 06일
1판 1쇄 발행 2013년 05월 10일

지은이 | 신동식 외 20인
엮은이 | 최원석
펴낸이 | 김이금
펴낸곳 | 도서출판 푸르메
편　집 | 송여경
등　록 | 2006년 3월 22일(제318-2006-33호)
주　소 | 121-869 서울시 마포구 연남동 568-39 컬러빌딩 301호
전　화 | 02-334-4285~6
팩　스 | 02-334-4284
E-mail | prume88@hanmail.net
인　쇄 | 한영문화사

ⓒ 신동식 외 20인, 2013

ISBN 978-89-92650-83-0 03810

* 이 책의 전부 또는 일부 내용을 이용하려면 반드시 저작권자와
　도서출판 푸르메의 동의를 받아야 합니다.
* 저자와 협의하여 인지를 생략합니다.
* 책값은 뒤표지에 표시되어 있습니다.

이 도서의 국립중앙도서관 출판시도서목록(CIP)은 서지정보유통지원시스템 홈페이지(http://seoji.nl.go.kr)와
국가자료공동목록시스템(http://www.nl.go.kr/kolisnet)에서 이용하실 수 있습니다.
(CIP제어번호 : CIP2013005044)